FERRET 1977

PARTAGE D'ASCENDANTS

ENTRE-VIFS

VOIES D'ATTAQUE

———×———

INTRODUCTION
QUERELA, ACTION EN COMPLÉMENT DE LA RÉSERVE
A ROME
—
RESCISION POUR LÉSION
RÉDUCTION POUR ATTEINTE A LA RÉSERVE
NULLITÉ POUR INÉGALITÉ EN NATURE
EN DROIT FRANÇAIS.
—
JURISPRUDENCE DE LA COUR DE BORDEAUX

———

ÉTUDE DE DROIT ET DE LÉGISLATION

PAR
S. DE MASFRAND
Docteur en Droit
Ancien Avocat, Juge de paix, à Angoulême.

ANGOULÊME
IMPRIMERIE R. CHATENET.
—
1883.

PARTAGES D'ASCENDANTS ENTRE-VIFS

RESCISION POUR LÉSION.
RÉDUCTION POUR ATTEINTE A LA RÉSERVE.
NULLITÉ POUR INÉGALITÉ
EN NATURE.
JURISPRUDENCE DE LA COUR DE BORDEAUX.

2207

PAR

S. de MASFRAND,

DOCTEUR EN DROIT,

ANCIEN AVOCAT, JUGE DE PAIX A ANGOULÈME.

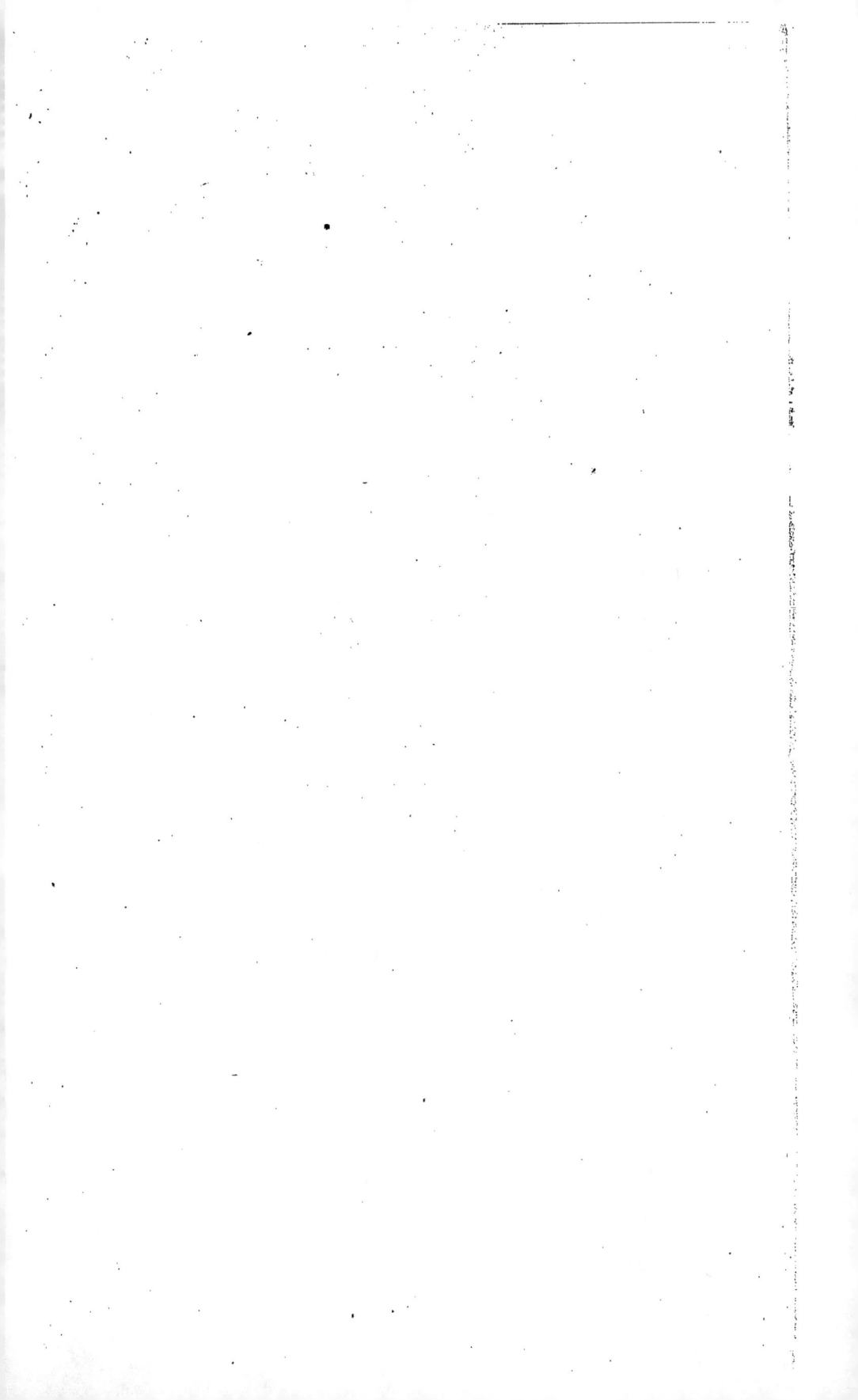

AVANT-PROPOS

Beaucoup d'auteurs ont écrit sur le partage d'ascendants (1), l'une des premières institutions des sociétés humaines, puisqu'elle était connue chez les Hébreux (2), chez les Indous (3), à Athènes (4), à Rome (5) et dans notre vieux droit français (6) ; explorer encore ce sujet, c'est donc s'exposer à commettre un plagiat ou une témérité, soit qu'on reproduise des théories déjà éditées, soit qu'on en présente de nouvelles. Nous l'essayerons cependant, en ce qui concerne la rescision pour lésion, la réduction pour atteinte à la réserve et la nullité pour inégalité en nature, dans les partages d'ascendants par actes entre-vifs.

---

(1) Citons les traités, opuscules ou dissertations de MM. Genty (l'auteur de la première monographie sur le Partage d'ascendants), Colmet de Santerre, Aubry et Rau, Demolombe, Réquier, Barafort, Bonnet, Bertauld, Laurent, de Folleville, Baudry-Lacantinerie, Dalloz, Brives-Cazes, Dubernet de Boscq, Périer, Arntz, Bressolles, Dérome, Labbé, Lyon-Caen, Héan, Chomel, Hériard.

(2) In die consummationis dierum vitæ tuæ et in tempore exitûs tui, distribue hæreditatem tuam (Ecclesiast. ch. XXXIII, v. 24. Confer Deuteronome, ch. XXI, v. 16).

(3) V. Boissonade : Histoire de la réserve héréditaire, nº 29 et Eschbach : Introduc. à l'histoire du droit p. 605.

(4) V. Boissonade : op. cit. nº 49 et suiv.

(5) V. notamment l. 33, D., famil. erc.

(6) Le partage d'ascendants est mentionné dans les Capitulaires de Charlemagne.

AVANT-PROPOS.

Notre but est moins de disserter sur l'un des points les plus controversés du droit que de signaler les inconvénients de ce genre de donation et d'en proposer la suppression, conclusion bien audacieuse sans doute, mais qui nous sera pardonnée, tant elle est inoffensive, sous notre modeste plume (1).

Au surplus, quelque idée qu'on se fasse de l'utilité du partage entre-vifs, on ne contestera pas que peu de contrats aient provoqué tant de discordes au sein des familles. Quel jurisconsulte, versé dans les affaires, n'a gardé le souvenir de ces graves débats ? Timides et réservées, aux premiers temps du code, les plaintes des enfants insuffisamment apportionnés s'élevèrent énergiques et menaçantes vers 1840 : Le pouvoir de distribution du père de famille fut vivement attaqué ; les enfants firent entendre des revendications inconnues jusque là ; et, l'esprit subtil des juristes aidant, tout un arsenal d'armes nouvelles fut créé (2). La Jurisprudence hésita pendant plus de vingt ans, et oscilla indécise entre les systèmes les plus opposés, les accueillant et les rejetant tour à tour (3). Enfin les tribu-

---

(1) V., n° 158, notre exposé des motifs d'un projet de loi sur l'abolition du partage d'ascendants entre-vifs, et p. 130 et 300, aux notes, l'opinion de MM. Genty et Laurent sur l'utilité de ce contrat.

(2) « Les partages d'ascendants sont devenus une véritable machine de guerre », dit M. le professeur Baudry-Lacantinerie. (Précis de droit civil ; t. 2, n° 684).

(3) M. Labbé compare les incertitudes de la Jurisprudence sur cette matière aux oscillations du pendule (J. du Pal, 1863, p. 934). Celles de la Doctrine, ne sont pas moindres : MM. Bertauld (quest. du code civ. t. II, p. 2) et Laurent (t. XV, n°s 42, 44) prétendent qu'on invente tous les jours des théories nouvelles et qu'il règne ici une véritable anarchie. C'est qu'il y a des auteurs, même des plus recommandables, qui, comme le dit J. Chénier, se tourmentent

. . . . du scrupule insensé
De ne jamais penser ce qu'un autre a pensé.

AVANT-PROPOS.

naux, cédant à l'autorité de la cour de cassation (1), se fixèrent dans un sens favorable aux plaignants, spécialement en ce qui touche l'égalité des lots en nature, la plus importante des questions qui leur étaient soumises : la digue qu'avaient maintenue la plupart des cours, ainsi rompue, des convoitises éclatèrent de toutes parts et firent surgir des flots de procédures. L'anxiété fut grande, chacun se croyant à la veille d'une dépossession. Personne n'osait plus conseiller le partage par donation (2), et les notaires ne prêtaient leur ministère qu'avec répugnance. Quant aux auteurs, en éclairant de leurs lumières les difficultés et le laconisme de la loi, ils contribuaient à augmenter les appréhensions des détenteurs de biens partagés. Le mal devint si pressant, en 1866 (3), qu'on projeta de faire intervenir le législateur, et qu'une tentative fut faite en ce sens cinq ans plus tard.

Les procès, nous le reconnaissons, ont diminué ; ce qui doit être attribué à des causes diverses, parmi lesquelles nous noterons les perturbations économiques, survenues depuis 1875, qui ont donné plus de faveur aux valeurs mobilières qu'à la propriété foncière, autrefois si recherchée, et dont la privation servait de thème principal aux doléances des enfants apportionnés en capitaux. Mais ce n'est là qu'une trêve ; nous pensons qu'elle sera de courte durée, que la propriété foncière, aujourd'hui délaissée, reprendra le rang qui lui appartient dans la fortune publique et qu'ainsi renaîtront, si on ne les prévient, les querelles qu'elle a déjà suscitées.

---

(1) V. notamment infra. n° 79.

(2) M. Dubernet de Boscq le constate ; il en est de même de M. Réquier (v. l'avant-propos de son traité et l'introduction p. 24).

(3) Lors de l'enquête agricole ; v. le traité de M. Réquier, p. 454, la brochure de M. Barafort, p. 170 et ci-après n° 56 et suiv.

Ce sont ces débats du passé et ce danger pour l'avenir qui nous ont frappé et dont nous voudrions tracer le tableau.

Nous entrons en matière par une notice sur la législation des Romains, nos maîtres en tant de choses, mais qui, en ce qui touche les répartitions entre-vifs, ont eu la sagesse de s'abstenir, de telle sorte qu'on ne trouve de voies d'attaque, dans cette législation, qu'à l'encontre du partage testamentaire. Nous les exposons cependant, bien que nous ayons surtout en vue la critique des partages entre-vifs, parce que, malgré la différence dans la forme des actes, les actions dirigées contre le testament des Romains ont beaucoup d'affinité avec celles dont notre donation peut, en ce cas du moins, être l'objet.

Puis, abordant le droit français, nous donnons, sur chacune des trois branches de notre sujet, un aperçu historique et un exposé doctrinal, en consacrant un examen particulier aux décisions de la jurisprudence, et spécialement à celles de la cour de Bordeaux.

Nous analysons ensuite les divers projets de loi, proposés par les auteurs ou par les membres de nos Assemblées législatives, sur les réformes à introduire dans cette partie du code ; et nous demandons la suppression du partage d'ascendants entre-vifs.

Enfin, dans une sorte d'appendice, nous résumons les solutions de la cour de Bordeaux.

PREMIÈRE PARTIE

DROIT ROMAIN

1. — En droit romain, comme en droit français, notre but est d'étudier les moyens de critique contre le partage d'ascendants; mais avant il convient de dire ce qu'il était à Rome; de là les deux chapitres suivants, consacrés le premier à l'historique, le second à l'attaque du partage.

CHAPITRE PREMIER

HISTORIQUE ET CONSTITUTION DU PARTAGE D'ASCENDANTS A ROME.

SOMMAIRE :

2. Le partage d'ascendants est impossible jusqu'à la loi dés XII Tables; depuis il peut être fait, mais par testament seulement, si ce n'est au cas d'émancipation.

3. Développement du partage testamentaire.

4. Comment il peut s'effectuer, malgré la nécessité d'une institution d'héritier et l'inefficacité de l'institution ex rebus certis. Les prélegs.

5. Répartition de l'actif.

6. Répartition du passif.

7. De la garantie entre les co-partageants.

8. Immunités accordées au partage d'ascendants par Dioclétien et par Constantin.

9. Abus; réformes de Justinien.

10. Création du testamentum inter liberos.

2. — Le partage entre-vifs est inconnu à Rome et le partage testamentaire n'apparaît qu'avec la loi des XII Tables.

Le partage entre-vifs est inconnu, parce qu'il n'est pas moins contraire à la loi religieuse des premiers âges qu'au droit civil qui lui succède : indépendamment des dieux d'ordre général, chaque famille possède ses Pénates et ses Lâres, c'est-à-dire ses ancêtres divinisés (1), son Terme, c'est-à-dire le gardien de son champ (2), divinités dont le *pater* est le pontife (3), et qui sont incorporées au sol, de

---

(1) Le Romain croit à une seconde existence de l'homme : Les ancêtres restent au sein de la famille; « ils sont chargés de châtier les humains et de veiller sur ce qui se passe dans l'intérieur des maisons » (Plutarque : quest. rom. 51 ; Macrobe, sat. III, 4). Sont-ils propices? on les appelle Lâres; — sont-ils malfaisants? on les flétrit du nom de Larves (Servius, ad Œn. III, 63).

(2) Ces divinités, le Terme particulièrement, gardent la propriété avec un soin jaloux. Le Terme est à ce point vigilant et inflexible que Jupiter, ayant voulu prendre sur le mont Capitolin, et pour son temple, un espace gardé par ce dieu, ne put l'en déposséder. Et avec quelle hauteur il repousse l'intrus qui le heurte du soc de sa charrue : « Arrête, s'exclame-t-il, ceci est mon champ; voici le tien! » (Fest. II. 677). Le châtiment qu'il inflige à cet audacieux est effroyable : « Que l'homme et les bœufs soient dévoués! » C'est-à-dire qu'ils soient immolés en expiation (Fest. v° terminus). Remarquons, à ce propos, que partout l'homme prend la divinité à témoin de son droit et lui demande d'en garantir l'inviolabilité. Ce vœu se manifeste dans la plupart des races dont l'Asie centrale est le berceau; nous le constatons chez les Hébreux, avec la loi mosaïque; chez les Grecs, avec celles de Dracon, de Solon et de Lycurgue.

(3) De son commerce continuel avec les dieux, le chef de la famille recueille, dès à présent, comme un gage de sa divinité future; aussi voyez de quels respects il est entouré : ce n'est pas simplement le gânitar des Indous, le guennêtêr des Grecs, le genitor enfin; c'est le pater, le paterfamilias, terme qui vise bien plus le maître (Enéide IX, v. 449), le dignitaire du sacerdoce, que le générateur de la race. Ce qui le prouve, c'est que ce titre de pater est celui de l'enfant, dès sa naissance, s'il n'a point d'ascendant paternel, ou s'il est émancipé, et

telle sorte que les fractionner serait un sacrilège (1) ; et que le *pater* doit transmettre en entier cet apanage sacré à son fils premier-né (2), son successeur dans la propriété et dans le sacerdoce (3).

---

qu'ainsi il soit le maître de son foyer. C'est dans un sens analogue que les poètes décernent la qualification de pater à Neptune, à Apollon, à Bacchus, à Vulcain, à Pluton..... et à Énée (alternativement avec l'épithète pius). C'est encore ainsi que l'appellation mater accompagne les noms de déesses, vouées au célibat, telles que Minerve, Diane, Vesta.....

(1) « Tout porte à croire, dit M. de Coulanges, que, dans les anciens temps, la propriété était inaliénable » (La Cité antique p. 75). Ce qui autorise à le penser, c'est que la loi des XII Tables déclare que le tombeau est inaliénable, et cela probablement parce que, de cette façon, elle entend affranchir le champ de l'inaliénabilité qui l'affectait aussi, au temps du droit sacré.

(2) Il pouvait y avoir des exceptions : le testament et, par suite, la faculté de répartir le patrimoine entre tous les enfants, existait avant les XII Tables ; mais avec un formalisme qui vraisemblablement avait pour but de l'entraver. Sous l'empire du droit religieux, le pater peut, en effet, être dégagé de ses obligations, vis-à-vis de son fils aîné, par ses pairs dépositaires et gardiens, comme lui, des rites sacrés : une sentence prononcée par eux, dans leurs comices rassemblés par curie sous la présidence du pontife, est une loi, loi religieuse aussi (lex curiata), qui neutralise l'autre et relève le père de son incapacité de disposer. C'est le testament-loi calatis comitiis. On comprend que de difficultés et d'inconvénients il présentait : il fallait attendre l'époque des comices , accepter leur publicité et leur contrôle est sans doute aussi s'exposer à leur refus !

(3) Les cadets se rangent sous la suprématie à la fois religieuse, militaire et civile du premier-né. Ce sont les vassaux de ce suzerain. Ainsi se forme la souche de cet arbre qui constitue la GENS des premiers âges, qui s'appellera, par exemple, la GENS cornelia (nomen gentilitium), race de héros, dont les branches seront les Scipions, les Lentulus, les Cossus, les Scylla, dont les rameaux, tels les Scipions, se distingueront par les surnoms d'Africanus, de Nasica, d'Hispanus, d'Asiaticus, et dont chaque individu portera son prénom particulier, tel celui de Publius ; GENS dont tous les membres ont les mêmes ancêtres, la même croyance et partant le même culte (Tite-Live. V. 46 et 52 ; Cicéron, de legib., II, 22); qui, à défaut d'agnats, héritent les uns des autres (L. des

INTRODUCTION. — LE PART. D'ASC. À ROME.

De la loi des XII Tables, (304 de la fondation de Rome), datent des modifications profondes dans la famille : le droit religieux disparaît et fait place à une loi civile et populaire (1). Le *pater* est le maître souverain de ses biens ; toutefois, pas plus que sous la législation primitive, il ne peut s'en dessaisir de son vivant et les partager entre ses enfants. Sans doute plus d'un père, *ætate fessus,* suivant l'expression d'Ulpien (L. 5, D., *de mort. causa donat.*), distribue ses biens entre ses enfants, mais ceux-ci ne les acquièrent point : « *Pater in filios divisit bona et eam divisionem testamento confirmavit, inquit Scevola* » (L. 39, § 5, D., *fam. erc.*); « *Si pater in filios... bona divisit... non videri simplicem donationem, sed potius supremi judicii divisionem, Papinianus ait* » (L. 20, § 3, *h.t.*). Pourquoi cette répartition n'a-t-elle d'effet qu'au décès et ne transfère-t-elle, même alors, les allotissements

---

XII Tables : Table 5e, 3) ; qui se doivent une mutuelle assistance ; qui répondent de la dette de l'un d'eux, acquittent sa rançon, s'il est prisonnier, payent son amende, s'il est condamné, ou ses dépenses de magistrature, s'il est élevé aux honneurs ; qui jamais ne témoignent contre un des leurs et prennent sa défense en toute occasion ; qui, lorsqu'ils portent le nom glorieux de GENS Fabia, pousseront la solidarité dans le patriotisme jusqu'à combattre ensemble, seuls et à leurs frais, les ennemis de Rome , (les Véiens ,) (Denys d'Halicarnasse 11, 7 et XIII, 5 ; Appien, Annib. 28 ; et aussi Tite-Live II, 45, 46, V. 32). « Au temps de l'oligarchie patricienne, dit M. Gide, chaque famille se gouvernant elle-même, sans le secours des magistrats et des lois, constituait une sorte de République à part ; et le chef de cette République, le père de famille, entouré de ses descendants, de ses clients, de ses affranchis, était presque un souverain indépendant » (Etude sur la condition privée de la femme).

(1) Elle a été soumise à la sanction des comices : « Decemviri leges conscriptas in decem tabulis cuilibet cognoscendas proposuerunt, omnium privatorum correctionem admittentes...; nemine eas leges amplius reprehendente, senatus-consultum de ipsis fecerunt. Deinde, populo ad comitia convocato, centurias in suffragia miserunt. » (Denys d'Halicarnasse X, 57 ; v. aussi Tite-Live III, 34 ; VII, 33, 34.)

HISTORIQUE.

qu'à la condition qu'ils soient confirmés par un testament? Ce n'est là qu'une conséquence de cette puissance paternelle, si énergiquement constituée chez les Romains (1), qui ne permet à l'enfant d'acquérir que pour son père (2), et rend dès lors impossible entre eux tout contrat translatif (3).

Cependant, si les enfants ont été émancipés, et, s'ils ont ainsi conquis l'indépendance et la capacité civile, au regard de l'ascendant, le partage entre-vifs est possible ; et, pour cela, les contractants ont le choix entre la donation entre-vifs (4), le partage de succession future (5) et la

---

(1) « ... nulli... alii sunt homines, qui talem in liberos habeant potestatem, qualem nos habemus » (Gaii inst. c. 2 § 54, de parent. potest.; Just. inst. liv. 1, Tit. IX, § 2, de patr. potest.). Cette affirmation de Gaius, répétée par Justinien, est au reste une erreur, car Jules César (de bell. gall. VI, 19) et Gaius lui-même (1 § 55) attestent qu'en Gaule, et chez les Galates de l'Asie Mineure, la puissance paternelle était constituée comme à Rome.

(2) Just. Instit., per quas pers. § 1. Confer Genty : Traité des part. d'asc. p. 8.

(3) La règle suivante se dégage de l'ensemble de la législation concernant les libéralités entre-vifs, faites par les parents à leurs enfants en puissance : ils peuvent recevoir des gratifications ex re patris ; ils peuvent aussi être dispensés de les rapporter ; mais, pourqu'il en soit ainsi, il faut toujours un acte de dernière volonté formel ou tacite.

(4) Le père pouvait, à titre de donation, répartir ses biens entre ses enfants émancipés, en employant les formes de l'aliénation, celles de l'obligation ou de la renonciation, suivant ce qu'eut été la libéralité, et ajoutant à l'acte fait, pour chaque enfant, des mandats in rem suam, afin que le donataire put recouvrer les créances, et des promesses mutuelles de garantie (cautiones) par chaque donataire au profit des autres.

(5) La convention qui porte sur la succession d'une personne vivante implique, il est vrai, de la part du bénéficiaire, un votum mortis (mortem diligit ille tuam, dit le poëte Martial XI, 44), aussi est-elle réprouvée comme un acte impie « improbum esse, dit Ulpien, Julianus existimat eum, qui sollicitus est de vivi hereditate » (L. 2, § 2, D., de vulg. et pupil. subst.) ; elle était cependant commune et souvent des héritiers

donation à cause de mort (1). Mais ces actes ainsi faits ne
sont en réalité que des conventions entre personnes étrangères les unes aux autres, puisque l'émancipation a rompu
le lien qui les rattachait. Ce n'est pas là le véritable partage d'ascendants entre-vifs, créant par lui-même les
droits et les devoirs des co-partagés, sans stipulations
accessoires ; de plus les textes attestent la possibilité,

---

présomptifs arrêtaient, entre-eux et à l'avance, la répartition d'une succession à laquelle ils comptaient être appelés. Le Barreau de Césarée,
indécis sur la validité de ces conventions, en référa à l'empereur Justinien. Ce qui faisait question pour les consultants ce n'était pas tant
l'immoralité du contrat, qui échappait à leur sagacité, que la forme
conditionnelle qu'il devait nécessairement revêtir (. . . si ille mortuus
fuerit. . . et hereditas ad nos pervenerit. . .), forme imcompatible, leur
semblait-il, avec la nature du partage. Justinien relève hautement le
véritable vice que les avocats n'ont pas aperçu : un tel pacte, leur dit-
il, est contraire à la morale que la loi protège toujours énergiquement,
et pour la sauvegarde de laquelle il a lui-même légiféré (L. L. 6, 30,
C., de pactis). Toutefois cette observation aboutit à une conclusion
bien inattendue : Justinien ne prohibe pas absolument ces contrats ; ce
qui lui répugne surtout c'est qu'on se permette de traiter sur la succession d'une personne vivante, sans la participation de cette dernière ;
aussi, après avoir rappelé qu'en principe il interdit ces pactes, admet-il
une exception, pour le cas où celui, dont on distribue la succession,
donne son adhésion au partage et y persévère jusqu'à sa mort ; « tum
enim, ajoute-t-il, sublata est acerbissima spes.....». Voët (ad Pandectas,
lib. X, t. 11, nº 5) trouve cela naturel. Quoiqu'il en soit tel était l'avis
de Justinien ; on pouvait donc, au moins depuis cet empereur, faire
ainsi un partage d'ascendants entre-vifs. (V. en ce sens Lebrun, des successions, liv. 4, chap. Iᵉʳ, nº 11).

(1) La donation simple, faite à des enfants émancipés, ne laisse pas
au père de famille la faculté de reprendre ses biens, si ses intentions
se modifient ; un expédient s'offre à lui, c'est la donation à cause de
mort. Ici la propriété est, au gré du donateur, ou différée jusqu'au
décès de l'ascendant, (et c'est proprement la donation à cause de mort),
ou transférée incontinent (l. l. 27, 29, 30, D., de mort, causa donat.).
Dans les deux hypothèses, la condition de survie du donataire au donateur est de l'essence du contrat. De plus, il est de la nature de cette
donation qu'elle soit révocable à la volonté du donateur quem pœnitet,

HISTORIQUE.

mais non l'existence de ce mode de répartition ; enfin il met l'apportionnement à l'abri de toute atteinte (1), et dès lors il est sans intérêt dans cette étude, où nous nous proposons surtout d'examiner les voies d'attaque contre l'œuvre de l'ascendant.

3. — Depuis les XII Tables le père peut tester, et il s'empresse d'user de cette liberté (2), au profit de ses enfants (3). Aussi le partage testamentaire se développe-t-il de telle sorte que, longtemps avant Justinien, il prend les proportions d'une institution sociale de premier ordre (4).

4. — Comment s'effectuent les attributions ? Le testament doit contenir une institution d'héritier (5), qui

---

(ce qui est un trait de ressemblance avec la démission de biens de notre ancien droit français, nᵒ 77.) — Quant à la forme, c'est, à la volonté du donateur, celle de la mancipatio, de l'in jure cessio et de la traditio. La mancipatio et l'in jure cessio doivent être accompagnées d'un contrat de fiducie, d'une stipulation ou simplement d'un pacte par lequel le donataire s'oblige à retransférer la chose au donateur, si celui-ci se repent de sa libéralité, ou s'il survit au donataire.

(1) V. l. 2 C., qui et adversus quos... l. 11, § 1, D., de dolo malo; l. 4. § 16, D., de doli mali et metus excep.; et l. 3, C., com. utr. jud.

(2) Le testament est libre ; c'est l'opinion de tous les Romanistes, et qui s'appuie sur la 5ᵉ table « uti legassit.,. ita jus esto... » (v. M. Guérard : Essai sur l'histoire du droit privé des Romains, p. 104, 250, 286, 463.). Est-il donc vrai que la dénomination d'heres suus que conserve cependant l'enfant, et qui était exacte, au moins pour l'aîné des fils, sous le droit religieux, ne soit plus qu'une fiction ? On peut en douter; mais ce n'est point le lieu d'examiner cette question.

(3) Officium arbitri dividendæ hereditatis præveniendo, v. l. l. 21, C., fam. erc. ; 35, 78, D., de hered. instit.; 33, fam. erc, « ut a fraterno certamine eos præservet » ; « ut et memoria non violetur parentis, et occasiones litium dirimantur, comme le dira plus tard Justinien » (nov. 18, chap. 7,; v. aussi l. l. C. Th., fam. erc.).

(4) Faisons toutefois remarquer que ce n'est point là un privilège réservé à l'ascendant, que le pater put toujours, et par un testament solennel, distribuer sa succession même à des personnes étrangères à sa famille.

(5) « Institutio heredis caput et fundamentum totius testamenti, » (Ins⁻

n'est point valable, si elle est faite *ex re certa* (1) ; or, assigner aux enfants des lots déterminés n'est-ce pas manquer à la fois à l'obligation de l'institution d'héritier et à la prohibition de l'institution *ex rebus certis* ? Cette difficulté n'est qu'apparente et l'ascendant l'élude aisément, en instituant d'abord ses enfants et léguant ensuite à chacun, et par préciput, les biens dont il entend composer leurs lots. De cette manière nos deux règles sont observées. S'il y a des inégalités de valeur entre les apportionnements, et que l'ascendant ne veuille pas en faire un avantage, il oblige le plus fort légataire à payer une soulte, ou il lègue la chose de ce légataire (2) ; et le juge de l'action *familiæ erciscundæ* fait exécuter ces dispositions (3).

5. — A l'aide de prélegs l'ascendant, nous dit Ulpien, distribue ses créances, comme ses biens fonds : « *Sin autem nomen uni ex heredibus legatum sit, judicio familiæ erciscundæ hoc heres consequitur...* » (L. 4, pr., D., *fam. erc.*) ; le juge enjoint aux co-héritiers de l'attributaire de lui céder leur action. Au reste, cette cession eut-elle été omise, le payement, fait par le débiteur, n'en serait pas moins valable *exceptionis ope* (L. 1. C., *de excep. seu præscrip.*) (4).

6. — L'ascendant dispose de même de son passif : s'il ne le fait pas, les dettes se répartissent entre les enfants, non pas, remarquons le, *pro modo emolumentorum*, mais proportionnellement à leur vocation héréditaire , d'après le testament; parce que les assignations d'objets déterminés,

---

tit. liv. II, tit. XX de leg. § 34 ; tit. XXIII de fideic. hered. § 2 ; l. 1, § 3, D., de vulg. et pupil. subst.; l. 10, D., de jur. codicil.).

(1) L. 41, § 8, D., de vulg. et pupil. subst.

(2) L. 67, § 8, D., de leg. 2°.

(3) L. 35, pr. et § 2, D., de hered, instit. et l. 78.

(4) Auguste ayant ▪▪▪▪▪ les fidéicommis ▪▪▪▪▪ , l'ascendant a, depuis lui, la faculté de distribuer ses biens de cette façon (l. 7, C., fam. erc.; l. 77, § 8, D., de leg. 2°; l. 39, § 1, D., fam. erc.).

HISTORIQUE

que contient le testament-partage, ne constituent que des legs, qui n'obligent pas par eux-mêmes le bénéficiaire à supporter une part quelconque des dettes de l'ascendant. Justifions ces deux propositions :

1° Le testateur a dit : j'institue *Primus et Secundus* comme héritiers ; puis il leur a distribué sa fortune par prélegs. Chacun d'eux est appelé à la moitié de l'hérédité ; chacun d'eux doit la moitié des dettes, quels que soient les prélegs. C'est ce que décide une constitution d'Alexandre, insérée au code de Justinien (L. 8, § 1 *de inof. test.*).

Les Empereurs Dioclétien et Maximien se prononcent dans le même sens (L. 21, C., *fam. erc.*). C'est aussi l'avis de Papinien : « *Quæ pater inter filios non divisit... ad singulos pro hereditaria portione pertinent* »; ce qui s'entend du passif comme de l'actif. Ulpien n'est pas moins formel : « *Pone duos heredes institutos, unum ex fundo Corneliano, alterum ex fundo Libiano ; et fundorum alterum quidem facere dodrantem bonorum, alterum quadrantem : erunt quidem heredes ex æquis partibus, quasi sine partibus instituti. Unde scio quæsitum æris alieni onus pro qua parte agnosci debeat? Et refert Papinianus, cujus sententiam ipse quoque probavi, pro hereditariis partibus eos adgnoscere æs alienum debere; hoc est pro semisse: fundos etenim vice præceptionis accipiendos* (L. 35, *pr.* et § 1, D., *de hered. inst.*). Enfin, répondant à une question, qui leur était posée par Modestin, les empereurs Sévère et Antonin s'expriment ainsi : « *Est explorati juris hereditaria onera ad scriptos heredes pro portionibus hereditariis, non pro modo emolumenti, pertinere.* » (L. 1, C., *si cert. pet.*).

2° Mais le testateur peut, s'il le veut, répartir son passif proportionnellement aux legs : « *Si pater in filios sine scriptura bona divisit et onera æris alieni pro modo possessionum distribuit... plane, inquit Papinianus, si creditores eos pro portionibus hereditariis conveniant et unus placita detrectet, posse cum eo præscriptis verbis agi...* » (L. 20, § 3, D., *fam erc.*).

S'il le préfère, il le distribuera même *ex certis debitis :*

« *Qui non militabat, ait Papinianus, bonorum maternorum, quæ in Pannonia possidebat, libertum heredem instituit ; paternorum, quæ habebat in Syria, Titium : jure semisses ambos habere constitit ; sed arbitrum dividendæ hereditatis supremam voluntatem, factis adjudicationibus et interpositis propter actiones cautionibus, sequi…* » (L. 78, D,, *de hered. instit.*). L'affranchi recueille les biens maternels de Pannonie, et Titius les biens paternels de Syrie. Quant aux dettes, en principe, les deux héritiers les doivent proportionnellement à leur vocation héréditaire, c'est-à-dire par moitié ; mais, comme ici le testateur a manifestement voulu que l'héritier des biens maternels payât les dettes maternelles, et de même pour l'héritier des biens paternels, et que Papinien n'y voit aucun empêchement, les deux héritiers se donneront caution, pour le cas où l'un d'eux, grâce à sa qualité héréditaire, serait contraint par les créanciers à acquitter d'autres dettes que celles des biens qui lui sont assignés. C'est du moins, croyons-nous, la seule interprétation qui puisse rendre raison du texte, lequel confirme, comme on le voit, ce que nous avons dit du droit de répartition de l'ascendant (1).

7. — La répartition par prélegs donne-t-elle lieu à la garantie entre les co-partagés ? Il est au pouvoir de l'ascendant d'en faire la condition formelle de l'apportionnement. Peut-être aussi, lorsqu'il discerne l'intention du testateur d'établir la garantie, le juge, qui a le devoir de faire exécuter la volonté du défunt, exige-t-il des co-par-

---

(1) Confer M. Genty n° 2, p. 5. Justinien décida que l'institué ex certa re serait assimilé à un légataire. Cet institué n'eut plus, par suite, ni charge dans les dettes, ni droit aux créances de l'hérédité, en dehors de son legs ; d'où cette conséquence que toutes stipulations entre lui et les héritiers furent désormais inutiles et qu'ils n'eurent pas à se préoccuper de leur solvabilité réciproque (l. 13 C., de hered inst.). Mais le vrai partage testamentaire ne pouvait s'effectuer ainsi, et on dut continuer pour lui l'ancien formalisme classique.

tagés la caution *ex evictione* (L. 25, § 21, D., *fam. erc.* et L. 10, § 2, D., *com. divid.*), et ouvre-t-il ainsi, au profit du co-partagé dépossédé, une action *ex stipulatu.* Voët (ad Pandectas Lib. 10, T. 11, nᵒ 1*)* et M. Genty (p. 4 et 92) semblent même penser qu'il n'est besoin ni d'une clause expresse, insérée dans le testament, ni d'une stipulation sous les auspices du juge ; et, bien que les prélegs soient en réalité distincts et sans autre lien que la communauté du titre, ils admettent que, l'ascendant ayant fait un partage, et, la garantie étant une obligation ordinaire en cette matière, elle est ici sous-entendue (arg. de la loi 39, § 5, D., *fam erc.*, et L. 77, § 8, D., *de leg.* 2ᵒ, L. 33.).

8. — Nous avons parlé du testament-partage, tel que l'autorisent les XII Tables et le droit classique ; dès le temps de Papinien (1), les formes du testament sont jugées trop rigoureuses pour le partage d'ascendants et on songe à l'en affranchir. Les premières immunités qui lui sont accordées ne datent cependant que du règne de Dioclétien qui, réagissant brusquement contre les exigences de la législation, va jusqu'à le dispenser d'un écrit. Nous lisons dans une première constitution de cet empereur : «Si, tant dans le testament que dans les codicilles, la volonté du père fait défaut, mais qu'elle ait été manifestée par quelques paroles, quoique la succession s'ouvre *ab intestat*, le juge de l'action *familiæ erciscundæ* doit suivre la volonté du père.» (L. 16, C., *fam erc.*); « si, porte une seconde constitution, le père, en prévision de sa succession future et pour prévenir l'office du juge du partage, a manifesté sa volonté par un indice quelconque, elle sera suivie dans l'adjudication. » (L. 21, C., *h. t.*). Quelques paroles... un indice quelconque... et la répartition est faite ! Ce n'est pas tout (2), Constantin entend que la

---

(1) Papinien vivait sous Caracalla (142-212.)
(2) Remarquons toutefois qu'on ne va point jusqu'à conférer à cette

divisio inter liberos, contenue dans un testament, soit valable, malgré les vices de forme : « *Licet enim sub testamenti vocabulo cæptæ, cum perfectæ non sint, neque appellari aliter ullo modo possint, evanuisse videntur ; tamen dispositiones ultimæ, coloratam juris imaginem referentes, justius in se proclivem favorem provocare debent. Quamobrem cum filiis ac nepotibus civilique jure, vel auxilio prætoris, ut suis heredibus defuncti successio deferatur, etiamsi incœptum neque impletum testamentum esse memoretur, vel si ab utilitate verborum vel solemnitate juris inanis scriptura esse dicatur, considerari specialiter voluntatem placet, et obsecundari protinus, cum res dividentur, nec retineri amplius quam quod singulorum personis detegatur adscriptum ; ut et memoria defuncti non violetur parentis et occasiones litium dirimantur.* » (L. 1. C. Th., *fam. erc.*). Certes voilà une large concession : le testament est nul ; conséquemment, ainsi que Justinien le dira plus tard (L. 26, C., *h. t.*), en rapportant la constitution de Constantin, la succession est dévolue *ab intestat* aux fils et aux petits-fils, appelés par le droit civil ou prétorien ; et néanmoins ils ne recevront du juge que ce que l'ascendant leur a assigné : juridiquement le testament est nul (1) ; en fait la justice l'exécute (2) !

---

volonté, si incertaine, le pouvoir de transférer le dominium : l'adjudication, que le juge de l'action familiæ erciscundæ prononcera, sera seule attributive de propriété.

(1) Faisons remarquer, à ce propos, que, dans la pensée de Constantin, cette dispense de formes ne profite qu'au partage fait pour les enfants : le pater a toujours le droit de distribuer son bien à tout autre qu'eux ; mais il faut alors qu'il emploie les formes du testament ordinaire : « si vero in hujusmodi voluntate designatis liberis alia sit mixta persona, dit l'empereur dans la constitution précitée, certum est eam voluntatem, quantum ad illam duntaxat personam permixtam, pro nulla haberi. »

(2) Constantin permit aussi aux enfants, præcipiente matre, de faire entre eux, du vivant de celle-ci, le partage de ses biens (l. 2, C. Th.

HISTORIQUE.

9. — Qu'advint-il de cette excessive tolérance pour le partage d'ascendants ? En le dispensant d'un formalisme tutélaire, on ouvrit la porte à la négligence, à l'incurie et aussi à l'intrigue et à la fraude. Dans la Novelle 18 (Chap. 7), Justinien fait une peinture saisissante des abus qui surgirent alors : les lots étaient incomplètement désignés ; au lieu de libeller lui-même le testament, l'ascendant en écrivait une partie, y laissait intercaller des écritures étrangères, faisait écrire l'autre par le premier venu et abandonnait le tout à des mains souvent infidèles. De là des milliers de procès sur le point de savoir si ces partages émanaient du père, ou s'ils étaient l'œuvre d'artisans de chicane. C'était intolérable ; une réforme était nécessaire :

« Si quelqu'un, décide Justinien, veut partager son patrimoine entre ses enfants, ou tout entier, ou en s'en réservant une partie, qu'il le fasse, s'il est possible, par un testament, procurant ainsi à ses enfants une utilité incontestable. Mais s'il ne le fait de cette façon, à cause des nombreuses difficultés qui entourent les hommes, qu'il lui soit permis cependant de le faire, en détaillant les choses qu'il doit partager, et en signant ses dispositions, ou en les faisant signer par tous les enfants entre lesquels il divise ses biens, donnant, par là, à cet acte une incontestable authenticité ; en sorte que ce qui aura été fait en cette forme, soit certain, ferme et digne de toute protection. Si, au contraire, ces formes ne sont pas suivies ; si quelqu'un, comme cela a lieu le plus souvent, écrit ses dispositions sur des feuilles éparses et non confirmées par des témoignages, qu'il sache que ce sera

---

fam. etc.). Enfin Théodose donna à tous les ascendants le pouvoir de faire sans testament leur partage entre leurs enfants (l. 21, § 1, C., de testam ; préface de la Novelle 107).

sans aucune valeur pour ses enfants ; et que ceux-ci se
partageront son patrimoine, comme s'il n'avait rien fait ».

En résumé, pour la validité du partage, un indice suffit
à Dioclétien ; Constantin accepte le testament, si informe
qu'il soit ; il faut à Justinien un testament public, ou tout
au moins un écrit, signé soit par l'ascendant, soit par
les enfants.

10. — Jusque là, Justinien s'est borné à réprimer des
abus ; voici qu'il va innover et créer une institution privi-
légiée, qui aura l'efficacité du testament public, sans être
assujettie à la publicité ; c'est le *testamentum inter liberos* :
« Si quelqu'un, sachant écrire, veut faire entre ses enfants
une disposition testamentaire, qu'il inscrive d'abord, de
sa propre main, la date, puis les noms de ses enfants ;
enfin qu'il écrive, en toutes lettres et non en chiffres,
les portions pour lesquelles il les institue héritiers,
afin que ces dispositions soient en tous points claires
et indubitables. Mais, s'il veut, en outre, faire un partage de ses biens ou fixer à certains objets la vocation
héréditaire de tous ou de quelques-uns, qu'il l'écrive
aussi de sa main, afin que sa volonté, clairement manifestée par écrit, ne laisse à ses enfants aucun sujet de
contestation » (Nov. 107).

Usant de ce mode nouveau, l'ascendant peut, à son
gré, et sans témoins, ou faire des dispositions ordinaires, au profit de ses enfants, ou leur partager ses biens.
— Fait-il des dispositions ordinaires ? Qu'il écrive de sa
main la date, le nom du bénéficiaire, et, en toutes lettres, la quotité léguée, en se conformant toutefois aussi,
et croyons-nous, aux principes généraux, en ce qui touche
la nécessité d'une institution d'héritier (Bonnet T. I. p.
23.). C'est tout ; l'acte est parfait. — L'ascendant veut-il
partager ses biens ? Qu'il l'écrive de même ; et l'attribution qu'il fait de chaque lot est définitive, sans l'intervention du juge. Le partage ne transmet-il pas, en effet, la
propriété, par cela même qu'il est inséré dans un testa-

HISTORIQUE.

ment qui a cette efficacité (**V.** Bonnet n° 17, p. 21 et Réquier p. 36.) (1).

---

(1) Dans les deux cas, les témoins ne sont point requis, quoiqu'en pense Cujas, parce que tel est l'esprit de la Novelle 107, qui déroge au formalisme du droit (v. Ricard: des Donations, 1re partie, n° 1451 et suiv.; Furgole des Testaments, ch. II).

CHAPITRE DEUXIÈME.

DES VOIES D'ATTAQUE CONTRE LE PARTAGE D'ASCENDANTS

A ROME.

11. — L'ascendant partage sa succession entre ses enfants par acte de dernière volonté. Justinien exige pour cela un écrit, signé par l'ascendant ; à côté du testament ancien, il institue le *testamentum inter liberos*, dispensé de la publicité ; et maintenant l'enfant a-t-il le droit d'élever une plainte contre le partage ?

Nous sommes ici au cœur de notre sujet dont le chapitre précédent ne contient que les prolégomènes. Nous ne nous occuperons que de l'hypothèse où tous les enfants, les plaignants du moins, figurent dans l'apportionnement ; nous ne dirons rien des cas d'omission et d'exhérédation qui sont étrangers à notre matière. Dans une première section nous verrons quelle est la quotité réservée à l'enfant co-partageant et comment elle se calcule ; dans la deuxième section nous exposerons les principes et les effets des deux actions, qui ont succesivement servi de sanction à la réserve, c'est-à-dire la *querela inofficiosi testamenti* et la demande en complément.

SECTION PREMIÈRE

LA LÉGITIME ET LE PARTAGE D'ASCENDANTS.

12. — Les XII Tables donnaient au père de famille le pouvoir absolu de disposer de sa succession ; de là des abus : des pères, surtout au cas de seconds mariages, testèrent en laissant leur postérité sans ressources (V. Gaius, commentaire de la loi Glitia, L. 4, D., *de inof. test.*). Touchés des plaintes des déshérités, les jurisconsultes commencèrent par rénover, au profit des enfants, la co-propriété que leur reconnaissait l'ancien droit sur les biens de la famille ; et ils les proclamèrent seuls maîtres du patrimoine, après la mort de l'ascendant, à moins que celui-ci ne les en eut formellement dépouillés. Puis (1), ils feignirent de croire à un trouble dans les facultés mentales du testateur qui, du moins sans raison, a écarté de sa succes-

---

(1) Et dès avant Cicéron : v. la seconde action contre Verres ; v. aussi Valère-Maxime : Factorum dictorumque memorabilium lib. VII, C. VIII, n° 4.

VOIES D'ATTAQUE.

sion ses ascendants, ses enfants, ses frères et ses sœurs, germains ou consanguins (1) ; et, sous le titre de *querela inofficiosi testamenti,* ils ouvrirent en faveur de ces héritiers privilégiés, marqués en quelque sorte par la nature, une action contre le testament (2).

Plus tard le droit de l'enfant se précise et se circonscrit; il devient du quart de sa part dans la succession *ab intestat.* Cujas (Obs. Liv 3, Chap. 8) ne fait remonter cette fixation de quotité qu'à Marc-Aurèle (170-180 après J.-Chr.); mais une lettre de Pline-le-Jeune (Ep. 5, 1), qui écrivait sous Trajan (98-117 apr. J.-Chr.), atteste qu'elle était en usage dès cette époque. En l'absence de textes formels (3), nous n'essayerons pas de proposer une date ; au reste, il est probable qu'il n'y eut point tout d'abord de quotité fixe et que le juge la taxait arbitrairement, suivant les cas. Peut-être, dans la suite, les jurisconsultes furent-ils frappés des inconvénients de ce système et, comme ils avaient dans la Falcidie, établie pour l'héritier institué, un modèle qu'il était fort rationnel d'appliquer à l'héritier du sang, ils fixèrent au quart des biens la portion revenant

---

(1) « Hoc colore... quasi non sanæ mentis fuerit ut testamentum ordinaret ; et hoc dicitur non quasi vere furiosus vel demens testatus sit ; sed recte quidem fecit testamentum, sed non ex officio pietatis, nam si vere furiosus esset, vel demens, nullum est testamentum » (1. 2, D., de inof. test.).

(2) Cujas (obs. lib. 2, cap. 21) pense que la Querela, et le droit auquel elle sert de sanction, ont été introduits par la loi Glitia: Mais une loi n'eut point usé de subterfuge (hoc colore); elle se fut exprimée en termes impératifs, (v. cependant la loi 4, D., de inof. test., extraite du commentaire de Gaius sur la loi Glitia, et qui semblerait justifier l'avis de Cujas.)

(3) D'après Donneau, la quarte légitime aurait été créée par une constitution impériale (Hugonis Donelli commentaria de jure civili ; liv. 19, chap. 4, nº 26; v. en ce sens Paul liv. 4, t. 5, § 3 : mais ce texte est vague et ne vise aucune loi.)

à ce dernier et sans laquelle le testament (le testament-partage, comme les autres) devait être considéré
comme une œuvre impie, *contra pietatis officium*. Ce quart
pouvait d'ailleurs être laissé à l'enfant par une donation
à cause de mort ou par un acte de dernière volonté quelconque (L. 8, § 6, D., *de inof. test.*) (V. infra n° 16).

13. — Justinien asseoit la légitime sur de nouvelles
bases : elle varie avec le nombre des enfants ; s'il y en a
quatre, ou moins, elle est de quatre onces, soit un tiers de
la succession ; s'il y en a plus de quatre, elle est de moitié
(Nov 18, Chap. 1er, et L 6, C., *de inof. test.*) (1) ; et le
légitimaire ne pourra dorénavant être investi de sa réserve
par l'ascendant qu'à titre d'institué (Nov. 115, Chap. 3,
pr. et 4.) (2).

Pour fortifier la légitime, l'Empereur en fait une obligation sacrée dont l'infraction est frappée d'une pénalité
sévère : lorsque, par legs ou par fideicommis, l'ascendant
a laissé la légitime à l'un de ses enfants, celui qui en est
le détenteur doit la délivrer immédiatement ; s'il tarde,
s'il discute, s'il attend la sentence, il devra au légitimaire,
outre les biens que le testateur lui a légués, le tiers de
ces mêmes biens, à titre de châtiment de son odieuse conduite (*crudelitas*), « *ut avaritia ejus legitimis ictibus feriatur* »

---

(1) Nous ne mentionnons que pour mémoire la légitime des fils, filles,
petits-fils et petites-filles de Décurions, qui est portée par le chapitre
deuxième de la Novelle aux trois quarts de leur part ab intestat.

La conséquence de la tarification, adoptée par l'Empereur, est de ré-
server au légitimaire un dixième, lorsqu'il y a cinq enfants et un dou-
zième seulement, lorsqu'il n'en existe que quatre !

(2) Réforme qui, comme le remarque M. Accarias (Précis. t. 1er, p.
838), n'est point profitable au légitimaire, puisque la qualité d'héritier,
au lieu d'ajouter au bénéfice de l'enfant, ne fait que le soumettre aux
embarras d'une liquidation souvent compliquée... et que, tandisque
autrefois, il obtenait un quart de l'actif net, ce qu'il aura désormais,
c'est le tiers ou la moitié de l'actif brut.

VOIES D'ATTAQUE.

(L. 33, pr. C., *de inof. test.*). Louable indignation et pénalité des plus morales ; car la légitime est une dette alimentaire, dont il est inique de contester ou de différer le
payement.

Ajoutons que l'effet des querelles religieuses, qui agi-
taient alors l'empire, se fit sentir en cette matière : Justinien décida que les fils orthodoxes de parents hérétiques,
de Juifs et de Samaritains, auraient droit à toute leur part
ab intestat, et non pas seulement à leur réserve ordinaire.
si, du moins, ils n'avaient rien à se reprocher ; que, s'il
en était autrement, ils auraient la légitime habituelle
(L. 13, § 1, 2, C., *de heret. et manich.*).

14. — Comme pour la quarte Falcidie, on calcule la légitime sur les biens de l'ascendant, au jour de son décès
(L. 6, C., *de inof. test.*), déduction faite de ses dettes, des
frais funéraires, et de la valeur des esclaves affranchis
(Paul. Liv. 4, Tit. 5, § 6) (1).

Terminons en faisant remarquer que la quotité du droit
de chaque légitimaire, sur la masse, s'apprécie en tenant
compte de tous les autres enfants, même de ceux qui ont
répudié l'hérédité, qui ont succombé dans leur plainte
contre le testament, ou qui ont renoncé à se plaindre.

---

(1) Confer Ulpien : l. 8, § 9, D., h. t.
Les donations entre-vifs n'entrent pas dans la masse soumise au calcul : s'ensuit-il que l'ascendant puisse se ruiner en libéralités entre-vifs
et frustrer ainsi son légitimaire ? La loi Cincia, édictée en l'année 550,
apporta une première entrave à cette éventualité ; mais , comme elle
n'ouvrait guère qu'une exception , au profit du donateur qui a fait une
donation exagérée, et qu'elle ne profitait à ses héritiers qu'au cas où il
avait manifesté l'intention de révoquer le don, elle était d'un faible secours, pour le légitimaire. Alexandre Sévère permit d'attaquer comme
inofficieuses les donations entre-vifs, qui avaient diminué le patrimoine
du testateur, de telle façon qu'il laissât, à son décès, moins du quart de
tous les biens qu'il avait eus (1. 87, § 3, D., de leg. 2º.). Puis Constance
soumit à la Querela les constitutions dotales , qui, jusqu'à lui, avaient
échappé au sort commun des donations (1. unica. C., de inof. dot.).

Ulpien le décide ainsi, suivant en cela l'avis de Papinien
(L. 8, § 8, D., *de inof. test.*).

SECTION DEUXIÈME

ACTIONS DU LÉGITIMAIRE CO-PARTAGEANT.

15. — Deux actions ont successivement servi de sanction
au droit du légitimaire : la *Querela inofficiosi testamenti*,
jusqu'à Justinien, et, depuis, la demande en complément.
Laissant de côté les généralités de ces deux actions, nous
dirons quels sont les co-partagés qui peuvent les intenter,
quelles sont les fins de non-recevoir qui les affectent et
quels sont les effets de la sentence, questions qui correspondent à celles que nous examinerons en droit français.

Iʳᵉ ACTION

QUERELA INOFFICIOSI TESTAMENTI.

16. — QUELS CO-PARTAGEANTS PEUVENT INTENTER
LA QUERELA.

La plainte d'inofficiosité appartient au co-partagé auquel a été faite une part inférieure à sa légitime ; c'est
ce que rappelle la constitution d'Alexandre Sévère, qui
est devenue la loi VIII au Code *de inofficioso testamento* :
« *Parentibus arbitrium dividendæ hereditatis inter liberos adi-
mendum non est ; dummodo non minus is, qui pietatis sibi
conscius est, partis, quæ intestato defuncto potuit ad eum pertinere, quartam ex judicio parentis obtineat.* » Ce texte implique le droit du légitimaire co-partagé à la *Querela* ; car,
reconnaître que l'ascendant n'a la faculté de partager son
bien qu'à la condition de respecter la légitime, c'est sous-

VOIES D'ATTAQUE.

entendre que, s'il ne l'a point respectée, l'enfant est armé d'une action en nullité du partage, action qui ne peut être, dans l'espèce, que la *Querela*, puisqu'il s'agit d'un testament.

Toutefois, la plainte de l'enfant n'est recevable qu'aux conditions suivantes :

1° Qu'il n'ait pas d'autre moyen pour obtenir sa part dans l'hérédité ; 2° que l'exhérédation partielle qu'il subit soit imméritée ; 3° qu'il n'ait pas reçu de l'ascendant *mortis causa* le quart de ce qu'il aurait eu *ab intestat* (1). Reprenons :

— Il faut que le co-partagé n'ait pas d'autre moyen d'obtenir sa part dans l'hérédité, qu'il n'ait, par exemple, ni la ressource de la Falcidie, ni celle du sénatus-consulte Pégasien (2). Justinien a consigné ce principe dans ses Institutes : « *Tam autem naturales liberi quam secundum nostræ constitutionis divisionem adoptati, ita demum de inofficioso testamento agere possunt, si nullo alio jure ad defuncti bona venire possunt.* » (V. aussi Pauli *sent.* Liv. 4, Tit. 5, § 5.).

— Il faut que l'exhérédation partielle soit imméritée ;

---

(1) Nous parlons encore de la quarte légitime, puisque nous traitons de la Querela, et que l'une et l'autre ont co-existé jusqu'à Justinien. Quand nous aborderons l'action en complément, qui date de Justinien, nous ne parlerons plus de quarte, ni de querela, puisqu'elles auront disparu.

(2) Lorsque le partage était fait par fideicommis, l'enfant, grevé de telle sorte que sa légitime fut atteinte, avait la ressource de la quarte pégasienne : Exemplo Falcidiæ retentionis habita rationis. Ex senatusconsulto retentionis mode servato (l. l. 16 et 21 C., fam. erc.). Remarquons, à ce propos, que, tant que la légitime des enfants ne fut que du quart de la portion héréditaire, l'expédient offert au fiduciaire par le sen. c. Pégasien fut suffisant ; mais lorsque, par la Novelle 118 tit. I C. I), elle fut portée au tiers ou à la moitié, suivant le nombre des enfants, la demande en réduction, basée sur le sénatusconsulte, ne suffisait plus : le fiduciaire eut sans doute alors, comme l'héritier institué et lésé, que la Falcidie ne satisfaisait pas non plus, une condictio ex lege, fondée sur la Novelle.

qu'en d'autres termes, et suivant les expressions de la
constitution précitée d'Alexandre Sévère, le co-partageant
soit *pietatis conscius*. On trouve au Code l'indication de
quelques causes d'exhérédation (L. L. 11, 18, 23 *de inof.
test.* et 55, 56 *de episc. et cler.*); mais ce n'est qu'*exempli
gratia* ; et les juges avaient à cet égard un pouvoir discré-
tionnaire, jusqu'à Justinien, qui a déterminé limitativement les cas où elle serait légitime, et a voulu que les
parents les inscrivissent dans le testament par lequel ils
déshéritent leurs enfants. (Nov. 115, Chap. 3.) (1).

Quant à la preuve, il incombe au *querelans*, comme à
tout demandeur, de la faire et de démontrer que l'amoindrissement de part, qui lui est infligé, n'est pas justifié.
C'est ce que déclare Constantin (L. 28, C., *de inof. test*):
« *liberi de inofficioso querelam contra testamentum parentum
moventes probationem debent præstare quod obsequium debitum
jugiter, prout ipsius naturæ religio flagitabat, parentibus adhi-
buerint; nisi scripti hæredes ostendere maluerint ingratos liberos
contra parentes exstitisse.* »

— Il faut enfin que le légitimaire co-partagé n'ait pas
reçu du testateur le quart de sa part *intestat* (n° 12) : Le
légitimaire n'a point d'action si, dit Ulpien, il a reçu
mortis causa, c'est-à-dire par donation à cause de mort, ou
par disposition de dernière volonté, des valeurs égales à
sa quarte (L. 8, § 6, D., *inof. test.* ; L. 30, pr. et 36 C.,
h. t.).

La donation entre-vifs n'est pas considérée comme un
à-compte sur la légitime, dès lors le co-partageant n'a pas
à la précompter. Telle est la règle ; elle souffre exception :
1° Zénon veut que la donation *ante nuptias* et la dot s'im-
putent sur la réserve du légitimaire (L. 29, C., *h. t.*);
2° Justinien dispose de même pour l'achat d'un grade

---

(1) La Novelle fixe les cas d'exhérédation à quatorze pour les descendants, à sept pour les ascendants, à trois pour les frères et sœurs.

militaire (L. 30. § 2, C., *h. t.* et Inst. § 6. *h. t.*) (1). Il va de soi d'ailleurs que, si ces libéralités ont été grevées de quelques charges par l'ascendant, ce qui reste net, déduction faite de ces charges, s'impute seul sur la légitime ; de même que si la chose donnée était primitivement inférieure à la légitime et que les fruits en eussent accru la valeur, au point de l'élever à son taux, il n'y aurait plus lieu à plainte (L. 8, § 11, D., *h. t.*).

Nous venons de dire que le légitimaire n'a pas d'action, s'il a reçu du testateur sa réserve par une disposition quelconque de dernière volonté ; il en fut ainsi, du moins, jusqu'à Justinien qui exigea, de plus, que la légitime fut laissée à l'enfant à titre d'institué (Nov. 115, chap. 3 pr. et chap. 4.) (n° 13) ; d'où cette question : quelle sera l'action de l'enfant qui, possesseur de sa légitime par un legs, ou par un fideicommis, inséré au testament-partage, se plaindra de ne pas la détenir comme institué ? C'est, pensons-nous, à l'aide de la *Querela* qu'il fera tomber le testament.

17. — L'enfant qui recueille sa légitime en valeur, mais qui est apportionné exclusivement en meubles ou en immeubles, peut-il se plaindre ? Pour l'adjudication des biens héréditaires, est-il dit au Digeste, dans le seul texte qui ait trait à ce sujet, le juge doit consulter l'intérêt et les aptitudes des héritiers : *Judicium in prædiis dividundis, quod omnibus utilissimum est, vel quod malint litigatores, sequi convenit* (L. 21, *com. divid.*). En doit-on conclure que

---

(1) Notre règle souffrirait encore exception, suivant Ulpien, au cas de libéralités entre-vifs faites à l'enfant, pour lui tenir lieu de sa légitime (1. 25, pr. D., de inof. test.). Mais Justinien, comme l'avait déjà fait Alexandre Sévère (1. 3, C., de coll.), rejette la doctrine d'Ulpien, et prononce la nullité de telles conventions entre le père et ses enfants : « Secundum Papiniani responsum (1. 16, D., de suis et legit. et Paul IV, V, § 8), in quo definivit meritis magis filios ad paterna obsequia provocandos quam pactionibus adstringendos (v. 1. 35, § 1, 2, C., de inof. test.).

la loi romaine, allant plus loin que la question posée et
se montrant plus libérale que la législation française
(n° 58), va jusqu'à autoriser l'annulation du partage, pour
un simple défaut de convenance, à l'égard de l'un des
co-partageants, et alors même que les meubles et les
immeubles seraient également répartis ? Non ; il est évident que la règle précitée est plutôt un conseil qu'une
loi ; elle n'a donc rien d'irritant pour les partages judiciaires et, à plus forte raison, pour les partages d'ascendants : ni la convenance des héritiers, ni l'égale répartition
des diverses natures de biens ne sont obligatoires pour le
testateur.

18. — EFFETS DE LA SENTENCE SUR LA PLAINTE D'INOFFICIOSITÉ.

Sur la plainte d'inofficiosité du légitimaire il arrivera :
1° ou que le plaignant triomphera totalement, et à l'encontre de tous les défendeurs ; 2° ou que la plainte ne
sera accueillie qu'à l'encontre de l'un ou de quelques-
uns des défendeurs ; 3° ou qu'enfin le plaignant succom-
bera.

Premièrement. — La plainte est accueillie contre tous
les défendeurs.

Le partage est nul ; consultons Ulpien, sur les effets de
cette nullité : « *Si ex causa inofficiosi cognoverit judex, et
pronunciaverit contra testamentum, nec fuerit provocatum, ipso
jure rescisum est, et suus heres erit, secundum quem judicatum
est ; et bonorum possessor, si hoc se contendit ; et libertates
ipso jure non valent, nec legata debentur, sed soluta repetentur
aut ab eo qui solvit aut ab eo qui obtinuit ; et hæc utili actione
repetuntur. Fere autem si ante controversiam motam soluta
sunt, qui obtinuit repetit ; et ita D. Hadrianus et D. Pius res-
cripserunt* (L. 8, § 16, D., de inof. test.).

Ainsi donc, dès que la sentence est définitive, le testament est rescindé de plein droit et, vis-à-vis de tous,
il est nul ; la succession s'ouvre *ab intestat : intestatum*

patrem familias facit (L. 6, § 1, D., *h. t.*). Mais reprenons sommairement le texte et étudions ses solutions, en ce qui concerne les parties instanciées, et en ce qui touche ceux qui, comme les légataires et les esclaves affranchïs, n'ont pas figuré au procès. Examinons d'abord ce qui a trait aux legs et aux affranchissements, nous verrons ensuite le compte que se doivent les co-partagés.

Les affranchissements sont nuls, puisque le testament-partage n'existe plus. Notons cependant quatre espèces, empruntées au droit commun, et dans lesquelles ils sont maintenus, grâce à la faveur dont la législation les entoure :

1° Le testament a été jugé inofficieux par défaut contre le défendeur : les affranchissements sont sauvegardés par les empereurs Sévère et Antonin : « *Hoc enim casu non creditur jus ex sententia judicis fieri, et ideo libertates competunt* (L. L. 17, § 1 et 18, D., *h. t.*).

2° La *Querela* se prescrit en principe par cinq ans ; mais l'enfant, qui a laissé prescrire son action, peut être relevé de la déchéance, qu'il a encourue, *ex magna et justa causa*. En ce cas, et d'après Ulpien, lorsque, à la suite de la plainte, le testament a été jugé inofficieux, les affranchissements subsistent néanmoins (L. 8, § 17, D., *h. t.*).

3°. Si même la plainte est intentée dans les cinq ans, et si le testament est annulé, les esclaves, affranchis par fidéicommis, revendiqueront la liberté, à la condition de payer chacun vingt sous d'or aux héritiers. C'est ce que décide Paul, suivant Modestin (L. 9, D., *h. t.*). En sorte que les esclaves, que l'un des institués co-partageants aura mission d'affranchir, se rachèteront, alors que les esclaves, affranchis directement par le testateur, resteront dans la servitude. Pothier[1] essaye de justifier cette anomalie : à

---

(1) Pand. in nov. ord.; ad tit. de inof. test., p. 38, note 6.

l'en croire, l'affranchissement direct, n'étant acquis à l'esclave que par le bienfait du testament, tombe avec lui ; tandis que l'affranchissement, confié à l'institué, est une obligation de ce dernier et survit au testament (1) ; comme si cette obligation devait survivre à l'acte qui l'a créée !

4° Enfin l'un des co-partageants a été institué, sous la condition d'affranchir son propre esclave ; il l'affranchit, puis le testament est jugé inofficieux : l'esclave n'en restera pas moins libre, à la condition cependant de se racheter (L. 26, D., *h. t.*).

Si des legs ont été mis à la charge de l'un des co-partageants, comme il est de principe que leurs bénéficiaires ont été représentés dans l'instance par celui qui les devait, la sentence leur est opposable, sauf deux exceptions que rappelle Paul et qui sont l'œuvre des empereurs Sévère et Antonin : l'une est édictée pour le cas où la sentence d'inofficiosité a été rendue par défaut contre le défendeur (L. L. 17, § 1 et 18, D., *h. t.)* ; l'autre pour le cas où il y a eu collusion entre lui et le demandeur (L. 14, D., *de appel. et relat.).*

Il nous reste à étudier la situation faite aux co-partagés par la nullité du testament.

Celui qui a gain de cause était-il sous la puissance de l'ascendant ? Il prend part à l'hérédité, en qualité d'*heres suus ;* était-il émancipé ? Il y participe, en vertu de la *bonorum possessio unde liberi.* Cela dit, si le testament-partage n'a encore reçu aucune exécution, il intentera l'action *familiæ erciscundæ ,* pour obtenir une nouvelle répartition ; et les effets de l'annulation seront des plus simples. Mais , le plus souvent , les co-partageants étaient déjà en possession, lors du procès ; ils ont joui de leurs attributions, quelques-uns les ont aliénées ; enfin chacun d'eux a pu acquitter des charges imposées ; de là des restitutions et un compte préalable qu'ils se doivent, et des difficultés, pour la solution desquelles ils recourront aux règles de l'*hereditatis petitio ;* ce qui est, au surplus, fort logique ; car telle est bien la dénomination qui convient à la *Querela* (1).

Notons dès lors, et au point de vue des restitutions à faire par les co-partagés, quelques-uns des principes généraux de la *petitio*, tels que les énonce un sénatus-consulte, rapporté et commenté par Ulpien : le posses-

---

(1) La Querela est plutôt une pétition d'hérédité qu'une actio injuriarum ; cependant on admet généralement qu'elle a ce double caractère : — elle tient de l'actio injuriarum, (nom qu'on lui donne fréquemment dans les textes), car le testament, qui exhérède des héritiers naturels, laisse entendre que c'est le châtiment de leur conduite ; en l'attaquant, l'enfant poursuit donc la réparation d'une injure faite à son honneur. De là découlent de notables conséquences, en ce qui touche le droit à l'action et sa durée (v. l. 8, pr. D., de inof. test.). — Mais la Querela tient surtout de la pétition d'hérédité. De nombreux textes l'établissent (v. l. 27, § 3, D., h. t.; l. 20, pr. in fine D., de bonor. pos. contr. tab.); aussi s'introduit-elle devant le tribunal des centumvirs, comme l'hereditatis petitio (l. 17. pr. D., de inof test.; l. 12, pr. C., de hered pet.): On objecte qu'une hereditatis petitio ne se conçoit que de la part d'un héritier contre son co-héritier ; que celui qui est institué par le testament est véritablement le seul héritier, le seul titulaire de l'hérédité, qu'une petitio ne se comprend donc pas à son encontre, et que la Querela ne saurait, par suite, être ainsi qualifiée. L'institué est investi de l'hérédité, cela est incontestable ; mais sa qualité ne vaut que ce que vaut son titre ; or l'action du plaignant a pour but de le faire annuler, et d'appréhender ensuite la succession ; c'est donc bien une action en pétition. Au surplus, c'est par la tendance de l'action que sa nature s'apprécie ; puisque celle-ci tend à faire déchoir l'institué de ses droits apparents, et à faire reconnaître les droits véritables de l'exhérédé, c'est donc une pétition qu'il exerce en intentant la Querela. En tout cas, on ne saurait appliquer à cette procédure la dénomination, qu'on lui a quelquefois donnée à tort, de judicium præparatorium : « Quo aditus patefiat ad judicium universale, seu petitionem hereditatis ; sicut actio ad exhibendum præparatoria est reivindicationis. Quod verum non est, poursuit Vinnius ; neque duo hic judicia sunt, sed unum, quo et testamentum impugnatur et simul petitur hereditas. » Faisons d'ailleurs remarquer que si, pour qu'il y ait hereditatis petitio, il faut que l'action soit dirigée par un héritier contre son cohéritier, cette condition est remplie dans notre matière, alors qu'il s'agit de co-partageants, puisque tous deux sont héritiers institués.

seur de bonne foi d'une hérédité n'est tenu des choses héréditaires que jusqu'à concurrence de ce dont il s'est enrichi ; le possesseur de mauvaise foi restitue tout ce qu'il possède ; et, de plus, il est comptable de tout ce qu'il a cessé de posséder par son dol (L. 20, § 6 et suiv. et L. 25, D., *de hered. pet.*). Ajoutons que la question de bonne foi des co-partageants, défendeurs à la *Querela*, sera presque toujours tranchée à leur avantage, car ils possèdent en vertu d'un titre, *causam habent possidendi*, suivant l'expression d'Ulpien (L. 25, § 3, *h. t.*). Toutefois, quelles que soient d'ailleurs les circonstances de la cause, à partir de la demande, le défendeur devient un possesseur de mauvaise foi ; ce qui résulte de la fin du texte d'Ulpien, que nous avons rapporté ci-dessus *(initio)* et de cet autre : *Post motam controversiam omnes possessores pares fiunt et quasi prædones tenentur* (L. 25, § 7, *h. t.*).

Appliquons ces principes :

Le co-partagé défendeur, qui a acquitté les legs dont il était chargé, qu'il l'ait fait *de suo* ou avec des objets héréditaires, et qu'il ait été de bonne ou de mauvaise foi, a toujours la *condictio indebiti* contre les légataires ; mais, quant à sa situation vis-à-vis de ses co-partageants, il faut distinguer :

1re hypothèse, il était de bonne foi :

— Il a acquitté les legs avec des objets héréditaires : il peut se borner à céder à ses co-partageants la *condictio* (qui ne sera toutefois, entre leurs mains, qu'une *condictio indebiti utilis,* comme on le verra bientôt);

— Il s'est libéré *de suo* : il peut encore se borner à céder son action (1) ; en échange, il a droit à son déboursé.

---

(1) La transmission de la condictio s'effectuait, avant Adrien, à l'aide d'une procuratio in rem suam conférée au légitimaire ; cet empereur simplifia la procédure, en lui donnant directement une condictio indebiti utilis.

VOIES D'ATTAQUE.

2ᵉ hypothèse, il était de mauvaise foi :

— S'il a acquitté les legs avec des objets héréditaires (*si ante litem contestatam fecerit quominus possideret*), il en doit la valeur intégrale (*perinde condemnandus est quasi possideret*).

— S'il a payé *de suo*, il est sans droit contre l'hérédité.

Pourquoi le *querelans* triomphant n'a-t-il qu'une *condictio indebiti*, contre les légataires qui ont indûment reçu un objet héréditaire, et pourquoi n'a-t-il pas la *reivindicatio* (qui appartient au propriétaire injustement dépossédé), ou tout au moins cette revendication utile qu'on appelle l'action publicienne, puisqu'il exerce une *hereditatis petitio* contre le défendeur et qu'ainsi la loi reconnaît en lui un véritable propriétaire ? La réponse est dans cette maxime qui se dégage de l'ensemble de nos textes, à savoir que la rescision du testament n'a pas d'effet rétroactif. Sans doute le légitimaire *querelans* est un héritier *ab intestat* du défunt, et il continue sa personne ; sans doute, et tout particulièrement le co-partageant, lésé dans sa légitime, est doublement le continuateur de l'ascendant, puisqu'il est tout à la fois *heres scriptus*, comme le défendeur, et héritier du sang ; il semble donc qu'il devrait ressaisir directement sa part héréditaire, en quelques mains qu'elle se trouve, par une action en revendication. Il n'en est pas ainsi, parce que le légitimaire ne continue effectivement et réellement la personne du défunt, *parte in qua læsus est*, qu'à dater de la sentence : les actes faits par l'*heres scriptus*, du jour de son adition jusqu'au jugement, les aliénations consenties, les décisions judiciaires prononcées, les payements reçus sont donc valables. De là vient qu'il est accordé au légitimaire, exerçant la répétition, à l'encontre des détenteurs des biens héréditaires, non pas une *reivindicatio*, non pas même la *condictio indebiti* proprement dite, mais, et comme l'a prescrit Adrien, une *condictio indebiti utilis* qui est, en quelque sorte, la reconnaissance de la qualité d'*heres scriptus* du défendeur et de la régularité de ses aliénations, au point de vue du droit civil.

La rescision du partage ne profitera pas au *querelans* seul, si d'autres légitimaires ont été lésés ; ils bénéficieront de la rescision et participeront à la nouvelle répartition, à moins qu'ils n'aient succombé sur une plainte antérieurement intentée, ou qu'il n'aient renoncé à ce qui leur revient (L. 17, pr. et L. 23, § 2, D., *de inof. test.*).

Le légitimaire, qui a renoncé expressément ou tacitement à l'hérédité, ne profite pas de la rescision du partage ; telle est bien l'opinion de Paul ; il dit en substance : « Celui qui renonce à la *Querela*, et dès lors à l'hérédité, ne prend pas part avec celui qui a intenté l'action et qui, ayant triomphé, gardera toute l'hérédité, parce qu'il y a chose jugée à son profit, et que la décision des centumvirs le fait seul héritier » (L. 17, pr. D., *h. t.*). Si le renonçant ne prend pas part à la succession, ainsi en doit-il être pour celui qui s'abstient ; aussi Paul nous déclare-t-il encore que : « Si deux fils, également exhérédés, introduisent ensemble la *Querela,* et que plus tard l'un se retire, sa portion accroît à l'autre, et qu'il en serait encore de la sorte, si l'un des enfants avait laissé prescrire son droit » (L. 23, § 2, *h. t.*).

Nous avons vu (n° 14) que l'enfant, renonçant à la *Querela* et à l'hérédité, ou dont la plainte a été précédemment rejetée, compte néanmoins pour la supputation du droit du légitimaire qui attaque le partage. Au premier abord, cette affirmation semble contradictoire avec la solution que nous donnent les jurisconsultes romains, sur les effets de la renonciation des co-héritiers du *querelans,* une fois l'inofficiosité déclarée : le plaignant n'avait la *Querela* que parce qu'il avait moins du quart de sa portion dans l'hérédité, en supposant la participation de tous les autres enfants ; et voici que, le partage testamentaire étant annulé, ces participants deviennent purement fictifs et rentrent dans le néant ; leur part simulée appartient au plaignant et aux autres co-partagés, qui acceptent l'hérédité. Ce n'est point là une anomalie ; distinguons deux règles qu'il ne faut pas confondre : — les obligations du père de famille sont les mêmes pour tous ses enfants : aussi la légitime s'apprécie-t-elle d'après leur nombre ; — au contraire, lorsqu'on fractionne la succession, on n'a égard qu'à ceux qui se présentent pour la recueillir ; or le renonçant ne se présente pas ; dès lors sa portion se joint à celle des autres appelés. « S'agit-il, dit M. Vernet, du calcul de la quarte, pour savoir si la plainte d'inofficiosité appartient, ou non, au légitimaire, il faut, dans tous les cas, et sans exception, compter tous ceux qui seraient venus avec lui à la succession *ab intestat*. S'agit-il, au contraire, cette première question résolue affirmativement, de savoir à qui reviendra l'hérédité, après la rescision du testament, il faut alors faire concourir avec le légitimaire victorieux, ceux de ses co-héritiers *ab intestat* qui, ayant reçu leur quarte, n'ont jamais eu la plainte d'inofficiosité, et ceux qui auraient encore le droit de l'intenter, et décider que la part de ceux qui, ayant eu ce droit, l'ont perdu, accroît toute entière à ceux dont nous venons de parler » (1). Ajoutons d'ailleurs que, par *a contrario* de la règle *concursu partes fiunt*, là où il n'y a pas de concours, il ne saurait y avoir de fractionnement.

Les avantages, les legs de quotité que contient le testament, au profit de l'un des co-partagés, survivent-ils à la déclaration d'inofficiosité et recevront-ils leur application dans le nouveau partage ? Non ; la raison de cette solution s'induit des origines de la *Querela* : la *Querela* est un expédient, imaginé par les Prudents pour atteindre le testament dans lequel le père de famille, manquant aux

_____

(1) V. Cujas : 4º vol. des œuvres posthumes, 1re part. comment in tit. 2, inof. test. D., ad leg. 8, § 8 — Pothier : Pand. in nov. ord. ad tit, de inof. test. nº 34, note 1.

devoirs de la nature, mais usant de son droit, d'après la
loi civile, déshérite son enfant, ou ne lui laisse qu'une
part dérisoire dans sa succession. Le texte était formel
(*uti legassit... ita jus.*) ; le pouvoir de l'ascendant était
donc incontestable ; aussi s'est-on gardé de le méconnaitre ; mais on a dit : pour exercer son pouvoir, l'ascendant
doit être en possession de ses facultés intellectuelles ; il
doit être *mentis compos ;* or le père, qui prive ses enfants
de leur part dans son hérédité, est un fou. Cela étant, on
conçoit qu'il est impossible d'établir des distinctions dans
son œuvre, (nécessairement faite *uno tractu temporis*), et
de proclamer que, pour telle disposition, il jouissait de ses
facultés, que, pour telle autre, il en était autrement. Et
voilà pourquoi, frappé d'inofficiosité (*quasi a demente factum*), le testament est nul en son entier ; il tombe, et avec
lui tout ce qu'il renferme : le partage, les legs *ex certis
rebus* et ceux de quotité, les fidéicommis, les affranchissements ; en un mot, de l'ensemble des dernières volontés
du défunt (*ad suprema judicia pertinens*), rien ne survit
(v. Paul et Scévola : L. 13, D., *de inof. test.* et L. 36, D., *de
leg.* 3°). (1).

Deuxièmement. — La plainte n'est accueillie qu'à l'encontre de l'un ou de quelques-uns des défendeurs.

Il peut arriver que la *Querela* n'aboutisse qu'à la rescision partielle du testament ; les textes nous offrent quelques hypothèses de cette sorte ; nous les adaptons à notre
sujet, en leur faisant subir de légères modifications, qui
n'altèrent en rien la solution :

1° L'ascendant a trois enfants ; il a distribué la plus
grande partie de son patrimoine entre les deux aînés ; il
a donné au troisième une portion inférieure à sa légitime.
Or, il peut se faire que celui-ci, intentant la *Querela,*

---

(1) Il ne reste que les libéralités entre-vifs faites par le défunt (L. 11,
D., de inof. test.).

triomphe vis-à-vis de l'un de ses frères, et qu'il succombe·
vis-à-vis de l'autre ; que l'un, par exemple, soit reconnu
mal fondé à opposer au *querelans* certaines causes d'exhérédation, et que l'autre soit jugé fondé à le faire, ou que
l'un puisse invoquer des fins de non-recevoir qui lui sont
personnelles : le testament-partage sera annulé partiel·
lement et le défunt se trouvera ainsi *partim testatus, partim
intestatus* (L. 15, § 2 et L. 24, D., *de inof. test.*). Papinien
et Ulpien, l'admettent, quoique cela soit contraire à la
maxime si connue. « Ce que le testateur n'eut pu faire
valablement, dit Cujas, les circonstances l'imposent fatalement » (1).

2° L'ascendant a quatre fils ; il fait son partage ; il
donne la plus grande partie de son patrimoine à deux
d'entre-eux, et il laisse aux autres moins que leur légitime. Un seul de ces derniers introduit la *Querela*, l'autre
y renonce ; l'action triomphe (2). Sur la masse, qui sera
composée de la part du plaignant et de celles des deux
avantagés, ceux-ci n'auront point à subir le concours de
leur autre frère insuffisamment apportionné, le partage
n'étant pas annulé en ce qui le concerne (3).

Quant aux effets de la rescision partielle du partage,
nous avons peu à dire : pour les lots, qui leur avaient été
assignés, les défendeurs et le *querelans* sont dans l'indivision ; ils en sortiront à l'aide de l'action *familiæ erciscundæ;*
le *querelans* poursuivra les débiteurs de l'hérédité pour sa
part, et il sera passible de la poursuite des créanciers dans
cette proportion (v. Papinien L. 15, § 2, D., *de inof. test.*).
En ce qui touche les legs et les fidéicommis, dont les en-

---

(1) Cujas : 4° vol. des œuvres posth. 1re partie ; comment. in tit. 2 de
inof. test., lib. 5, D., ad legem § 8, 8 ; — Pothier : Pand. in nov. ord
ad. tit. de inof. test. N. 39, note 11.

(2) Imité de la loi 16 pr. D., de inof. test.

(3) V. Pothier : Pand. in nov. ord. ; ad tit, de inof. test. N. 40, note 4.

fants avantagés étaient chargés, ils n'en seront plus tenus
que dans la proportion de leur vocation héréditaire, dorénavant restreinte ; cependant les affranchissements étant
indivisibles et irréductibles subsisteront pour le tout (L.
13, C., *h. t.*).

Troisièmement. — Le légitimaire co-partageant a succombé dans sa plainte.

Il semble que toutes choses doivent rester telles qu'elles
étaient avant l'introduction de l'instance ; il n'en est pas
ainsi : il ne suffit pas que le *querelans* téméraire subisse
l'humiliation d'un échec ; il faut encore que sa tentative
impie soit châtiée ; aussi est-il taxé d'indignité et perd-il
son lot ; c'est le Fisc qui en profite.

Cette règle admet quelques exceptions : — le *querelans,*
qui se désiste ou qui meurt avant la sentence, échappe
à la peine (L. 8, § 14, D., *h. t.*) ; — d'après un res-
crit de Sévère et Antonin, le mineur de vingt-cinq ans
n'encourt pas la pénalité (L. 5, § 9, D., *de his qui ut
indign.*) ; le tuteur, qui a intenté la *Querela*, au nom de
son pupille, conserve le legs qui lui est fait par l'ascendant: *quia, inquit Tryphoninus, officii necessitas et tutoris fides
excusata esse debet* (L 22, D., h. t. et Instit. § 5 *de inof.
test.*) ; — enfin le *querelans*, qui n'a pas pris l'initiative de
la poursuite, et qui s'est borné à continuer le procès engagé par celui dont il est l'institué, est dispensé de l'a-
mende.

19. — DES FINS DE NON-RECEVOIR CONTRE LA PLAINTE D'INOFFICIOCITÉ, EN CE QUI CONCERNE LE PARTAGE.

La plainte d'inofficiosité touche trop vivement à l'intérêt de la famille et à la sécurité de la propriété, pour que
sa permanence soit tolérée : quelles sont les fins de non-
recevoir que la loi met à la disposition du défendeur, et
qui dispensent le juge d'examiner le fond ? Ce sont : la
transaction, le désistement, l'exécution du partage, la

prescription et le décès du légitimaire.

1° *La transaction.*

Le traité, intervenu entre le co-partageant lésé et celui qui a été avantagé, est assurément le moyen le plus indiscutable à opposer au plaignant, puisque cette fin de non-recevoir est son œuvre.

On sait que la transaction n'est qu'un *nudum pactum* n'ouvrant aucune action, et ne donnant lieu qu'à une exception ; que toutefois il en est autrement, si les parties ont employé les formes de la stipulation, ou encore si la transaction a été accompagnée ou suivie d'une dation ; si, en d'autres termes, elle a été exécutée. Conséquemment, et suivant les cas, le défendeur, qui aura traité avec le demandeur, lui opposera l'exception *pacti conventi*, ou il intentera une action à l'effet d'obtenir la restitution de ce qu'il lui a donné à titre de *liberatio controversiæ* (*condictio ob rem dati re non secuta*), ou encore il réclamera l'exécution de la clause pénale, si une pénalité a été insérée dans la transaction

Supposons l'inexécution de la transaction vis-à-vis du lésé : si, comme il arrive le plus souvent, il n'a abandonné sa plainte qu'à la condition, établie par stipulation, qu'une somme ou un objet déterminé lui seraient remis, et qu'il n'ait rien reçu, il agira *ex stipulatu ;* s'il n'y a point eu stipulation et que la *Querela* ne soit pas encore prescrite, il l'intentera. Le défendeur ne manquera pas de le combattre par l'exception tirée de la transaction ; à quoi le demandeur répondra par une *replicatio doli*, qui ramènera l'adversaire à l'exécution de la convention. Telle est la théorie qui s'induit de ce texte d'Ulpien : *si instituta de inofficioso testamento accusatione, de lite pacto transactum est, nec fides ab herede transactioni præstetur, inofficiosi causam integram esse placuit* (L. 27, *pr.* D., *de inof. test.*) (1).

---

(1) V. cependant L. 6, C., de transact.

Nous avons vu que la sentence d'inofficiosité anéantit toutes les dispositions testamentaires : le partage, les legs, les fidéicommis, les affranchissements ; la transaction produit-elle le même effet entre les parties et à l'encontre des tiers ? Non. D'abord la transaction contient ordinairement une reconnaissance de validité de l'acte incriminé, et une renonciation formelle à l'attaquer ; de telle sorte qu'elle fortifie le testament et en assure l'exécution. D'autre part, et spécialement pour ce qui est des tiers, la transaction, eut-elle proclamé la nullité du partage, ne touche point à leurs intérêts, car elle est pour eux *res inter alios*, et, au surplus, elle n'est peut-être que le résultat d'une collusion, toujours facile entre contractants : *testamentum in suo jure manet*, dit Ulpien (L. 29. § 2, D., *h. t.*) (1).

Il suit de là qu'après, comme avant la transaction, les légataires et autres bénéficiaires du testament s'adresseront aux co-partageants, chargés de leur donner satisfaction. Quant aux créanciers de l'hérédité, ils auront des actions utiles, (aussi bien contre le co-partageant lésé lui-même que contre les autres), et cela pour la portion de cette hérédité que la transaction attribue à chacun..... *Des actions utiles*, dit Scévola, à qui nous empruntons cette décision, parce qu'on ne sait exactement, et que les créanciers ne savent pas davantage qui a droit, en ce cas, à la succession (L. 14, D., *de transac.*). Mais, objectera-t-on, pourquoi se préoccuper de la transaction ? n'est-il pas de principe que le créancier agit, contre les héritiers institués, proportionnellement à leurs vocations héréditaires? Et d'ailleurs la transaction n'est-elle pas lettre clôse pour les tiers ? L'action du créancier devrait donc rester la même et continuer à frapper les co-partageants, suivant leurs parts. Cela est vrai strictement ; aussi croyons-nous

---

(1) Les institués, défendant en justice, représentent les légatairss (v. n° 18), parce qu'en ce cas la collusion est impossible.

que si l'action donnée par Scévola, d'après la transaction,
reçoit la qualification d'action utile, c'est surtout parce
que, ainsi conférée, elle constitue une dérogation au droit
civil.

2° *Le désistement.*

Plaçons le désistement à la suite de la transaction, car
ils tendent au même but, le respect du partage, et ils ont
les mêmes effets, le maintien du lotissement et la sanction de la volonté de l'ascendant ; cette constatation nous
évite d'inutiles répétitions. *Si quis, post rem inofficiosi ordi-
natam, litem dereliquerit postea non audietur* (Ulpien L. 8, § 1,
D., *de inof. test.*). Est-il besoin d'ajouter, avec Paul, que
l'action primitivement intentée serait valablement reprise
par le légitimaire lésé, s'il ne l'avait délaissée que par
suite de la fraude de ses adversaires (L. 21, pr. D., *h. t.*) ?

3° *Exécution ou approbation du partage.*

Les deux fins de non-recevoir que nous avons examinées, entravent l'action du *querelans,* parce qu'elles contiennent une confirmation explicite du testament. Mais le
co-partageant lésé a pu, de même, témoigner par sa conduite son adhésion à la volonté paternelle, sinon expressément au moins tacitement, et créer, de cette façon, à
son encontre, une fin de non-recevoir aussi efficace que la
transaction ou le désistement.

Nous ne saurions donner une nomenclature des agisse-
ments du lésé, qui sont une acceptation du partage, tant
leur infinie variété les dérobe à toute classification. Est-il
même possible de les définir ? Disons que tout fait, qui
implique la connaissance et l'approbation du partage, est
une fin de non-recevoir ; et n'essayons pas d'y mettre plus
de précision. Nous indiquerons cependant quelques espèces, empruntées à Pothier, qui a réuni les cas d'exécution
du testament, épars dans le Digeste et dans le Code de

Justinien (1). Les uns se placent en dehors du testament et lui sont étrangers, les autres s'y rattachent au contraire ; tous ne visent que des légitimaires exhérédés ; mais les solutions sont également applicables à l'hypothèse d'un légitimaire, insuffisamment apportionné, sauf quelques modifications, qui s'indiquent d'elles-mêmes et qu'il est aisé de suppléer.

Fait acte d'approbation indirecte au testament le légitimaire, dit Paul, qui contracte avec les institués, au sujet de l'hérédité ou sur des objets héréditaires ; qui, par exemple, les achète, les prend en location ; qui paye à l'institué sa dette envers le défunt (L. 23, §.1, D., *de inof. test.*) ; qui, par une mention, écrite après la mort de l'ascendant, et sur le testament même, a déclaré l'approuver (L. 31, §.4, D., *h. t.*) (2); qui, d'après une constitution d'Alexandre Sévère, paye les créanciers du défunt *pro hereditaria parte* (L. 8, § 1, C., *h. t.*).

Fait acte d'approbation directe au testament le légitimaire acceptant le legs qui y est contenu ; ainsi le décide Paul : *Post legatum acceptum non tantum licebit falsum arguere testamentum, sed et non jure factum contendere ; inofficiosum autem dicere non permittitur* (L 5, pr. D., *de his quæ ut indign. aufer.*) ; alors surtout que le legs, ainsi accepté, est inférieur à la quarte (L. 8, § 1, C., *de inof. test.*).

Voici une espèce dans laquelle le même jurisconsulte se prononce encore pour la fin de non-recevoir : l'héritier exhérédé, (ou mal apportionné), s'est chargé, comme avocat et au nom d'un légataire, de demander l'exécution d'un legs ; il ne peut plus critiquer le testament : *agnovisse videtur qui qualequale judicium defuncti comprobavit* (L. 32, D., *h. t.*).

---

(1) Ad tit. de inof. test. p. 45 et suiv.

(2) L'approbation donnée avant le décès serait sans valeur ; c'est ce que décide Justinien, suivant en cela l'avis de Papinien (v. L. 33, § 1, C., h. t.).

VOIES D'ATTAQUE.

Certes voilà qui témoigne de la haute estime de Paul pour le Barreau : apparemment le défenseur ne devait rien soutenir qu'il ne crut vrai en conscience, puisque sa parole l'engageait lui-même (1). Mais constatons que Paul se montre plus exigeant qu'Ulpien, lequel n'écarte point de la succession de l'affranchi le fils du patron qui, au nom d'un tiers, a soutenu contre cet affranchi une accusation capitale ; ce dont Ulpien donne une raison très plausible : *neque enim advocatus accusat* (L. 14, § 9, D., *de bon. libert.*). Non, ce n'est pas l'avocat qui accuse, pas plus qu'il n'affirme pour lui-même la validité du testament, dont il demande l'exécution pour autrui. Pourquoi donc ne serait-il pas recevable à l'attaquer ? Et pourquoi l'identifier avec son client, au point qu'il compromette sa propre cause, en défendant celle d'autrui (2)? La solution de Paul est d'autant plus étrange qu'il était universellement admis, par exemple, nous dit Marcellus, que le tuteur pouvait critiquer en son nom, le testament dont il avait sollicité l'exécution pour son pupille (L. 10, § 1 et 4. D., *de inof. test. et supra* n° 18 *in fine*). Nous objectera-t-on que le ministère du tuteur est forcé, et que celui de l'avocat ne l'est pas? Nous répondrons qu'il n'en était pas

---

(1) Nous sommes loin de l'étrange idée que Quintilien se faisait du rôle de l'avocat, lui qui osait donner à ses confrères du barreau des préceptes tels que ceux-ci : « L'avocat peut tromper le juge. » (Inst. orat. liv. 2, chap. 17). « Il peut conseiller une action déshonnête à un homme de bien, à la condition toutefois... de ne pas la présenter comme telle et de la colorer. » (Eod. liv. 3, chap. 8); gardons-nous de rien feindre qui puisse être réfuté par un témoin ; bornons-nous à ce que seuls nous savons être faux. » (Eod. liv. 4, chap. 2). L'historien Ammien Marcellin n'avait pas non plus une bonne opinion des jurisconsultes de son temps qui, dit-il, ignorants et âpres au gain, affectent l'air sévère des oracles ; ils n'ont jamais ouvert un livre, et pourtant ils discutent sur le droit de l'époque d'Evandre.

(2) Tryphoninus semble partager cette opinion (L. 11, pr. D., de postulando).

toujours ainsi, comme le prouve ce texte de l'édit : *ait præ-*
tor : si non habebunt adrocatum, ego dabo (L. 1, § 4, D., *de*
postulando). L'avocat d'office était-il aussi lié par sa parole (1) ?

4° La prescription.

Le silence du co-partageant implique une renonciation
à exercer son action : au temps de Pline-le-Jeune, le droit
à la *Querela* se prescrit par deux ans (Epist. V, 1). Ce
terme fut porté à cinq ans, comme l'établissent divers
passages du Digeste (L. 8, § 17 et L. 9 *de inof. test.*); et,
dans des cas exceptionnels (*ex magna et justa causa*), l'action était illimitée (L. 8, *h. t.*) (2).

Quant au point de départ de la prescription, Ulpien,
répudiant l'avis de Modestin, qui fait courir le délai aussitôt après le décès du testateur, pense qu'il date de l'adition de l'hérédité par l'institué. Justinien sanctionne
cette décision et il veut de plus que, dans les six mois
du décès du testateur, au cas où le légitimaire et lui
habitent la même province, (dans l'année, au cas contraire), l'institué déclare s'il entend accepter l'hérédité.
S'il ne fait pas l'adition, dans le délai qui lui est imparti,
il peut y être contraint judiciairement (L. 36, § 2, C.,
h. t.). Ces dispositions nous paraissent applicables au
partage d'ascendants.

A dater de l'introduction de la plainte, la prescription
est interrompue, conformément à une constitution des
empereurs Valérien et Gallien (L. 16, C., *h. t.*).

---

(1) Voir le texte qui montre qu'une assistance judiciaire, fort bien ré-
glée, était organisée près des tribunaux. Voir aussi la loi 7 au code h. t.
et L. 9, § 5, D., de officio proconsulis.

(2) Notre action diffère ainsi de la pétition d'hérédité, qui est perpétuelle, et de l'actio injuriarum, qui est annale (n° 18 notes).

VOIES D'ATTAQUE.

5° *Le décès du légitimaire co-partageant.*

Comme l'*actio injuriarum* (n° 18 notes), la *Querela* est intransmissible aux héritiers ; toutefois, si le légitimaire meurt après l'avoir intentée ou après avoir manifesté l'intention de l'intenter *(jam præparata controversia)*, elle passe à son héritier (L. 6, § 2 ; L. 7 ; L. 15, § 1, D., *de inof. test.*). Ajoutons que Justinien décide de même que, si le fils lésé meurt, *deliberante instituto*, il transmet à ses descendants son droit à la *Querela* (L. L. 34 et 36, § 2, *in fine* C., *h. t.*).

2me ACTION

ACTION EN COMPLÉMENT DE LA LÉGITIME.

20. — QUELS SONT LES CO-PARTAGEANTS QUI PEUVENT INTENTER CETTE ACTION ?

Un mot d'abord sur son origine : Il est difficile de la préciser ; les Prudents, après avoir reconnu le droit de l'enfant à demander l'annulation du testament qui l'omet, l'exhérède ou ne lui laisse qu'une trop faible part (n° 12), lui ont vraisemblablement aussi, et à la même époque, reconnu la faculté de se contenter d'une rescision, pour ainsi dire partielle, en lui permettant de borner sa demande au complément de sa légitime. Toujours est-il que, jusqu'à Constantin, le légitimaire, qui a reçu de l'ascendant un lot de l'hérédité, a le choix entre la *Querela* et l'action en complément (*Pauli sent. lib.* IV, t. v. § 7). Cet empereur prescrit que, si le testament porte qu'au cas d'insuffisance du legs fait à l'enfant, sa légitime lui soit complétée *boni viri arbitratu*, il n'aura plus que l'action en complément (C. Th., L. 4 *de inof. test.*). Allant plus loin, en l'année 528, et par une constitution insérée au Code

(L. 30, pr. et § 1 et L. 36, pr.; L. 31, *h t.* et *instit.*, § 3, *h t.*), et qu'il a confirmée dans la Novelle 115 (chap. 5, pr.), Justinien sous-entend dorénavant cette clause, de telle sorte que *quantacumque pars hereditatis, vel res, eis (liberis) relicta fuerit, de inofficioso Querela quiescente, id quod eis deest, usque ad quartam legitimæ partis, repleatur, licet non fuerit adjectum boni viri arbitratu debere eam compleri*: le testateur n'eut-il laissé à l'enfant qu'une fraction quelconque de l'hérédité, ne lui eut-il même transmis qu'un objet certain, si cet apportionnement est de valeur inférieure à la légitime, il n'y a lieu qu'à l'action en supplément.

Cela dit, l'action en complément appartient au co-partagé dont le lot n'est point égal à sa légitime, sauf quelques restrictions que nous devons indiquer :

Dans la Novelle 115, Justinien a fixé limitativement les causes d'exhérédation qui, avant lui, étaient abandonnées à l'arbitraire du juge et qui entrainent le rejet de la plainte d'inofficiosité (1) ; elles doivent être inscrites dans le testament et elles entrainent aussi le rejet de l'action en complément (L. 30, C., *de inof. test.*) ; le légitimaire, ainsi taxé d'ingratitude ou d'indignité, a toutefois le droit de discuter la décision qui le frappe.

L'action du légitimaire peut-elle être écartée, à raison des profits qu'il a indirectement tirés de l'hérédité, et qui complètent sa réserve ? Justinien, qui se pose cette question, y répond négativement : « *Repletiones autem fieri ex ipsa substantia patris, non si quid ex aliis causis filius lucratus est, vel ex substitutione, vel ex jure accrescendi, ut puta ususfructus. Humanitatis etenim gratia sancimus ea quidem omnia, quasi jure adventitio, eum lucrari, repletionem autem ex rebus substantiæ patris fieri* » (L. 36, pr. C., *h. t.*). Etait-il vraiment nécessaire de s'en expliquer, et était-ce là une ques-

---

(1) V. nº 17, 2º, à la note.

tion d'humanité? N'est-il pas évident que l'accroissement, dont profite l'enfant, en vertu d'un droit qui lui appartient et qui est tout autre que son droit à la légitime, ne libère pas l'hérédité de ce qu'elle lui doit, à ce dernier titre ?

Le co-partageant, insuffisamment loti, a déjà reçu, par donation à cause de mort, le complément de sa réserve ; il en est évincé : *quid juris ?* Avant Justinien, il avait la *Querela ;* depuis, il a l'action en complément (L. 36, pr. C., *h. t.*) (1).

L'ascendant a partagé son patrimoine en portions égales ; mais il a disposé que la part de l'un des enfants ne lui serait remise qu'après un délai qu'il a déterminé ; Justinien veut que la délivrance de la légitime ne souffre aucun retard. Donc, quelles que soient les conditions établies, le co-partagé réclamera son lot, dès le décès de l'ascendant ; du moins, remarquons-le, dans les limites de la légitime ; car, pour ce qui est du surplus, la volonté du testateur doit être respectée : *« Reliquum autem, quod post legitimam portionem restat, tunc restitui quando testator disposuit »* (L. 36, § 1, C., *h. t.*) (2).

L'ascendant a institué une personne étrangère à sa famille, mais en la grévant de legs, et notamment d'une disposition qui confère à ses enfants le montant exact de leur légitime ; or, par l'effet de ces legs, l'institué recueille moins du quart de l'hérédité : réclamera-t-il ce quart aux

---

(1) « Sancimus, sive in totum evictio subsequatur, sive in partem, emendare vitium, et vel aliam rem, vel pecunias restitui, vel repletionem fieri, nulla Falcidia interveniente, ut, sive ab initio minus fuerit derelictum, sive extrinsecus, qualiscumque causa interveniens aliquod gravamen imponat, vel in quantitate, vel in tempore : hoc modis omnibus repleri et nostrum juvamen purum filiis inferri. »

(2) Confer L. 32, h. t., où il s'agit de délais et de charges diminuant la légitime.

légataires, et spécialement aux légitimaires, réduits pourtant à la quotité légale (1) ? Il y a ici conflit entre deux réserves, la légitime et la Falcidie ; il s'agit de savoir quelle est celle des deux qui infligera un amoindrissement à l'autre, et si c'est l'institué qui primera les héritiers du sang. Combien les mœurs sont changées, et comme, grâce au progrès de la civilisation, l'autocratie du père s'est diminuée! Ce sont les enfants qui triomphent ; ainsi le veut Justinien : l'institué fournira la légitime, sans qu'il y ait à se préoccuper de savoir s'il conserve ou non sa quarte ; libre à lui, d'ailleurs, de la faire valoir à l'encontre de tous légataires autres que les légitimaires (L. 36, pr. C., *h. t.*).

L'action en complément est dirigée par le légitimaire lésé contre tous ses co-partageants avantagés ; mais dans quelle proportion l'exerce-t-il contre chacun d'eux ? Il est probable que l'action se donnait, contre chacun des institués avantagés, *pro modo emolumenti*. Ajoutons que les défendeurs étaient tous tenus de la même façon et qu'ils ne pouvaient satisfaire le légitimaire qu'à l'aide des biens de l'hérédité, *ex rebus substantiæ patris* (L. 36 précitée).

21. — QUELS SONT LES EFFETS DE L'ACTION EN COMPLÉMENT DE LA LÉGITIME ?

C'est ici qu'apparaît le bienfait de l'innovation, préparée par Constantin, et définitivement accomplie par Justinien (n° 20). Avant eux, le partage testamentaire, infecté d'inofficiosité, tombait en entier et l'œuvre de l'ascendant était réduite à néant. Il n'en subsistait rien, pas même les avantages de quotité qu'elle pouvait contenir, en dehors

---

(1) Remarquons que, pour poser cette question, il faut se placer à une époque antérieure à la Novelle 115, car, depuis, un tel testament pourrait être attaqué par la Querela (n° 16 in fine).

de la répartition ; et l'hérédité s'ouvrait *ab intestat* ; c'était
la règle : *judicium intestatum patremfamilias facit* (L. 6, § 1,
D., *h. t.*), règle que sous-entend Alexandre Sévère, dans
sa constitution insérée au code (L. 8, *pr. eod.*) et qu'implique l'origine de la *Querela* (L. 2, D., *eod.*) (n° 12).

Dorénavant le partage restera debout et, en général,
son économie ne sera point gravement altérée par cette
obligation, qui incombe aux avantagés, de parfaire le lot
du co-partageant lésé, avec le patrimoine (*ex substantia
patris*). S'il en était autrement, la répartition serait à
recommencer. Mais remarquons qu'il ne faudrait point
assimiler ce cas à celui de l'inofficiosité prononcée ; que
le testament survivrait dans cette hypothèse, et que les
avantages de quotité, qu'il contiendrait, recevraient leur
application dans la nouvelle distribution ; c'est, il est vrai,
de notre part, une conjecture, mais elle s'impose logiquement.

Ainsi, jusqu'à Justinien, l'enfant exhérédé ou omis et
celui qui a reçu une part insuffisante avaient la *Querela*,
et le partage était nul ; la *Querela* subsiste encore, au cas
d'exhérédation ou d'omission, comme dans l'ancien droit
(L. 30, § 1, C., *h. t.*) (1) ; elle n'existe plus, pour le cas
où l'enfant a reçu un apportionnement, si minime qu'il
soit.

De ce que le partage se maintient, même après le triomphe de l'action en complément, résultent des conséquences que l'on pressent aisément, et sur lesquelles nous
n'insisterons pas : les legs, les fidéicommis, les affranchissements, que contient le testament, sont aussi mainte-

---

(1) Justinien décide même que, lorsque le testament sera rescindé,
pour exhérédation sans cause, l'œuvre du défunt ne sera point annulée
pour le tout, qu'elle le sera seulement quant à l'institution d'héritier,
et que les legs et autres dispositions seront valables (nov. 115, chap. 3,
§ 14; chap. 4, § 9).

nus. Et, si les co-partageants avantagés les ont déjà exé-
cutés, lors de la demande en supplément, quelle que soit
la réduction que l'action du légitimaire vienne leur infliger par surcroît, ils ne sauraient en exciper ni contre les
tiers, ni contre le légitimaire. C'était à eux de calculer les
forces de la succession, les devoirs que l'adition allait
leur imposer et de ne point la faire, si elle était onéreuse ;
ils savaient que la légitime se calcule, déduction faite des
dettes et charges de l'hérédité ; ils pouvaient s'abstenir,
si, jointes au complément de leur co-partageant lésé, elles
étaient trop onéreuses.

Il est clair qu'à l'inverse de la *Querela*, la demande du
légitimaire ne profite qu'à lui seul, et que celui qui aurait
gardé le silence, ne saurait se prévaloir de la sentence
obtenue par son co-partageant. De même, si l'un des légitimaires, se prétendant lésé, a succombé, les co-partageants avantagés n'invoqueront point cette décision contre un second légitimaire, dont le cas peut être différent.

Jusqu'à Justinien, l'action en complément, *actio exple-
toria vel suppletoria*, ne tient en rien de la pétition d'hérédité (1) ; c'est une *condictio ex lege* (L. 30, C., *de inof. test.*)
(2) ; Justinien fait du legitimaire un ayant-droit à la qualité héréditaire (3) ; dès lors l'action devient une véritable
pétition, dont l'application et l'étendue sont d'ailleurs
réglées *boni viri arbitratu*.

Nous ne pensons pas que le demandeur, qui succombe,
encoure la pénalité édictée contre le *querelans* téméraire
(n° 18 *in fine*); on ne saurait assimiler la *Querela* à l'action

---

(1) A l'inverse de la Querela (n° 18 notes).

(2) Action personnelle, perpétuelle, transmissible aux héritiers, ce qui
la distingue de la Querela, qui est réelle, de courte durée et non transmissible.

(3) Substantiæ patris, ainsi qu'il le dit, en termes d'une remarquable
énergie (n°s 16 et 20 in fine).

en supplément ; cette dernière n'est qu'une atteinte partielle très restreinte, portée au partage, tandis que l'autre tend à sa destruction absolue. Et on peut dire que le légitimaire, qui se prétend incomplètement loti, n'accuse que l'erreur de l'ascendant, alors que le *querelans* lui impute l'oubli d'un devoir sacré ; de sorte que celui-ci, si sa plainte est jugée sans fondement, est plus coupable que l'autre, parce que l'inculpation, qu'il a fait planer sur le testateur, était odieuse et qu'elle engageait l'honneur de la famille.

22. — DES FINS DE NON-RECEVOIR CONTRE LA DEMANDE EN COMPLÉMENT.

Comme la *Querela*, l'action en complément peut être l'objet d'une transaction, d'un désistement exprès ou tacite ; et, par suite, les conventions de cette nature, faites par le légitimaire, ses actes d'exécution ou d'approbation du partage lui sont opposables, comme ils le sont au *querelans*.

Notons toutefois que Justinien ne suppose pas aisément la renonciation du légitimaire à exiger l'intégralité de sa réserve. Voici ce qu'il dit, à ce propos, dans une constitution devenue la loi 35, § 2, au Code (*de inof. test.*) : « Si l'ascendant laisse à son fils moins que sa légitime, ou s'il lui donne soit à cause de mort, soit entre-vifs, quelques objets, avec cette condition qu'ils lui tiendront lieu de légitime, et que le fils en prenne simplement possession après la mort de l'ascendant, qu'il reconnaisse, vis-à-vis des autres héritiers, avoir reçu ce qui lui est ainsi laissé, mais sans ajouter qu'il renonce à agir en supplément de sa légitime, cela ne l'empêche point d'exercer cette action. Si, au contraire, dans une quittance ou dans une transaction, il convient que, satisfait de ce qui lui a été donné, il ne se réserve pas d'agir en complément, alors toute cri-

tique lui est interdite ; il doit accepter la décision paternelle. » Pour perdre l'action il faut donc y avoir formellement renoncé.

Le payement de la dette du défunt est, pour Alexandre
Sévère, une adhésion au testament, adhésion qui empêche la *Querela* (L. 8, § 1, C., *h. t.*). Depuis Justinien, un
tel fait est sans influence peut-être sur la *Querela*, mais, en
tout cas, sur l'action en complément : l'abandon de cette
action est explicite ou il n'est pas.

Terminons en rappelant que la prescription, qui frappe
le *querelans,* est inapplicable au demandeur en complément, et que le décès du légitimaire n'éteint pas son droit
(n° 21).

23. — **Appendice.** — Nous venons d'étudier les règles
du partage testamentaire : « Si l'ascendant ne le fait pas
ainsi, dit Justinien, à cause des nombreuses difficultés
qui entourent les hommes, qu'il lui soit permis cependant
de partager, en détaillant les choses qu'il distribue, et en
signant lui-même toutes ses dispositions, ou en les faisant signer par tous les enfants, entre lesquels il divise
ses biens » (nov 18, chap. 7). Le partage, ainsi opéré,
ne s'exécute qu'après la mort de l'ascendant ; cela ressort
des termes de la Novelle : « *Si quis voluerit suas res filiis
aut dividere, aut omnes, aut etiam aliquas forte relinquere præ-
cipuas...* » Ces termes : *dividere, relinquere* ne s'entendent,
en effet, dans la langue du droit romain, que du partage
valable après décès. Mais que sont, en réalité, ces partages non revêtus des formes de la donation ou de celles du
testament ? La légitime est-elle encore sauvegardée ? Le
légitimaire lésé a-t-il un droit de critique ? Nous cher-
chons vainement, dans les textes, une réponse à ces questions.

Nous pensons qu'il faut distinguer entre les deux modes
de partages non testamentaires, réglés par la Novelle :
l'un est l'œuvre de l'ascendant seul ; il doit être assimilé
au partage testamentaire, quant au droit du légitimaire.

VOIES D'ATTAQUE.

L'autre est, à proprement parler, une convention sur succession future, soit entre les enfants, soit entre eux et
l'ascendant. Ce dernier mode rend le partage inattaquable, même pour atteinte à la légitime (n° 3 note).

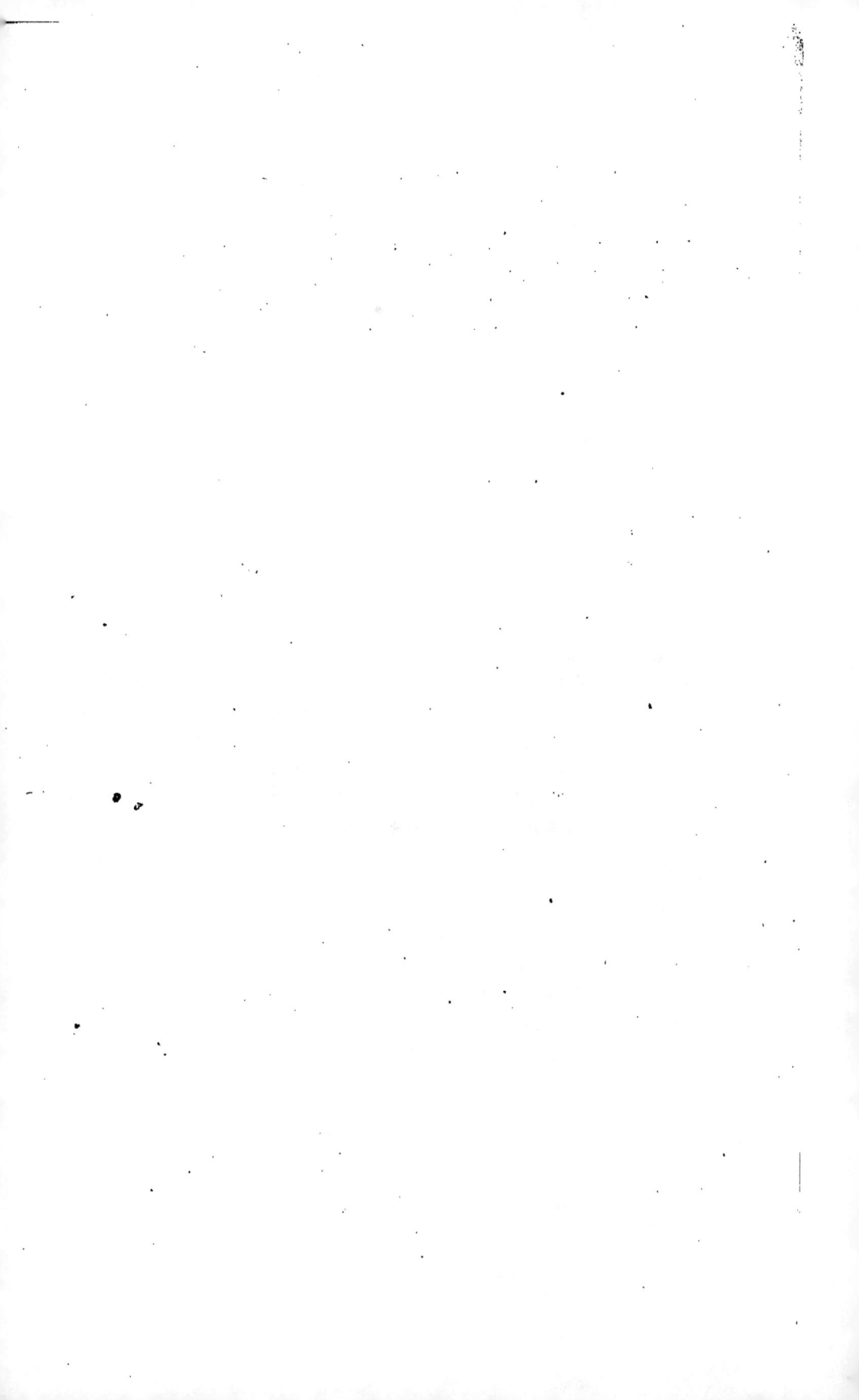

DEUXIÈME PARTIE

DROIT FRANÇAIS

24. — Notre étude, sur la législation romaine, nous a montré quelles attaques l'enfant pouvait diriger contre le partage du *pater familias ;* dans la législation française, nous retrouverons quelques-unes de ces dispositions, mais modifiées et étendues, dans un sens favorable à l'enfant. A Rome, le copartagé, s'il s'agit d'une répartition entre-vifs, est condamné au silence ; s'il s'agit d'un partage testamentaire, il ne peut se plaindre que d'une privation de sa légitime ; dans notre vieux droit français, il en est à peu près de même : plus libéral et plus égalitaire, le Code confère une action au donataire copartagé ; l'enfant a même deux réserves (1), qu'il réclamera l'une et l'autre, et pour la violation desquelles la répartition sera totalement ou partiellement annulée. Enfin un droit nouveau lui appartient, sur la distribution des différentes natures de biens.

---

(1) Sa réserve d'enfant et une réserve de copartageant. Nous emploierons fréquemment cette dernière expression qui a, suivant nous, l'avantage de caractériser, d'une manière assez exacte et, en tout cas, très concise, le droit du copartageant (v. infra. n° 35).

RESCISION POUR LÉSION.

Voici l'ordre que nous avons adopté dans notre travail :

Rescision du partage d'ascendants entre-vifs, pour lésion de plus du quart (chapitre premier) ;

Réduction, pour atteinte à la réserve de l'enfant (chapitre deuxième) ;

Annulation, pour inégalité dans la nature des attributions (chapitre troisième) ;

Ouverture et durée des actions en rescision, en annulation et en réduction. — Époque de l'estimation. — Fins de non-recevoir (chapitre quatrième) ;

Effets de la rescision, de l'annulation et de la réduction (chapitre cinquième) ;

Réforme législative (chapitre sixième) ;

Tableau de la jurisprudence de la cour de Bordeaux (chapitre septième).

CHAPITRE PREMIER

—

RESCISION DU PARTAGE D'ASCENDANTS ENTRE-VIFS,
POUR LÉSION DE PLUS DU QUART.

—

25. — Dans ce premier chapitre nous rechercherons les origines de l'action en rescision du partage d'ascendants entre-vifs, pour lésion, et les règles qui la régissent :

Une première section sera consacrée à l'historique de l'action, une seconde à l'examen des biens sur lesquels elle s'exerce, des personnes auxquelles elle appartient et du moyen de la conjurer.

SOMMAIRE :

26. — La rescision pour lésion dans les partages : En pays de droit écrit, l'inégalité des lots n'autorise pas la rescision du partage d'ascendants ; — en pays de coutumes, celles d'égalité l'admettent, celles de préciput la rejettent.
27. — Taux et caractère de la lésion dans les partages.
28. — Pourquoi l'erreur doit dépasser le quart de la part virile de l'enfant, pour exister légalement.
29. — Le calcul ne porte que sur les valeurs comprises dans le partage. Questions.
30. — Au cas de partages partiels, la lésion se calcule sur chaque partage isolément. — Exception. — Les auteurs et la jurisprudence.

RESCISION POUR LÉSION.

31. — Au cas de biens restés indivis en dehors du partage, le calcul se fait uniquement sur les biens partagés. Opinion contraire de M. Bonnet. La jurisprudence. La cour de Bordeaux.

32. — Partages conjonctifs et partages cumulatifs. Questions.

33. — Au cas de partages conjonctifs, le déficit, dans les attributions, faites par l'un des ascendants sur ses biens, ne peut être couvert par un excédant pris sur les biens de l'autre ascendant. Les auteurs et la jurisprudence. Renvoi à une question connexe.

34. — Au cas de partage cumulatif, la compensation, entre le déficit sur l'un des patrimoines et l'excédant pris sur l'autre, est possible. Les auteurs. Raison de décider. La cour de Bordeaux. Renvoi à une question similaire.

35. — La réserve du copartageant ne doit pas être confondue avec celle de l'enfant.

36. — Le copartageant préciputaire a le droit de faire rescinder le partage, sans être tenu de précompter son préciput, dans les cas suivants :

A. Lorsque la donation préciputaire est antérieure au partage, et qu'elle porte sur des objets particuliers ;

B. Lorsque la donation préciputaire est antérieure au partage et porte sur une quotité, couverte par un apportionnement avant le partage ;

C. Lorsque la donation préciputaire est contenue dans le contrat de partage, sauf manifestation d'une volonté contraire, de la part de l'ascendant. Espèces ;

D. Lorsque la donation préciputaire est contenue dans un acte postérieur au partage, sauf volonté contraire.

37. — De l'institution d'héritier et de la promesse d'égalité, dans leurs rapports avec les partages d'ascendants. L'ascendant conserve, en ce cas, le droit de faire le partage.

I. Le copartageant, bénéficiaire d'une promesse d'égalité et lésé, a, contre le partage, tantôt l'action en rescision, tantôt l'action en réduction. Taux de la lésion et de la réduction, dans cette hypothèse.

II. L'enfant copartageant, bénéficiaire d'une institution contractuelle et lésé, a, contre le partage, tantôt l'action en rescision, tantôt l'action en réduction. Taux de la lésion et de la réduction, dans cette hypothèse.

III. L'institué contractuel étranger a, vis-à-vis du partage, le même droit que l'enfant institué.

38. — Le copartageant, enfant naturel reconnu ou enfant adoptif, a l'action en rescision.

39. — Le copartageant renonçant à la succession, ou exclu pour indi-

gnité, n'a pas l'action en lésion. Renvoi à la question de l'époque de l'ouverture du droit de rescision.

40. — Le lésé seul à l'action en rescision.

41. — Le défendeur à l'action en rescision peut empêcher l'annulation du partage par l'offre d'un supplément, faite au lésé ; et cela alors même qu'il en résulterait une rupture de l'équilibre, entre les valeurs mobilières et immobilières, attribuées au lésé. Jurisprudence de la cour de Bordeaux.

SECTION PREMIÈRE

APERÇU HISTORIQUE SUR LA LÉSION DES PARTAGES D'ASCENDANTS ENTRE-VIFS.

—

26. — C'est au nom de l'humanité que l'action en rescision pour lésion s'est introduite dans la vente (1) ; à ce titre elle devait nécessairement prendre place dans le partage de succession ; il était même naturel que, pour l'autoriser, on se montrât plus facile que dans la vente : étrangers l'un à l'autre, pourrait-on dire, le vendeur et l'acquéreur ne sont obligés d'avance à aucun ménagement ; le but que se propose chaque partie est de se procurer un avantage, sans souci du dommage qui en résultera pour l'autre ; et il faut bien favoriser la libre expansion de cette tendance égoïste, car elle est le mobile de transactions lucratives pour le Fisc (2). Dans les partages

---

(1) Humanum est. . . disent les empereurs Dioclétien et Maximien, les auteurs de l'action en rescision, pour lésion dans la vente (L. 2, C., de rescind. vend.).

(2) Les considérations d'humanité sont-elles, après tout, plus dignes d'attention, dans la vente, que dans les autres contrats commutatifs, où elles ne sont point acceptées ? Dans notre ancien droit, les Parlements proscrivent l'action en rescision pour lésion, en ce qui concerne : — les

de succession, au contraire, il n'y a pas lutte d'intérêts ; les héritiers n'ont qu'un but, celui de se faire une égale répartition (1) ; aussi nos anciens Parlements n'accueillent-ils la rescision contre la vente, qu'au cas où la lésion excède la moitié du prix (2), tandisque, pour le partage de succession, il leur suffit qu'elle soit du tiers au quart (3).

Il semble que le partage d'ascendants, appelé à devenir un véritable partage de succession, dut être de même rescindable, pour lésion du tiers au quart ; il n'en est cependant pas ainsi :

Dans les pays de droit écrit, ou de droit romain, l'iné-

---

transactions, conformément à l'édit de 1560, parce qu'en un tel contrat les parties ont prévu d'avance l'hypothèse de la lésion et ont sacrifié leurs intérêts, afin de s'éviter un procès, — les contrats aléatoires, parce qu'il est impossible d'en déterminer le juste prix, — la vente des droits successifs, parce que l'incertitude des dettes, qui peuvent se révéler, rend fort douteux le prix des droits cédés, — les ventes mobilières, parce que le peu d'importance des valeurs mobilières, (vilis mobilium possessio, disait-on au XVIᵉ siècle), et sans doute aussi leur variabilité, rendait cette règle nécessaire, — enfin, les baux à ferme ou a loyer, car ils portent sur des choses mobilières, puisque ce sont des fruits qui en sont l'objet (v. Pothier : traité des obligations n° 36 et suiv. et contrat de louage n° 36 et encore la coutume d'Orléans, art. 446).

(1) Il en est ainsi surtout dans notre droit moderne ; rappelons, en effet, que le partage n'est plus commutatif ou translatif, comme il l'était dans la législation romaine (C. civ. art. 883).

(2) Le droit canonique avait adopté ce taux (décrétal d'Alexandre III et d'Innocent III, 1170-1208).

(3) Ces expressions du tiers au quart..... peuvent paraître étranges ; elles s'expliquent historiquement : quelques jurisconsultes exigeaient que la lésion fut au moins du tiers, lorsque les co-héritiers sont étrangers les uns aux autres ; ils la restreignaient au quart entre frères et sœurs. De là cette locution alors reçue, lorsqu'on parlait de la lésion d'une manière générale, et sans faire connaître entre quelles personnes l'action s'agitait : lésion du tiers au quart (v. Leprêtre cent. 3, ch. 123; Merlin v. lésion, § 4, n° 1. et le président Favre eod. liv. 3, tit. 27).

galité des lots, quelle qu'elle soit, n'autorise pas la rescision : l'apportionnement couvre-t-il la réserve de l'enfant ?
Telle est l'unique question à poser. Si le lot équivaut à sa
réserve, le plaignant est sans action ; si sa réserve n'est
pas entière, il peut, ou conserver son lot, et exiger un
supplément de chacun de ses copartagés *pro modo emolumenti*, ou abandonner son lot, et demander qu'il lui soit
fait un nouvel apportionnement, comprenant toute sa
réserve (1).

Dans les pays de coutumes, on distingue celles d'égalité, qui ne tolèrent pas l'avantage hors part, et celles
d'inégalité, ou de préciput, qui l'admettent. Mais des
exceptions modifient ces principes si opposés ; et ils
subissent une telle transformation que le partage d'ascendants a partout, à peu près, le même sort. Ainsi,
dans les coutumes de préciput, (Bourgogne, Nivernais,
Bourbonnais, Douai, Péronne et Montdidier), on se
conforme au droit écrit, d'après lequel l'enfant lésé
n'a que l'action en complément de sa réserve, règle (2) à
laquelle il faut immédiatement ajouter ce correctif : s'il
ressort du contexte de l'acte que l'intention de l'ascendant
a été de partager également, cet acte sera rescindable ;
c'est la conséquence de l'erreur, commise dans la composition des lots (3). D'autre part, dans les coutumes d'égalité, ou d'ancien droit français, la rescision est autorisée,
lorsque l'ascendant n'a pas fait de lots égaux et que la
lésion a quelque importance, qu'elle est au moins d'un
sixième, porte la coutume de Bretagne (4). Ajoutons,
d'après d'Argentré, que, s'il résulte de l'acte que l'ascen-

---

(1) V. Furgole : test. ch. VIII, sect. 1, n° 150, et M. Réquier n° 25.
(2) V. Auroux des Pommiers : cout. de Bourb., art. 217 n 32, et Boullenois, quest. 5.
(3) V. Pothier : introduc. à la cout. d'Orl. tit XVII, appendice ; Boullenois, quest. 5 ; Nouveau Denizart.
(4) « Afin que, suivant l'expression de Guy-Coquille, l'un des enfants,

dant ait eu l'intention de faire un avantage et que l'inégalité ne soit point, dès lors, une simple erreur, le partage est nul ; c'est la conséquence de la violation de l'égalité. D'où l'on voit que, dans l'une et l'autre coutume, la première question à résoudre, pour prononcer sur le sort du partage inégal en quotité, est une question d'intention : l'ascendant a-t-il voulu faire un avantage ? l'enfant n'a que l'action en complément de sa réserve, déclare la coutume de préciput ; le partage est nul, dispose la coutume d'égalité. — L'ascendant n'a-t-il pas voulu faire un avantage ? Le partage est rescindable, portent l'une et l'autre coutume.

En résumé, on peut dire que, dans notre ancien droit, l'action en complément de la réserve est la règle, et que la rescision est l'exception (1).

27. — Le taux, que le code assigne à la lésion, est une création moderne : le législateur de 1804 se montre, à la fois, plus équitable que le droit écrit et que les coutumes de préciput, et plus soucieux de la stabilité de la propriété que les coutumes d'égalité : adoptant l'ancienne lésion, il la fixe définitivement au quart, et, après l'avoir établie dans les successions (art. 887), il la transporte dans notre matière (art. 1079) : « Celui des enfants qui

---

plus hargneux que les autres, n'ait pas toujours occasion de prétendre que l'un des lots est de plus grande valeur que le sien. » (V. Furgole : test. ch. VIII, sect. 1, n° 155 ; Lebrun : suc. liv. IV, ch. 1, n° 11 ; Boullenois : quest. 5 ; Genty, p. 26 ; M. Réquier n° 25.

(1) D'où il serait logique de conclure que le partage d'ascendants, de l'ancien droit, a le caractère d'un acte dispositif. Il en était cependant tout autrement ; même dans les pays de droit écrit et de coutume de préciput, le partage d'ascendants était considéré comme un acte distributif : les copartagés avaient droit aux biens, non comme donataires ou légataires, mais comme héritiers (v. M. Genty, n° 3 ; et M. Réquier, n° 26). Nous verrons plus tard que le droit moderne a innové sur ce point (v. infra. n°s 86, 87).

se croira lésé de plus du quart, a dit le tribun Favard, devant le Corps législatif, pourra attaquer le partage, parce que l'égalité doit régner dans le partage fait par le père, comme dans celui que les enfants font eux-mêmes entre eux, après avoir recueilli la succession de leurs auteurs ».

Le caractère de la lésion est, au surplus, le même ici qu'entre héritiers : la loi présume qu'en amoindrissant certains lots et en grossissant les autres, mais sans exprimer l'intention de faire un avantage, l'ascendant n'a point agi de parti-pris ; qu'il s'est simplement trompé ; qu'il a commis une erreur (1) ; de là vient que, comme l'erreur vicie les contrats en leur entier, le partage sera recommencé ; alors que, si l'ascendant avait manifesté le dessein d'avantager l'attributaire du lot, supérieur aux autres en valeur, et qu'il en eût fait l'objet d'un préciput formel, le lésé n'aurait que le droit de réduction.

28. — La loi, dont le vœu constant est l'égalité dans le partage, reste indifférente devant une inégalité, qui n'excède pas le quart de la part virile de l'enfant ; pourquoi cette tolérance ? Ce n'est point qu'elle entende sanctionner un avantage indirect ; nous l'avons dit ; mais elle estime que, lorsque la différence entre les lotissements n'atteint pas un taux de quelque importance, c'est que cette différence est douteuse et contestable. Ce que l'enfant prend pour une moins value, dans son apportionnement, n'est peut-être que l'effet d'estimations exagérées ; aussi n'en est-il pas tenu compte, si cette moins value ne dépasse pas le quart de sa part.

_____

(1) « On ne doit pas plus y voir une libéralité, dit Grenier (n° 393), qu'on ne doit voir un avantage, voulu par la loi, dans le partage fait par des experts entre les co-héritiers, qui viennent à une succession. »

RESCISION POUR LÉSION.

SECTION DEUXIÈME

RESCISION DU PARTAGE D'ASCENDANTS ENTRE-VIFS
POUR LÉSION DE PLUS DU QUART.

Aux termes de l'article 1079, le partage fait par l'ascendant peut être attaqué « pour cause de lésion de plus du quart » ; recherchons les biens sur lesquels s'exerce l'action, les personnes auxquelles elle appartient, et enfin le moyen de la conjurer.

§ 1er. — BIENS SUR LESQUELS
S'EXERCE ET SE CALCULE L'ACTION.

29. — Pour apprécier s'il y a lésion, il ne faut pas calculer sur l'ensemble des biens partagés et de ceux qui ont été laissés hors du partage, mais uniquement sur ceux qui figurent dans l'opération critiquée. L'acte ne porte-t-il que des attributions à titre de partage, ou renferme-t-il aussi des libéralités précipuaires, ou encore contient-il des donations à des étrangers ? Peu importe : les biens partagés seuls sont à considérer, au point de vue de la lésion (1).

Cette règle soulève quelques questions : si l'ascendant a fait plusieurs partages partiels, la lésion doit-elle être calculée sur les biens de chaque acte isolément, ou sur l'ensemble des biens de tous les partages ? La lésion peut-elle être compensée par la portion de l'enfant lésé, dans les biens que l'ascendant s'est réservés, et qui sont indivis, à son décès ? Lorsque les père et mère ont confondu leurs biens dans un partage unique, fait conjointement, devra-t-on les distinguer pour calculer

---

(1) (V. MM. Genty, p. 305 ; Demolombe, n° 176 ; Aubry et Rau, t. 6, p. 233 ; Réquier, n° 175 ; Bonnet, n° 570).

BIENS SUR LESQUELS S'EXERCE L'ACTION.

la lésion sur chaque masse des biens paternels et des biens maternels ? *Quid*, au cas où le survivant des père et mère a partagé les biens de son conjoint prédécédé, cumulativement avec les siens ?

Reprenons :

30. — Au cas de partages partiels, comment se calcule la lésion (**1**) ?

Voici l'espèce : l'enfant, lésé par l'un des partages, trouve, dans une répartition antérieure ou postérieure, une compensation, qui rétablit l'équilibre entre lui et ses copartageants.; peut-il néanmoins faire rescinder le partage qui lui fait grief ? Nous pensons que les partages successivement opérés ne doivent point être confondus en un seul, pour le calcul de la lésion ; que, par suite, chacun d'eux doit être examiné et peut être rescindé séparément.

Le partage d'ascendants entre-vifs n'est régulier qu'à la condition de réunir tous les éléments, nécessaires pour la validité des donations (art. 1076). Mais, ainsi effectué, il transmet à l'enfant une propriété incommutable, avant comme après le décès de l'ascendant. Ajoutons qu'il n'existe entre ce contrat et ceux de même nature, que le père de famille a faits, aucun lien, aucun enchaînement obligé, rien enfin qui autorise à les rapprocher pour les confondre. Chaque donation n'a-t-elle pas, prise à part, une existence et, pour ainsi dire, une individualité propre et indépendante ? Et, de même que, si l'un des partages contient un vice de forme, on ne saurait le protéger, en faisant appel à la régularité d'un contrat antérieur ou postérieur ; de même, s'il renferme un appor-

---

(**1**) Il n'en est plus comme de la démission de biens (v. infra. n° 77) et du partage de l'ancien droit, destiné à n'avoir effet qu'au décès, lesquels devaient comprendre tous les biens de l'ascendant et ne pouvaient donc être faits partiellement.

RESCISION POUR LÉSION.

tionnement insuffisant, on ne saurait le compléter, à l'aide d'un emprunt sur une répartition plus ancienne ou plus récente. L'enfant lésé, demandeur en rescision de l'un des contrats, répondra au défendeur, qui réclamera l'adjonction d'un autre allotissement : « La distribution que j'attaque est entachée de lésion ; elle doit disparaître. La combinaison que vous sollicitez serait une atteinte à l'autre partage. Au surplus : ou ce partage contient lui-même une lésion, à votre détriment, ou il est irréprochable ; dans la première hypothèse, demandez en la rescision ; et j'aviserai, soit à le laisser rescinder, soit à le maintenir, en vous offrant un supplément (art. 891) ; dans la seconde hypothèse, il est inattaquable et reste intact. »

La prétention, que nous combattons, est, en réalité, une fin de non recevoir, opposée à une action dont on reconnaît cependant la légitimité, puisqu'elle tend à faire accepter au lésé son propre fonds, pour parfaire son attribution. Le partage, entaché de lésion, sera maintenu, alors que celui qui a été légalement fait sera, en quelque sorte, rescindé partiellement ; car il y aura transposition d'apportionnement d'un partage dans l'autre ; et on infligera au demandeur une réduction, en dehors des règles de ce genre d'action ! La rescision ou la réduction ne seront que fictives, nous en convenons ; on se bornera à exiger du lésé qu'il précompte les valeurs, qu'il a reçues dans une autre répartition, et le calcul ne conduira qu'à un rejet de son action contre le partage attaqué, s'il est justifié que cette autre répartition lui a fait un excédant, équivalent à la lésion dont il se plaint. Mais il fera, de cette façon, le sacrifice d'une libéralité irréductible et irrescindable !

Les auteurs se prononcent pour la confusion des partages (1) : « Il est possible dit M. Réquier, que l'enfant,

---

(1) V. Troplong (n° 2338) ; Aubry et Rau (t. 6, p. 234) ; Bertauld

BIENS SUR LESQUELS S'EXERCE L'ACTION.

lésé par le premier partage, ait été avantagé par le second. L'ascendant l'a peut-être fait à dessein, pour réparer son erreur. Quoiqu'il en soit, l'enfant, qui se plaint,
n'aurait, en définitive, éprouvé aucun préjudice. Si l'enfant, qui a reçu, dans le second partage, une portion
insuffisante, avait été avantagé par le premier, l'ascendant n'aurait fait que rétablir ainsi l'égalité entre tous.
Comment pourrait-on voir une lésion dans cet acte de
justice ? » MM. Troplong, Bonnet et Laurent tiennent à
peu près le même langage ; et on cite un arrêt de cassation du 18 décembre 1854 (D. 55. 1. 55). Cet arrêt, rendu
sous la présidence de M. Troplong, après délibéré en
chambre du conseil, et contrairement aux conclusions de
M. l'avocat général Vaïsse, affirme que : « Lorsqu'il existe
plusieurs actes successifs de partage, c'est, sur le résultat
total de ces divers actes comparés, que doivent être calcu-
lés les avantages, faits à l'un des enfants, pour savoir s'il
y a eu lésion de plus du quart, au préjudice des autres,
ou si leur réserve légale a été ébranlée. »

Cette théorie se ramène à cette formule : l'action en
rescision pour lésion n'est ouverte qu'au décès, (ce que
nous reconnaissons); donc le calcul doit s'établir sur tous
les partages à cette époque, (ce qui n'est point une conséquence nécessaire). Sans doute, c'est la valeur au décès
qui sert de base au calcul, parce que la rescision est une
action de partage et que la répartition, faite par l'ascendant, ne prend les caractères du partage qu'au décès (1).

(t. II nº 570 et suiv.); Laurent (t. XV, nº 108); Demolombe (t. XXIII,
p. 173, nº 179); Réquier (nº 176) et Bonnet (nº 571). — V. cependant
dans le sens de notre opinion, et en matière de partage de succession :
Demolombe : traité des successions (t. 3, nº 472 ; Duranton (t. VII,
nº 585) ; Taulier (t. 3, p. 393); Baudry-Lacantinerie : Précis, (t. 2, nº 697
in fine).

(1) V. infra et sur cette question nº 87.

Mais est-ce à dire qu'en ce qui touche le calcul tous les partages, faits par l'ascendant, soient alors réputés inexistants ou rapportables ? Si l'on opère ainsi pour la réduction (art. 922), comme le dit exactement la cour de cassation, dans l'arrêt précité, il en est tout autrement pour la lésion, dont la sphère d'action se borne au partage, qui en est infecté. Et c'est de là que vient l'erreur commise, suivant nous, par les auteurs et par la cour suprême. Ils établissent un parallèle entre la lésion et la réduction et ils leur appliquent les mêmes principes ; or on sait que ces deux actions n'ont ni la même origine, ni le même taux, ni les mêmes effets, et qu'elles n'offrent guère que ce point de ressemblance, à savoir qu'elles sont l'une et l'autre des actions successorales.

Au reste, la cour de cassation et les auteurs, que nous combattons, n'allèguent que des raisons d'équité : « Ne » serait-il pas *injuste*, s'écrie M. Réquier, de prononcer la » rescision pour une lésion, dont l'enfant a été indem- » nisé ! » Nous croyons avoir démontré que c'est le système de M. Réquier, qui conduit à une iniquité. Au surplus, de tels procédés d'argumentation sont sans valeur. Il n'y a d'autre équité et d'autre justice, dit très bien M. Mourlon, que celle de la loi, et il faut se défier de certaines tendances de la critique moderne à substituer les lumières, si variables de notre raison, à celles du législateur.

La discussion à laquelle se livre M. Bonnet n'est guère plus satisfaisante : « Ce serait, dit-il, aller contre le but de la loi, soucieuse du maintien de l'harmonie dans les familles et de la stabilité des partages » ; « évidemment, écrit M. Troplong, on ne pourra prendre un parti sur la rescision qu'en recherchant si l'enfant, qui se plaint, n'a pas trouvé une compensation dans les partages ultérieurs » ; et M. Laurent : « Les deux actes, quoique faits à des dates différentes, comprennent la distribution d'un seul et même patrimoine, et, par suite, un seul et même partage. Il faut donc combiner les deux actes... »

Ces affirmations ne sont pas des arguments : l'arrêt de la cour d'Orléans, du 15 janvier 1853, cassé par la cour régulatrice, le 18 décembre 1854 (v. Supra), appelait une contradiction plus explicite, de la part de M. Troplong qui, comme on le voit, s'en tient, dans son *droit civil expliqué*, à l'arrêt rendu sous sa présidence : « Attendu, avait dit la cour d'Orléans, qu'il résulte de l'économie des dispositions de la loi que le législateur a prévu et admis la possibilité de plusieurs partages successifs ; que, dès lors, et à défaut d'intention contraire, exprimée dans la loi, il suit que chaque partage doit être apprécié en lui-même, et réunir toutes les conditions indispensables à sa validité... ». C'était poser nettement la question de droit ; elle est restée sans réponse.

31. — Au cas de partage, fait par l'ascendant, et de biens reservés par lui, et se trouvant indivis dans sa succession, comment se calcule la lésion ?

Voici l'espèce : un père a fait entre ses quatre enfants le partage de sa fortune, s'élevant à 50,000 fr.; le lot de l'un des copartagés ne vaut que 8,000, au lieu de 12,500, qui lui reviennent pour sa part virile ; il y a lésion de plus du quart ; et, par suite, il y aurait matière à rescision. Mais l'ascendant acquiert d'autres biens d'une valeur de 25,000, qu'il laisse indivis à son décès, et dans lesquels le lésé amende pour 6,250, qui, joints à son attribution, élèvent son émolument, dans la donation et dans l'héré-dité, à 14,250. Les biens donnés et les biens indivis étant d'une valeur totale de 75,000, dont le quart est de 18,750, l'enfant, lésé de plus du quart de sa part dans 50,000, est toutefois lésé de moins du quart de son droit dans 75,000; d'où suit qu'il n'a pas l'action en rescision, si le calcul est opéré sur l'ensemble.

Appliquant le système que nous avons précédemment développé, nous n'éprouvons aucun embarras, pour ré-

soudre cette question. Les biens partagés ont été détachés
définitivement de la masse du patrimoine, et, au point de
vue de la lésion du moins, ils sont étrangers à la succession. Armé du droit que lui confère l'article 1079, le lésé
ne peut donc être renvoyé au partage de l'indivision,
pour compléter les trois quarts de son lot. Nous ne sommes plus en présence de deux contrats isolés ; mais nous
avons, ce qui revient au même, deux attributions, l'une
faite par le père de famille, l'autre déterminée par le
législateur, dans l'article 1077 ; car il a formellement
prévu notre espèce et déclaré que le partage des biens,
laissés indivis, s'effectuerait *conformément* à la loi. Entre
ces deux attributions, il n'existe pas plus de rapports obligés qu'entre deux partages, présidés par l'ascendant (1).

M. Réquier (p. 318, n° 177) est aussi d'avis que les
biens, répartis par l'ascendant et les biens indivis, ne sauraient être confondus ; mais, en cela, il se dérobe aux
conséquences du principe de la confusion, adopté par lui,
dans l'hypothèse de la pluralité des partages ; car si, pour
calculer la lésion, les partages doivent être réunis, pourquoi ne leur adjoindrait-on pas l'indivision ? Qu'importe
l'autorité qui dispose des attributions, et en quoi les biens
partagés et les biens indivis répugnent-ils plus à s'unir,
en une seule masse, que les biens compris dans des partages séparés ? La volonté de l'ascendant n'a-t-elle pas,
au point de vue des attributions, exactement l'efficacité de
la loi (art. 1134), qui ne crée pas de droits plus irré-
fragables que le partage. La distinction, imaginée par
cet auteur, est donc sans fondement.

M. Bonnet (n°ˢ 572 à 576) se sépare ici de M. Réquier :

(1) V. en ce sens les thèses pour le doctorat de MM, Chomel (p. 249).
Hériard (p. 183), et, en sens contraire, celle de M. Lyon-Caen (p. 262); et
M. Laurent (t. XV, n° 108).

après avoir proclamé, avec lui, que la lésion se calcule sur
tous les partages partiels, plus conséquent que M. Réquier, (qu'il réfute d'ailleurs avec une grande vigueur),
il conclut que les valeurs indivises doivent aussi figurer
dans la masse, pour établir la lésion, et il invoque la jurisprudence (572 *in fine*) qui, nous est encore, en effet,
contraire. La cour de cassation, par deux arrêts rendus
sur la question du point de départ de la prescription de
la lésion, les 2 août 1848 (S. 1849. 1. 254) et 6 février 1860
(D. 1860. 1. 89), a manifesté son sentiment, en différant
l'action et, par suite, le point de départ de la prescription,
jusqu'au décès, parce que, suivant elle, il est incertain,
jusqu'à ce moment si, par l'acquisition postérieure d'autres biens à partager, l'état de la succession ne sera pas
modifié sous le rapport du droit d'invoquer la lésion, et
que c'est seulement alors qu'il est possible de reconnaître
si, eu égard à la nature et à l'ensemble des biens, les
règles essentielles du partage ont été ou non respectées.
La chambre des requêtes a jugé directement la question,
par son arrêt du 17 août 1863 (D. 1864. 1. 29), rejetant le
pourvoi contre l'arrêt de Bordeaux du 27 août 1862.

Malgré cette haute sanction, donnée à sa doctrine, la
cour de Bordeaux l'a abandonnée, dans son arrêt du
18 novembre 1873, rendu sous la présidence de M. Vaucher (J. des ar. t. 49, 1874, p. 35): « Attendu, dit la cour,
que, pour savoir si Raymond Ducasse a été lésé de plus
du quart, dans le partage du 23 août 1858, on ne peut calculer la lésion alléguée qu'eu égard à la part, à lui attri-
buée sur les biens compris dans la licitation (1) ; qu'il
n'est pas possible de réunir à ces biens ceux que la mère
possédait à son décès, ou que les parties avaient laissés
dans l'indivision. » Nous regrettons que la cour n'ait pas

_____

(1) Les biens, donnés par l'ascendant, avaient été licités entre les enfants
dans l'acte même de partage et sous sa surveillance.

fait connaître plus explicitement les raisons de ce changement d'opinion. Quoiqu'il en soit, c'est là une conversion que nous devions signaler.

32. — Comment calcule-t-on la lésion, au cas de partage conjonctif, fait par les père et mère, et au cas de donation-partage, faite par le survivant des père et mère, cumulativement avec le partage des biens du prédécédé ?

33. — Comment calcule-t-on la lésion, lorsque les père et mère ont confondu leurs biens, dans un même partage ?

Voici l'espèce : l'un des enfants a été apportionné en biens paternels et maternels ; il a reçu plus des trois quarts de sa part virile, dans les biens maternels, mais il a moins des trois quarts de sa part des biens paternels ; toutefois, en joignant les deux masses et calculant sur le tout, son lot représente plus des trois quarts de sa part dans les deux patrimoines réunis ; peut-il exiger qu'ils soient séparés, pour le calcul, et faire rescinder l'opération, en ce qui touche les biens paternels ?

En confondant leurs biens dans un seul apportionnement, les père et mère ont voulu interdire à leurs enfants la faculté d'en distinguer la provenance ; avaient-ils ce pouvoir ? Nous ne le pensons pas, contrairement à l'avis, presque unanime, de la doctrine et de la jurisprudence.

Durant leur existence, les père et mère disposent de leur patrimoine en maîtres absolus ; ils peuvent donc doter l'un des enfants d'un lot moindre, dans les biens paternels, et lui compléter sa portion, en biens maternels. Au décès des donateurs, la situation change ; leur autorité, omnipotente jusque là, subit alors les restrictions, que lui impose le droit héréditaire des enfants. Sans doute, et par anticipation, l'ascendant a pu répartir sa fortune, en vue de sa succession ; mais c'est à la charge de respecter la quotité revenant à l'enfant, à titre de copartageant, quotité qui, comme la réserve,

BIENS SUR LESQUELS S'EXERCE L'ACTION.

est due par l'ascendant, sur ses biens personnels, et qu'il ne saurait conséquemment prendre sur ceux de son conjoint, non plus que sur ceux d'un tiers. Dans le système de la loi, il n'est qu'une personne qui soit autorisée à parfaire le lot du lésé, avec des biens autres que ceux de l'hérédité, c'est le défendeur à l'action en rescision qui, pour éviter l'annulation du partage, complètera ce lot avec son fonds ; cette dérogation aux principes ne s'étend point à l'ascendant.

On objecte que l'enfant a consenti à cet accommodement, qu'il a souscrit à l'indivisibilité des deux partages, qu'il a renoncé à réclamer sa part sur l'une des successions, à la condition de la recevoir sur la masse des deux hérédités, ce qui a été fait. Soit, répondrons-nous ; il y a consenti ; mais le pouvait-il ? Non ; il n'appartient pas à l'enfant de renoncer, d'avance, au droit d'égalité que le décès de l'ascendant lui conférera (887 - 1079). Cette convention, illégale parce qu'elle porte sur une succession non ouverte (791-1130), ne le lie pas ; il conserve la plénitude de son action. Nous savons bien que la donation-partage n'est elle-même qu'une convention, exceptionnellement permise, sur une succession future ; ce qui semblerait impliquer la validité de tout ce qui, dans ce contrat, a trait à l'hérédité. Mais cette interprétation serait exagérée. Nous distinguons, dans le partage, deux sortes de stipulations : 1° celles qui règlent la situation de l'enfant, en tant que donataire, (et qui, valablement faites, sont définitivement acquises) ; 2° celles qui règlent sa situation, en tant qu'héritier, (et qui sont sujettes à révision). C'est ainsi que l'enfant s'engage, sans retour, comme donataire, et s'oblige, par exemple, à payer une rente aux donateurs ; mais il n'aliène irrémissiblement ni sa quotité de partage, ni sa réserve d'enfant. Disons-le nettement : ce qu'il convient, à cet égard, avec l'ascendant et avec ses cointéressés, n'a de valeur qu'à la condition d'être la consécration anticipée de son droit successoral ; droit dont il peut bien accepter la sanction ; mais qu'il ne peut compromettre ; or qu'est ici la convention, si non une renonciation à sa part dans l'une des deux successions, ou, si l'on veut, l'acceptation d'une compensation. Elle est donc sujette à révision ; elle est nulle.

La ratification expresse ou tacite du partage, la renonciation de l'enfant à se plaindre de la lésion, tant que vit l'ascendant, est nulle ; personne ne le conteste plus (v. n° 114); pourquoi ? Parce que l'action ne s'ouvre qu'au décès. Hé bien ! Puisque la renonciation, antérieure au décès, tombe devant l'article 1130, à plus forte raison doit-il en être ainsi de celle qui est insérée dans le contrat. Que cette renonciation soit explicite, comme le serait l'interdiction expresse d'attaquer le partage, ou qu'elle soit implicite, comme l'est l'acceptation, dores et déjà, d'une compensation pour la lésion, éprouvée sur le patrimoine de l'un des ascendants . . . . c'est toujours une convention prématurée et partant illégale.

Les auteurs, notamment MM. Aubry et Rau (t, 8. p. 43, § 734), nous sont contraires (1) : au cas de partages conjonctifs, ils n'admettent le calcul que sur l'ensemble du partage. Telle est aussi la jurisprudence ; citons les arrêts de la chambre civile des 11 juin 1872 (D. 72. 1. 452), 9 juillet 1872 (D. 73. 1. 72), 27 juillet 1874 (D. 75. 1. 366), 26 décembre 1876 (D. 77. 1. 171), et celui de la cour de Toulouse du 26 juillet 1878 (D. 79. 2. 177).

La cour de Bordeaux suit cette doctrine (v. ses arrêts des 25 janvier 1840, J. des ar. t. 15. p. 64 ; et 8 mai 1878, J. des ar. t. 53. p. 131). « Attendu, lisons-nous dans l'arrêt du 8 mai 1878, rendu sur la plaidoirie de M. Ribéreau, professeur à la faculté de droit de Bordeaux, que, par

---

(1) V. Laurent, (t. 15, n°s 118 et 138).

l'acte du 7 mars 1850, les père et mère des parties ont fait, entre leurs six enfants, la donation-partage de tous leurs biens, dont ils n'ont fait qu'une seule et unique masse ; que cet acte forme donc un tout indivisible et que, pour savoir si le partage opéré contient, au préjudice de quelques-uns des enfants, soit une lésion de plus du quart, soit une atteinte à leur réserve légale, on doit apprécier ce partage dans son ensemble, et comparer la valeur respective des biens, compris dans chaque lot, sans se préoccuper de leur origine».

L'*indivisibilité* conventionnelle, tel est l'argument qu'on nous oppose. Nous avons dit ce que vaut cette convention ; n'insistons pas. Nous aurons, au surplus, à revenir sur ce point, au sujet de l'ouverture et de la prescription de l'action, question connexe avec celle que nous venons d'examiner (v. n° 97).

34. — Comment calcule-t-on la lésion, lorsque le survivant des père et mère a fait la donation-partage de ses biens, cumulativement avec le partage des biens du prédécédé ? (v. n° 98).

Nous pensons que la lésion doit être calculée sur l'ensemble des deux patrimoines.

Les auteurs le veulent ainsi, mais ils ne donnent pas la raison de cette solution, à savoir que telle a été la convention, légalement formée celle-ci : «Qu'importe, déclare M. Réquier (n° 177 *bis*), que le demandeur en rescision n'ait pas reçu sa portion entière, dans l'un des patrimoines, si ce déficit a été compensé par ce qu'il a pris dans l'autre ?» S'il n'existait pas de meilleur argument pour soutenir notre thèse, il faudrait l'abandonner. Ce qu'il importe à l'enfant ? Mais on peut supposer qu'insuffisamment apportionné en biens de son père prédécédé, il a été pourvu de biens maternels auxquels il tient peu, qui sont éloignés de son pays natal, dans lequel il a passé son enfance, auquel se rattachent ses plus chères affections, et où se trouve enfin la maison paternelle ! L'action de cet enfant, en ce qui touche les biens de son père, sera-t-elle repoussée uniquement pour défaut d'intérêt ? Non, mais parce qu'il a accepté les biens maternels et qu'il doit respecter la convention.

La chambre civile se prononce pour la confusion des deux masses, par son arrêt du 27 juillet 1874 (D. 1875. 1. 367) et par celui du 26 décembre 1876 (D. 1877. 1. 172), rendu dans l'affaire Malbec.

La cour de Bordeaux a varié : ses arrêts des 29 janvier 1835 (J. des ar. t. 10. p. 85) et 28 avril 1875 (affaire Malbec. D. 1877. 1. 171, et J. des ar. t. 50. p. 172) prescrivent la distinction des masses. Par ses arrêts des 25 janvier 1840 (J. des ar. t. 15. 1840. p. 64), 6 février 1878 (J. des ar. t. 53. 1878. p. 204) et 8 mai 1878 (Eod. p. 131), elle suit l'opinion contraire. Dans l'affaire Malbec, elle a soutenu, contre la cour de cassation, une discussion doctrinale du plus haut intérêt. Voici l'espèce : Par acte du 12 avril 1837 les srs André et Gervais Sarrus et la dame Cruzel, leur sœur, ont fait avec la veuve Sarrus, leur mère, le partage de la société d'acquêts, qui avait existé entre cette dernière et Bernard Sarrus, son mari. Puis, la veuve Sarrus a fait à ses trois enfants l'abandon de ses biens, en propres et acquêts, en disposant, comme l'avait déjà fait son mari, du quart par préciput, en faveur d'André Sarrus. Les frères Sarrus et la dame Cruzel, leur sœur, procédèrent ensuite au partage de la succession paternelle et des biens, donnés par leur mère. La veuve Sarrus est décédée, le 25 décembre 1859. La dame Malbec, fille de la dame Cruzel, assigna André Sarrus, devant le tribunal de Villeneuve, le 9 mars 1869, pour voir prononcer la nullité ou la rescision de l'acte du 12 avril 1837, ou tout au moins la réduction des avantages, résultant de cet acte, pour les frères Sarrus ou pour l'un d'eux. Gervais Sarrus s'associa aux conclusions prises par la dame Malbec. Par son arrêt du 12 juillet 1871 (D. 1875. 1. 366) la cour d'Agen jugea que

la donation et la succession formaient deux masses distinctes, qui ne pouvaient être confondues, pour le calcul
de la lésion et de la réduction, et, comme plus de dix ans
s'étaient écoulés, depuis le contrat de 1837, elle décida
que l'action était non recevable, en ce qui touchait la
succession de Bernard Sarrus père. Sur le pourvoi, la
cour de cassation a ainsi statué, le 27 juillet 1874 (D.
1875. 1. 367) : « Attendu qu'il résulte de l'ensemble de ses
stipulations que l'acte du 12 avril 1837 contient cumulativement la donation-partage des biens donnés par la
mère, et le partage des biens laissés par le père prédécédé ;
que tous ces biens, sans distinction de provenance, ont
été confondus, en une masse unique, pour être soumis à
une seule opération de lotissement, accomplie sous l'autorité de la mère de famille et en exécution de l'obligation qu'elle avait imposée à ses donataires ; que c'est
méconnaître la véritable nature et le caractère légal de
cet acte, qui forme un tout indivisible, que de le décom-
poser en deux opérations de partage, dont l'une s'appli-
querait distinctement aux biens maternels, et l'autre aux
biens paternels... » La cour cassa en conséquence l'arrêt
d'Agen, et renvoya la cause devant la cour de Bordeaux
qui, par son arrêt du 28 avril 1875, adopta la solution de
la cour d'Agen et la motiva ainsi : « Attendu que, de la
combinaison des articles 1079 et 922 du code civil, il résulte que les biens, compris dans un partage d'ascendants,
fait sous forme de donation entre-vifs, doivent, au cas où
ce partage est attaqué, pour cause de lésion ou d'atteinte
à la réserve, être estimés suivant leur état, au moment du
partage, et leur valeur au décès de l'ascendant ; qu'il n'y
a pas de raison pour faire fléchir la règle, quand le partage comprend cumulativement les biens paternels et
maternels ; que, décider, en ce cas, que l'estimation de
l'ensemble des biens sera faite, d'après leur valeur au
décès du survivant des ascendants, ce serait violer ouver-
tement les dispositions de la loi ; qu'en effet, s'il y a un

partage unique, on ne saurait nier qu'il existe deux successions distinctes, qui sont régies l'une et l'autre par les
textes précités ; qu'une prétendue confusion des biens paternels et maternels n'autoriserait, en aucune façon, une
dérogation à la règle; que cette confusion existât-elle, cette
circonstance ne modifierait nullement les conditions légales de l'estimation ; qu'elle imposerait seulement l'obligation de faire la recherche et la distinction des biens de
chaque ascendant, préalablement à toute évaluation. »

La cour de cassation, saisie de nouveau, maintint sa
première décision, par l'arrêt précité du 26 décembre 1876 (D. 1877. 1. 172), en répondant à l'argumentation de la cour de Bordeaux : « Qu'elle a méconnu les
effets de l'indivisibilité du partage et qu'elle a, par suite,
violé les art. 922 et 1079. » Cet arrêt, rendu au rapport de
Monsieur le conseiller Réquier, nous paraît irréprochable.
A l'objection, tirée de l'indivisibilité conventionnelle du
partage, la cour de Bordeaux réplique qu'il y a deux successions, qui doivent donner lieu à deux calculs distincts ;
c'est incontestable, en principe, et telle est bien la
solution qui s'induit des articles 887, 922, et 1079 ; mais
ce droit de calcul de la lésion, spécialement sur la succession du prédécédé, qui donc empêche l'enfant d'y renoncer, et de consentir à la combinaison de la succession
avec les biens donnés par le survivant ? Il n'est rien là
qui répugne à l'ordre public ; c'est un droit privé, dont
dispose l'enfant, sans que la loi et l'intérêt général soient
en péril. Ajoutons qu'il n'en est plus comme au cas de
partage conjonctif : l'enfant, disions nous, dans cette
hypothèse (v. n° 33), n'est pas encore investi de son
droit à l'égalité sur les biens partagés, puisque c'est
là un attribut exclusivement attaché à la qualité héréditaire, et que les ascendants sont vivants ; il ne saurait
donc y renoncer (art. 1130). Mais, au cas de partage
cumulatif, c'est-à-dire lorsque les biens de l'un des
ascendants décédé sont répartis, cumulativement avec

les biens donnés par le survivant, le copartageant, nanti
de son droit d'égalité dans la succession du prémourant,
en fait ce qu'il lui plaît. Il peut donc l'ajourner et le confondre, en toute liberté, avec ses droits futurs sur les
biens donnés. C'est une différence essentielle entre les
deux espèces, différence que la jurisprudence et les auteurs ont méconnue et qui nous paraît capitale. Voilà
pourquoi, partisan du calcul sur l'ensemble du partage
cumulatif, nous demandons qu'on distingue, au contraire, les deux successions, dans le partage conjonctif.

Nous reviendrons sur cette question, en nous occupant
de l'ouverture et de la prescription de l'action (v. nos 97,
98).

§ 2me QUI PEUT EXERCER L'ACTION EN RESCISION.

35. — Ne confondons pas la lésion, en matière de partage, avec la lésion de la réserve ou légitime de l'enfant :
l'enfant, dont la légitime est entamée, est muni d'une
action (913, 920), qui lui permet de la reconstituer, quels
que soient les bénéficiaires des libéralités du père de famille, et quelle qu'en soit la forme. Au décès de l'ascendant,
qui a fait des dispositions gratuites, son patrimoine se
divise en deux masses, dont l'une est celle des biens disponibles, l'autre celle des biens réservés. Lorsque celle-ci
est entamée, elle doit être complétée par voie de réduction sur la première. Tout autre est le droit du copartageant lésé ; il ne nécessite point un rapprochement et
une comparaison entre des biens d'origines diverses ; il
ne s'exerce que sur les biens mis en partage ; il ne mo-
tive qu'une question, celle de savoir si les copartageants
ont reçu les trois quarts de leur portion virile, dans cette
masse unique. C'est aussi une sorte de réserve légale, à
laquelle l'ascendant donne naissance, en faisant le partage ; mais, à la différence de l'autre, elle ne porte que
sur les biens partagés, et elle a pour sanction la rescision

RESCISION POUR LÉSION.

de l'opération en son entier, et non pas simplement la réduction d'un avantage exagéré (1).

36. — Le père de famille peut, par acte antérieur au partage, ou lors du partage, ou enfin par acte postérieur, donner soit une part du disponible, soit le disponible entier et par préciput à l'un de ses enfants. En ce cas, le préciputaire cumule les deux qualités de donataire et de copartagé ; d'où naît la question suivante : cet enfant a-t-il le droit de faire rescinder le partage, s'il a reçu moins des trois quarts de sa part dans les biens partagés, alors qu'en ajoutant sa donation à son lot, on obtient une quotité représentant au moins les trois quarts de sa part dans ces biens ? En d'autres termes, ce donataire ne peut-il se dire lésé que lorsque la donation, jointe à son lot de copartageant, est inférieure à sa réserve de partage ?

Le préciputaire a le droit de demander la rescision, sans être tenu de précompter son préciput. Il est, en effet, investi de deux qualités irréductibles, entre lesquelles il n'y a ni confusion ni conflit : celle de donataire, qu'il tient de l'ascendant et qui lui permet de conserver le disponible ; celle de copartageant, qu'il tient de l'ascendant et de la loi, et en vertu de laquelle il revendiquera sa part dans les biens distribués. Cette théorie est vraie (2), quel que soit l'ordre dans lequel les actes se produisent. Examinons toutefois les espèces diverses qui peuvent se présenter, et les exceptions que notre règle doit souffrir :

---

(1) Confer : Réquier n° 173 et Bonnet n°s 562, 563.

(2) En ce sens : Duranton t. IX, p. 639, n° 648, p. 640, n° 649 ; Demante t. IV, p. 475, n° 247 bis ; Genty, p. 305 ; Aubry et Rau, t. VI, p. 234 et note 5 ; Demolombe, t. XXIII, p. 167, n° 176 ; Caen, 21 mars 1838 (D. Jur. gén. v° disp. entre-vifs et test. n° 4601), 31 janvier 1848 (D. 48. 2. 154), et Bordeaux, 27 décembre 1869 (D. 71. 2. 201 et j. des ar. t. 45, p. 18). Confer Réquier p. 323 n° 179.

PERSONNES AUXQUELLES APPARTIENT L'ACTION.

A. — La donation préciputaire est antérieure au contrat de partage, et elle porte sur des objets particuliers.

Point de doute : l'objet ainsi donné est devenu la propriété irrévocable de l'enfant ; et, s'il éprouve une lésion, en tant que copartageant, on ne peut le contraindre à prendre sur cette propriété, pour compléter son lot. Ici s'applique sans restriction le principe que nous avons posé, à savoir que : les biens de l'ascendant, qui a fait des dispositions gratuites, forment deux parts absolument séparées et sans affinité entre elles : la masse du disponible, ou plus exactement *des biens déjà donnés*, au moment du partage (1), et la masse partagée. MM. Genty (n° 49, p. 305), Demolombe (n° 176), Réquier (n° 178), Bonnet (n° 583) et Dalloz (v°. disp. entre-vifs et test. n° 4601) sont de cet avis. Mais c'est le seul point sur lequel nous ayons constaté un accord unanime, parmi les auteurs ; les divergences commencent avec les espèces suivantes :

B. — Dans un premier acte, un préciput de quotité a été donné à l'enfant préféré ; le partage est fait ultérieurement ; il contient d'abord, au profit de cet enfant, un apportionnement pour son préciput ; puis un lot lui est attribué dans le partage.

Cette espèce ne diffère de la première que quant au mode de disposition ; car, au fond, la situation de l'enfant est la même, dans les deux hypothèses. Il importe peu que l'ascendant se soit dessaisi immédiatement en sa faveur, ou que, dans une institution contractuelle, par exemple, il n'ait fait qu'une donation de quotité, à prélever lors du partage. Dans les deux cas le don est irrévocable, et ni la part, ni l'objet donnés ne figureront, dans les

---

(1) ... Ou plus exactement des biens déjà donnés... c'est que ces expressions : disponible et quotité disponible, qu'on emploie souvent dans notre matière, sont ici impropres, puisqu'il ne peut être question de la quotité disponible et de la réserve qu'à l'occasion de la succession.

calculs de la lésion sur le partage, d'où les exclut leur qualification même de préciput.

Telle est aussi l'opinion de MM. Genty (n° 49, p. 306), Demolombe (n° 177), Réquier (n° 179, p. 325), Dalloz (*loc. cit.*) et Lyon-Caen (thèse pour le doctorat). Elle est combattue par MM. Bonnet (n° 582) et Bertauld (n° 286). Comme nous l'avons vu, dans le paragraphe précédent (A), M. Bonnet consent à ce que l'enfant avantagé ne précompte pas l'objet donné avant l'acte de partage ; il adopte la solution inverse, lorsqu'il s'agit d'une quotité, donnée antérieurement et réalisée dans cet acte. D'après lui, le contrat est indivisible et ne constitue qu'un partage. Par cela même que le préciput de quotité y figure, le préciputaire devient un copartageant ; et comme, s'il se plaint, c'est précisément en sa qualité de copartageant, il doit tenir compte de tout ce qu'il a reçu, à ce titre, et dans le disponible et dans la réserve.

Cette argumentation n'est que spécieuse. Soutenir que l'attribution préciputaire est une opération du partage, c'est dénaturer le sens des mots et des faits ; elle précède le partage ; elle est un prélèvement effectué avant l'apportionnement ; elle n'est donc pas inhérente au partage. Et ce n'est pas, alors que le préciputaire prend possession d'une attribution spéciale et qu'il conserve ainsi, et si manifestement, les droits attachés à son titre, qu'on peut soutenir qu'il s'en dépouille, pour accepter le rôle d'un simple copartageant. Ajoutons que l'acte est si peu indivisible qu'il se divise réellement en deux parties bien distinctes, traitant de matières différentes qui sont : l'une le disponible, l'autre la réserve. — « Lorsque, prétend M. Bonnet, le préciput est un objet donné avant l'acte de partage, il ne dépend plus du patrimoine de l'ascendant, mais bien de celui du donataire, puisqu'il y a eu délivrance ; le donataire ne saurait donc être contraint de le précompter comme copartageant. Il en est tout autrement ici, ajoute-t-il, parce que c'est une quotité qui a été

promise, et qu'elle n'a point été délivrée ». Ne nous arrê-
tons pas à des termes, empruntés à une situation et à un
contrat (art. 1604), sans analogie avec celui dont nous
nous occupons. D'ailleurs, dans notre espèce aussi, il y a
délivrance, sinon avant l'*acte de partage*, du moins avant le
partage ; conséquemment le préciput est sorti du patrimoine de l'ascendant et est entré irrévocablement dans
celui du donataire, au moment où commence la répartition. Nous sommes, comme MM. Bonnet et Bertauld, touché de la raison d'équité, qui a visiblement déterminé leur
opinion : sans doute, il est choquant de voir un copartageant, largement avantagé, et qui fera néanmoins rescinder le partage pour lésion ; alors que celui qui a moins
que sa réserve d'enfant, mais qui a reçu les trois quarts
de sa portion, dans les biens partagés, n'a pas ce droit.
Mais ainsi l'a voulu l'ascendant et ainsi l'a permis la loi ;
il faut donc s'incliner (1).

La cour de Bordeaux, par son arrêt du 27 décembre 1869
(J. des Ar. t. 45. 1870, p. 18 et D. 1871. 2. 201), a jugé
que l'enfant, préciputaire et copartageant, ne peut être
renvoyé à son préciput, lorsqu'il se plaint d'une lésion
comme copartageant : « Attendu que, pour apprécier les
causes de nullité ou de rescision, provenant de la lésion
de plus du quart, il faut considérer non pas la masse
totale et originaire des biens, qui composaient le patrimoine de l'ascendant, mais seulement la masse des biens
qui ont fait l'objet du partage, qui en a été opéré ; attendu,
d'autre part, que, l'irrévocabilité étant un des caractères
essentiels des donations entre-vifs, l'attribution par préciput par le père de famille à un de ses enfants, dans son

---

(1) Nous verrons toutefois, en étudiant la seconde partie de l'article
1079, si l'enfant, que le partage lèse dans sa réserve, de quelque façon
et pour quelque quotité que ce soit, n'a pas une action semblable à celle
que le Code Italien accorde au légitimaire par son art. 1048.

contrat de mariage, du quart disponible de sa fortune, a pour effet de distraire à toujours de son avoir la partie de ses biens dont il a disposé ; de telle façon qu'au moment où il procède ultérieurement à un partage anticipé entre ses enfants, ce préciput est censé n'y plus figurer et ne contribue plus à composer la masse héréditaire ; que l'enfant, ainsi avantagé par son contrat de mariage, et copartageant, dans l'acte ultérieur de partage anticipé, a deux qualités bien distinctes : celle de donataire par préciput et celle d'héritier réservataire ; que la première, dérivant d'un contrat irrévocable, et la seconde, de la loi, les droits, résultant pour lui de l'un et de l'autre, doivent être également respectés ; qu'il suit de là que c'est sur la réserve seule que doit se calculer la lésion. »

C. — La donation préciputaire est contenue dans l'acte de partage.

Suivant MM. Genty et Demolombe *(loc. cit.),* le préciput, même lorsqu'il est constitué et transmis par l'acte de partage, ne sert point à compléter le lot du préciputaire ; de telle sorte que, pour eux, il n'existe aucune différence entre cette espèce et les précédentes.

Ces auteurs n'admettent aucune dérogation au principe de la séparation des deux masses du disponible et de la réserve. S'il n'a été fait à l'enfant avantagé qu'un seul apportionnement, pour son préciput et pour son droit de copartageant, ils déduisent du total de cette attribution le montant du préciput et, si le surplus est inférieur aux trois quarts de sa part virile, ils autorisent la rescision en sa faveur : « Le descendant donataire, dit M. Genty, figure dans l'acte à deux titres, à titre de donataire, et à titre d'héritier. Comme donataire il reçoit la quotité disponible entière, puisqu'il y a irrévocablement droit. Ce n'est donc que le surplus qu'il reçoit à titre d'héritier. En conséquence, pour juger s'il est lésé, on doit déduire la valeur de la quotité disponible du montant total des biens, qui lui ont été attribués... »

PERSONNES AUXQUELLES APPARTIENT L'ACTION.

Exacte, en thèse générale, cette doctrine est toutefois trop absolue; elle fait de l'admissibilité de l'action du préciputaire une question purement mathématique ; alors que, suivant nous, il faut surtout rechercher la volonté du disposant; car, à la différence des cas précédents, cette volonté est ici souveraine. L'ascendant, dans notre espèce, n'est plus enchaîné, vis-à-vis du préciputaire, par un lien antérieur à l'acte ; il a son entière liberté ; dès lors, ressort-il des termes, employés par lui, qu'il a entendu donner à son fils préféré et un préciput et une part virile ? Le préciputaire sera recevable à se plaindre de l'insuffisance de son lot, comme copartageant. Mais résulte-t-il de l'acte que l'ascendant a voulu, (et le plus souvent il en est ainsi), que l'enfant s'en tint à son lot, et pour son préciput et pour son droit de partage ? On ne saurait autoriser cet enfant à isoler ses deux qualités, et à leur donner, de cette façon, une extension contraire à l'intention de leur auteur.

Dans une autre opinion, professée par MM. Bertauld (n° 286), Réquier (n° 179), Bonnet (n° 578) et Dalloz (v°. dispos. entre-vifs n° 4600), le préciput, constitué et transmis par l'acte qui contient le partage, sert toujours à compléter le lot du préciputaire. Ces auteurs ne voient, dans les biens qui sont attribués au préciputaire, et dans ceux qui sont dévolus aux copartageants, que les éléments divers d'un partage; pour eux, comme nous l'avons vu *(supra B)*, les dispositions préciputaires ne sont qu'une portion intégrante de l'opération ; ils pensent qu'elles entrent, à l'égal du lot de partage, dans le calcul de la lésion ; que conséquemment le préciputaire ne doit se dire lésé que, lorsque tous les biens, qu'il a reçus, ne suffisent pas pour le couvrir de son droit de copartageant. « On ne comprend pas pourquoi, dit M. Bertauld, les dispositions préciputaires, comprises dans le partage, ne seraient pas réputées faire partie du partage et seraient recueillies à un autre titre que les dispositions non préciputaires » (1).

Les partisans de ce système invoquent les travaux préparatoires de la *Loi des donations et testaments,* dans laquelle est inséré le chapitre VII sur les partages d'ascendants. Suivant eux, il résulterait de la discussion au conseil d'état, de l'exposé des motifs et du rapport du tribun Favard que l'article 1079 n'a qu'un but, celui de protéger les réservataires contre les dispositions excessives auxquelles l'ascendant se laisserait aller, et il serait contraire à l'intention du législateur d'y puiser une arme, en faveur du préciputaire, pour combattre les réservataires eux-mêmes.

Laissons de côté la discussion au conseil d'état et l'exposé des motifs, qui ne renferment rien d'explicite, et consultons le discours de M. Favard, devant le Corps législatif. Nous y lisons, d'après M. Dalloz (2), que: « l'action en réduction, intentée par le donataire préciputaire de la quotité disponible, ne produira des effets utiles et n'atteindra, par voie de retranchement, la part des autres héritiers, que tout autant que le déficit, dans la réserve, ne serait pas comblé par le don préciputaire ou l'avantage indirect, que le demandeur en réduction aurait obtenu du père commun. »

Si cette déclaration devait servir de règle d'interprétation, pour notre texte, le donataire du préciput ne pourrait jamais demander la rescision, pour atteinte à son droit de copartageant, lorsque son préciput suffirait pour parfaire son lot. Mais, à supposer que M. Favard ait

(1) Confer M. Bonnet, nos 579 et 580 ; Locré: législ. civ. t. 11, p. 266 et 481.

(2) Voulant vérifier la citation de M. Dalloz, nous n'avons trouvé rien de semblable ni dans le discours que le tribun Favard a prononcé devant le Corps législatif, à la séance du 29 floréal an II, ni dans la discussion au Conseil d'État, ni dans l'exposé des motifs de M. Bigot-Préameneu, ni dans le rapport fait au tribunat par le tribun Jauber.

tenu ce langage, remarquons que ce passage n'a trait
qu'aux héritiers réservataires ordinaires, dans leurs rapports avec les détenteurs du disponible de la succession ;
il en résulte que le réservataire, gratifié sur le disponible,
n'est lésé et n'a, par suite, le droit d'agir en retranchement contre ceux qui, comme lui, ont été avantagés,
qu'au cas où il n'a pas l'équivalent de sa légitime, dans
la libéralité qui lui a été faite. Mais ici, il ne s'agit point
de la réserve de l'enfant, calculée sur l'ensemble de la
succession (art. 913); c'est celle du copartageant, calculée exclusivement sur les biens mis en partage, qui est
en question (art. 887 et 1079) et qui est tout autre (v. n°
35): le préciput fait partie de l'ensemble de l'hérédité ;
si donc il est égal au montant de la réserve, l'héritier,
qui en est nanti, ne peut dire qu'il n'a pas sa réserve
dans cette hérédité. — Par contre, le préciput est étranger
au partage ; si donc l'héritier, qui en est investi, ne recueille pas son droit dans les valeurs partagées, il est
fondé à se plaindre, son préciput égala-t-il son droit de
partage.

M. Dalloz, l'auteur de l'argument historique que nous
venons de combattre, va jusqu'à déclarer qu'alors même
que l'ascendant aurait, dans son acte, et en donnant le
préciput et un lot à l'un de ses enfants, exprimé formellement la volonté de le gratifier, en dehors de sa portion de
copartageant, il ne faudrait point prendre cela en considération, parce que, dit-il, l'ascendant n'a pas suffisam-
ment pesé le sens de cette disposition. C'est là de l'arbitraire. Lorsque cet ascendant a, d'abord par un premier
acte, donné le préciput et que, par un second, il a fait
son partage, il a eu la pensée évidente, M. Dalloz le reconnaît, de laisser le préciput intact et de conférer, de
plus, à l'enfant tous les droits qui naitront de sa qualité
de copartageant ; et cependant le donateur a gardé le
silence sur cette question ; et cette interprétation est uniquement tirée de ce que les deux dispositions sont succes-

sives, et ne sont pas renfermées dans le même acte. Or
voici que le donateur s'explique ; il veut que l'enfant
cumule le préciput et son lot de partage ; et le cumul
n'aurait pas lieu.....! Au reste, cette doctrine, M. Dalloz
en convient, n'a point eu de succès en jurisprudence, et,
pour l'étayer, il ne cite qu'un seul arrêt, rendu par la
cour de Grenoble, le 8 mai 1835.

Quant à nous, lorsque le préciput et le partage se trouvent dans le même acte, nous pensons qu'il faut s'enqué-
rir de la volonté de l'ascendant : a-t-il déclaré que le préciputaire conserverait l'intégralité de sa réserve de copartageant ? Nous respectons ses prescriptions, convaincu
d'ailleurs, contrairement à l'avis de M. Dalloz, qu'il a compris la portée de cette stipulation et que le notaire, rédac-
teur du contrat, lui en a expliqué le sens ; nous donnons
enfin, dans ce cas, l'action en rescision au préciputaire,
lésé dans sa réserve de partage. L'ascendant a-t-il disposé
et partagé, sans exprimer son intention sur ce point ? Nous
examinons attentivement les diverses clauses du contrat,
nous les rapprochons entre-elles, de façon à découvrir la
pensée de son auteur (1). Là, point de règles tracées *a
priori ;* la solution est entièrement abandonnée à la sagacité du juge ; essayons toutefois, dans les trois espèces
suivantes, très fréquentes en pratique, de noter les indi-
ces qui peuvent le fixer dans ses recherches :

Première espèce. — Par une disposition préliminaire de
son partage, l'ascendant a donné la quotité disponible
par préciput à l'un de ses enfants, avec une attribution
particulière à cet effet ; puis il a partagé le surplus de ses
biens.

L'ascendant a entendu que le préciput et le partage

---

(1) Nous suivons la maxime du droit romain pour les testaments : in
testamentis planius voluntates testantium interpretantur (L. 12, D., de
reg. jur.).

restassent distincts et que, par suite, dans le calcul de la lésion, l'enfant ne fut point tenu de précompter son préciput. Cette intention ressort de ce qu'il a disposé et partagé séparément, conférant ainsi et successivement à l'enfant deux droits séparés, et excluant entre eux toute confusion.

Deuxième espèce. — Par une première disposition, contenue dans l'acte, l'ascendant fait un préciput de quotité, au profit de l'un de ses enfants ; puis, et dans le partage, il lui assigne un lot, pour le couvrir tant de son préciput que de sa part dans les biens distribués.

L'apportionnement du préciputaire est indivisible ; lors même que son attribution ne représenterait que la valeur du préciput, il devra s'en contenter ; si du moins elle est égale aux trois quarts de son droit de copartageant. L'ascendant n'avait contracté, vis-à-vis de son préciputaire, aucun engagement antérieur au partage ; il a donc pu le réduire au rôle d'un copartageant ordinaire. Quels qu'aient été les termes employés, c'est le fait de l'apportionnement qui met en relief la volonté de l'ascendant, et qui détermine l'interprétation du juge : *Potius id quod actum quam id quod dictum sit sequendum est* (L. 6, § 1, D., *de contrah. empt.*).

Troisième espèce. — L'ascendant a composé un lot qu'il a donné à l'un de ses enfants, tant pour son droit, dans le partage, qu'à titre de préciput.

Ce n'est point, à proprement parler, un préciput. Quel est le but que l'ascendant s'est proposé ? Pour fortifier la propriété du bénéficiaire de ce lot, il a transformé cette attribution en une libéralité, prise sur son disponible ; l'enfant n'est plus un copartageant, c'est un donataire. Grâce à cet expédient, il ne sera point atteint par l'action en rescision des articles 887 et 1079, qui anéantit le partage ; il ne sera exposé qu'à l'action en réduction, ou en retranchement des articles 913 et 920, action qui laissera subsister son lot, en lui enlevant seulement ce qui empièterait sur la réserve des autres enfants. Quant à lui, quelle action aura-t-il ? S'il ne peut plus être traité comme un copartageant par les autres enfants, il conserve cependant ce titre contre eux ; c'est-à-dire qu'il pourra se plaindre d'une lésion de plus du quart ; mais, pour le calcul, déduira-t-il de son lot le préciput ? Non, puisque la quotité du préciput n'est pas connue ; et sa plainte ne sera admissible qu'au cas où l'ensemble de son attribution serait inférieur aux trois quarts de sa part virile. (V., au surplus, sur ce genre de disposition, *infra* n°s 37 et 44)·

D. — La donation préciputaire, faite au copartageant lésé, est contenue dans un acte postérieur au partage.

Que l'ascendant ait donné par préciput un objet déterminé ou une quotité, à prendre sur sa succession, c'est toujours une question d'interprétation de volonté; et, avec M. Demolombe (n° 177 *bis*), nous admettrons aisément que le disposant a eu le dessein de compléter le lot du copartageant lésé: « l'ascendant a le droit, dit cet auteur, de réparer, au moyen d'un don ou d'un legs par préciput de la quotité disponible, en tout ou en partie, la lésion que le partage, par lui fait, aurait causée à l'un de ses enfants. Ce supplément, que les autres enfants pourraient offrir, à plus forte raison l'ascendant lui-même peut-il l'ajouter ; et, si l'on reconnaît que c'est là, en effet, seulement ce qu'il a voulu faire, nous ne voyons rien à répondre, au point de vue du droit, dans cette interprétation du fait de sa volonté. »

37. — L'enfant, au profit duquel une institution d'héritier ou une promesse d'égalité a été faite contractuellement (art. 1082), peut-il attaquer le partage, pour une lésion inférieure au quart ?

Il convient, d'abord, de préciser ce que l'on entend par l'*institution d'héritier* et par la *promesse d'égalité* ; et de voir si l'ascendant, qui les a faites, peut encore partager ses biens :

L'institution contractuelle d'héritier peut être faite en

PERSONNES AUXQUELLES APPARTIENT L'ACTION.

faveur d'un étranger où d'un enfant du donateur. Elle assure irrévocablement à l'enfant sa portion virile, dans la réserve et dans la quotité disponible, sous la seule restriction de l'article 1083 (1). C'est donc un droit de plus qu'il acquiert sur la réserve et qui corrobore la loi ; et, quant au disponible, c'est un titre qui lui est octroyé, alors que la loi ne lui en reconnaissait aucun (2). Disons même que, par l'effet de l'institution, le disponible et la réserve légale sont l'un et l'autre transformés et qu'ils passent ensemble à l'état de réserve contractuelle, réserve que l'ascendant donateur est tenu de respecter, plus strictement encore que celle de la loi ; puisque la loi lui permet, du moins en faisant son partage, d'entamer la légitime de l'enfant, jusqu'à concurrence d'un quart (3) ; ce qu'il ne pourrait faire sur la réserve contractuelle.

La promesse d'égalité « est aussi une espèce d'institution contractuelle », comme le dit Boucheul ; mais, et malgré le sentiment contraire de MM. Duranton, Coin-Delisle et Troplong (4), et, suivant l'opinion de Lebrun, nous n'y voyons pas une institution véritable, dans le sens propre de cette expression. Bignon en a mis le caractère exactement en relief, lorsqu'il l'a définie (5) : « une précaution qui laisse aux père et mère la liberté entière d'user de leurs biens, pourvu qu'ils n'en donnent pas plus à l'un

---

(1) Dispositio statim ligat, dit Dumoulin, (sur la coutume du Bourbonnais, art. 219).

(2) V. Laurière : inst. contr. chap. 1, n° 21 ; Cujas : ad african. trait. II, p. 55 ; Henrys, t. 11, p. 699 ; M. Bonnet n°s 158, 587, 588.

(3) V. toutefois ci-après, n° 47. 2.

(4) V. Merlin : inst. contr. § 6, n°s 3, 7 ; Delvincourt, t. 11, p. 639 ; Duranton, t. IX, 698 ; Coin-Delisle, art. 1082, n° 65 ; Troplong : don. n° 2377 ; Rolland de Villargues : rep. inst. contr. n° 50 ; et les arrêts de : Limoges, 29 février 1832 ; Paris, 26 janvier 1833 ; Douai, 28 mars 1835 (D. 1832. 2. 194 ; 1833. 2. 197 ; 1835. 2. 137).

(5) V. arrêt de 1625, rapporté par Bardel.

qu'à l'autre » (1). La promesse d'égalité assure à l'enfant,
dans le partage de la succession, une part semblable à
celle du plus avantagé d'entre ses copartageants ; mais
elle ne lui transmet rien et ne lui confère ni sa réserve
intégrale, ni une part quelconque du disponible ; en la
faisant, l'ascendant ne renonce point, en effet, à la
faculté de donner son disponible. Merlin et MM. Duranton, Coin-Delisle et Troplong le contestent, et, ainsi, ils
sont amenés à nier toute différence entre la *promesse* et
l'*institution*. « Entendre la promesse avec la faculté de donner le disponible c'est, prétendent-ils, lui refuser toute
efficacité et la réduire *ad non esse*. La réserve resterait ce
que le législateur l'a faite et, quant au disponible, il con-
tinuerait à être à la discrétion du père de famille ».

C'est une erreur ; dans notre système, la promesse a,
sur le disponible et sur la réserve, une efficacité qui n'est
point à dédaigner : en ce qui touche le disponible, la
promesse, faite à l'un des enfants, n'empêche pas l'ascendant de le donner à des étrangers ; mais toute faveur, au
profit exclusif de ses autres enfants, lui est interdite ; ce
qui d'ailleurs, comme l'attestent les termes ordinaires de
la promesse, est bien l'éventualité contre laquelle les
parties ont voulu se prémunir ; parce que c'est le cas le
plus habituel, et le plus redoutable pour l'harmonie de
la famille. Quant à la réserve, avec la promesse, comme
nous l'entendons, l'enfant pourra se plaindre, fut-il lésé
de moins du quart de sa légitime dans le partage d'ascendants (2).

La cour de Bordeaux ne confond pas, comme les auteurs que nous avons cités, la promesse d'égalité avec
l'institution d'héritier ; on peut consulter notamment son

(1) Confer Bonnet n° 162.
(2) V. ci-après n° 42.

PERSONNES AUXQUELLES APPARTIENT L'ACTION.

arrêt du 12 mai 1848 (1). Il en est de même de la cour de cassation : « Considérant, est-il dit, dans l'arrêt de la Chambre des requêtes, du 26 mars 1845, que la promesse d'égalité, faite par le père, dans une institution contractuelle, en faveur de ses enfants, l'empêche de gratifier ensuite les uns au préjudice des autres » (2).

Et maintenant le père de famille, qui a fait de telles dispositions, conserve-t-il le droit de partager ses biens entre ses enfants ? Ce point a été l'objet d'une sérieuse controverse.

L'institution contractuelle d'héritier emporte dessaisissement, de la part du donateur; il semblerait, dès lors, que le père de famille ne peut faire aucune disposition nouvelle. Nous le décidons cependant autrement, en ce qui touche nos partages : Si l'institution emporte dessaisissement, ce n'est qu'en ce sens, comme l'explique Ferrière, dans son dictionnaire de droit, « qu'elle ne peut être révoquée, ni directement ni indirectement, et que celui qui l'a faite ne peut rien faire, au préjudice de la portion héréditaire, qui doit appartenir à l'héritier institué. » Mais le donateur n'a point, pour cela, renoncé à la faculté, que lui accorde la loi, de déterminer cette portion héréditaire. Il a donné une quotité ; rien ne s'oppose à ce

---

(1) Affaire Labregère contre Besse, arrêt infirmant un jugement du tribunal d'Angoulême du 27 août 1847 (D. 1848. 2. 155). V. les remarquables consultations, longuement analysées par l'arrétiste, de MM. Lacoste, Vaucher et Bertrand, du barreau de Bordeaux, d'une part, et de MM. Dérivau et Géorgeon, du barreau d'Angoulême ; Tixier, du barreau de Limoges ; Pougeard, du barreau de Bordeaux, d'autre part. En fait, et dans la pratique, il est souvent fort difficile de discerner la promesse d'égalité de l'institution d'héritier ; l'affaire Labregère en est un exemple.

(2) V. D. 1846. 1. 374 ; et dans le même sens : cass. 15 déc. 1818 et trib. de Lille : 24 nov. 1853 (D. 1854. 3. 68); et MM. Championnière et Rigaud : droits d'enregistr., IV. 2951 ; Aubry et Rau, V, § 754, n° 5 ; Dalloz : disp. entre-vifs, n° 2000 ; Bonnet, n° 162.

7

qu'il fasse connaître les éléments dont elle se composera.
— Il en est de même de la promesse d'égalité : elle enlève
au disposant le droit, qu'il avait, de faire à ses autres enfants un avantage supérieur à celui qu'il a fait au bénéficiaire de la promesse ; elle laisse intacte son droit de
partager, en donnant à ce dernier une part égale à celle
du plus favorisé. Ainsi l'a jugé l'arrêt précité de la chambre des requêtes, du 26 mars 1845 : « Attendu que si la
promesse d'égalité, faite par le père, dans une institution
contractuelle, en faveur de ses enfants, l'empêche de gratifier ensuite les uns au préjudice des autres, elle ne lui
ôte cependant pas le droit, entièrement distinct, de faire
ultérieurement entre eux un partage d'ascendant, pourvu
que l'égalité promise y soit scrupuleusement observée » (1).

M. Laurent (n° 44 et suiv.) refuse à l'ascendant, donateur contractuel, la faculté de faire une donation-partage,
par la raison que ce serait contraire à l'irrévocabilité des
donations et à l'interdiction des pactes sur successions
futures. Non ; venant après l'institution contractuelle, ou
après la promesse d'égalité, le partage n'enfreint pas la
règle de l'irrévocabilité ; car ce n'est pas une disposition
nouvelle de biens, déjà donnés ; mais une répartition
entre des ayants droit, précédemment reconnus, soit par
la loi, soit par le père de famille ; c'est la sanction et non
la violation du premier contrat. Si l'ascendant a la faculté

---

(1) V. en ce sens : MM. Aubry et Rau, 4e édit. t. 8, § 739 ; Demolombe, don. et test. t. 6, n° 301 et suiv. ; Dal. disp. entre-vifs et test. nos
1999 et 4455 ; Troplong : don. nos 2314 et 2381 ; M. Réquier n° 121, p.
221 et surtout n° 123 ; M. Bonnet nos 158, 188, 587 ; Riom, 3 juin 1844,
arrêt contre lequel était dirigé le pourvoi, rejeté par l'arrêt du 26 mars
1845 (D. 1846. 1. 374) ; Dijon, 15 juillet 1870 (D. 1872. 4. 94) ; et 8
mars 1878 (D. 1879. 2. 78) ; v. encore l'arrêt de la chambre des requêtes du 7 avril 1873 (D. 73. 1. 421) et celui de Bordeaux du 18 juin 1849
(J. des ar. t. 24. 1849. p. 488). Confer Genty, p. 134.

de déterminer le lot de l'enfant, du réservataire qui est appelé à l'hérédité par la loi, pourquoi ne l'aurait-il pas, vis-à-vis de celui qui est appelé par un contrat (1) ? C'est un pacte sur succession future ! Oui ; mais la loi l'a autorisé, dans son article 1082, de la part de l'ascendant, au profit des enfants, ou de ceux qu'il a affiliés et traités comme ses enfants. Nous ne faisons que confirmer cette autorisation en revendiquant, pour lui, le pouvoir de partager.

Ces préliminaires établis : quel est le droit du copartageant, enfant ou étranger, institué héritier, et quel est celui de l'enfant auquel l'égalité a été promise ?

I. — D'abord pour le bénéficiaire de la promesse d'égalité, quelques auteurs veulent qu'il ne fasse rescinder le partage qu'au cas, où l'ascendant aurait fait un préciput à l'un de ses autres enfants (2). Ce préciput serait sans valeur. C'est incontestable ; mais cela ne suffit pas ; et, entendre ainsi l'égalité, c'est méconnaître le sens et la portée de cette expression. L'égalité absolue, dans les partages, était commandée par le législateur du 17 nivôse an II (art. 64) ; elle est restée tout au moins le vœu primordial de celui de 1804 (art. 745) ; et, quand les termes employés par le père de famille sont précis ; quand, agissant, dans la plénitude de son droit, il a lui-même assigné des bornes à son pouvoir de disposer ; quand il

---

(1) M. Laurent (n° 43) pense de même, contrairement à l'avis de M. Genty (p. 134), et de MM. Aubry et Rau (t. VI, p. 215 et note 17), que les donations en avancement d'hoirie ne peuvent, à raison de leur irrévocabilité et de l'interdiction des pactes sur successions futures, figurer dans une donation-partage.

(2) V. M. Demolombe t. VI n° 78 bis ; M. Réquier n° 123 et M. Bonnet n° 588 ; et, en ce sens, un arrêt de la Chambre des requêtes du 15 mars 1827 (D. Disp. entre-vifs et test. n° 4457) ; mais la cour n'a écarté la demande en rescision qu'après avoir constaté que, balance faite de l'émolument et des charges du prétendu préciputaire, il n'y avait point préciput, et qu'ainsi la promesse avait été respectée.

RESCISION POUR LÉSION.

s'est, par contrat, engagé vis-à-vis de l'enfant, cet engagement doit être vu avec faveur ; il doit s'exécuter à la
lettre.

Est-ce à dire que nous voulions donner libre carrière à
l'esprit de cupidité et de vexation, toujours si prompt à
s'emparer de l'héritier jaloux et mécontent, et que, pour
une lésion, si minime qu'elle soit, nous accordions la rescision du partage ? Assurément non. Nous distinguons :
est-il établi que le partage renferme, au préjudice du
bénéficiaire de la promesse d'égalité, une lésion de plus
du quart ? C'est le cas des articles 887 et 1079 : le partage
sera rescindé et recommencé. Contient-il une lésion de
quelque importance, mais inférieure au quart, il n'y a
plus lieu à rescision, puisque la lésion n'atteint pas le
taux exigé : une action en complément est ouverte. La
promesse d'égalité constitue, en effet, une réserve contractuelle qui doit être complétée, comme la réserve
légale (art. 920 et suiv.). Enfin, la lésion est-elle insi-
gnifiante ? Nous repoussons toute action ; car, si nous
voulons le respect des contrats, nous n'abandonnons point
le sort de la propriété à des rancunes, sans fondement
sérieux : *malitiis non est indulgendum ;* et nous laissons
aux tribunaux une entière liberté d'appréciation sur ce
point.

Cette théorie paraît être celle de la cour de cassation
(arrêt de la chambre des requêtes du 8 janvier 1872, rejetant le pourvoi contre un arrêt de Dijon, du 13 juillet 1870, qui consacre formellement cette doctrine (D.
1872. 1. 94) (1).

MM. Bertauld (quest. du cod. civ., t. II), Demolombe

---

(1) En ce sens : Troplong : Don. et test. n° 2314 ; Genty n° 14, p. 134 ;
et Limoges : 27 février 1832 (Dal. Disp. entre-vifs, n° 4456), et les arrêts de la chambre des requêtes, des 24 juillet 1828 et 26 mars 1845
(Dal. loc. cit. n° 2015 et recueil périodique, 1846. 1. 374).

PERSONNES AUXQUELLES APPARTIENT L'ACTION.

(t. 6, nᵒ 78 *bis*), Réquier (nᵒ 123, p. 235), Ancelot (sur
Grenier t. 3, nᵒ 393), et Bonnet (nᵒˢ 162 et 587) présentent une argumentation qui peut se formuler ainsi : la
promesse d'égalité ne saurait avoir, en ce qui concerne la
réserve, plus d'efficacité que les prescriptions de la loi ;
or, pour que l'enfant fasse rescinder ou réduire le partage, qui entame sa réserve, il faut qu'il soit lésé de plus
du quart de cette réserve (1) ; de même en est-il *a fortiori*,
du partage qui viole l'égalité promise : il faut que la
lésion soit supérieure au quart de la part héréditaire de
l'enfant, dans les biens distribués.

Hé quoi ! On ne veut pas que l'ascendant se lie plus
étroitement sur sa succession que la loi ne le fait sur la
partie de cette succession qu'on appelle la réserve ! Où
prend-on cette défense et d'où naît ce scrupule ? Les principes le contredisent (art. 1134). Il s'agit, remarquons-le,
d'un contrat que la loi voit avec la plus grande sollicitude,
puisque, pour le faciliter, elle a créé une exception à
l'une de ses règles les plus formelles : la prohibition des
donations de biens à venir (art. 894, 1082). Il s'agit aussi
d'un contrat, dont la complète exécution intéresse, au
plus haut degré, l'ordre public et la société : une fille va
se marier ; les parents sont en présence ; des préoccupations d'avenir fort louables, des défiances trop souvent
justifiées s'emparent des esprits ; le père du futur époux,
(c'est le cas le plus ordinaire), veut assurer la nouvelle
famille, qui se fonde, contre le caprice et les entraîne-
ments du père de l'épouse, qui, demain, quittera la maison paternelle et qui, dorénavant moins présente, sera
peut-être moins affectionnée : il exige une promesse
d'égalité ; elle est faite ; les futurs époux en prennent
acte. Et le donateur ~~peut~~ y déroger, à la seule condi-

---

(1) V. cependant infra nᵒ 47.

tion que la lésion, qui pourrait résulter de cette dérogation, ne dépassât pas le quart de la part héréditaire
de sa fille ; l'engagement solennellement souscrit n'aurait qu'une valeur partielle et relative ! Le législateur,
(un législateur ombrageux et puéril, en vérité !) ne tolé-
rerait pas, à côté de sa réserve, une autre réserve plus
énergiquement protégée ; et il sanctionnerait un tel manque de foi, dans un contrat de droit strict qu'il entoure
de tant de garanties (art. 1082, 1395) (1) !

M. Bonnet avait d'abord adopté la doctrine que nous
suivons, mais, après de mûres réflexions, dit-il (n° 588),
il lui paraît que le partage, venant après une promesse
d'égalité, ne saurait être querellé, à moins d'une lésion
de plus du quart ; et, toutefois, d'accord avec M. Ancelot
(sur Grenier : t. 3, n° 393, note A), il excepte le cas de
fraude, sans doute en vertu de cet adage : la fraude qui
corrompt tout fait, par suite, exception à toutes les règles. Mais nous ne comprenons pas l'intervention de cet
expédient : M. Bonnet pense que l'ascendant peut, malgré
sa promesse, réduire l'enfant aux trois quarts de la portion héréditaire ; or, si priver l'enfant du quart est un
droit pour l'ascendant, comment l'exercice de ce droit
constituerait-il une fraude donnant ouverture à la rescision (2) ?

II. — Cela dit sur la promesse d'égalité, un mot sur la
portée de l'institution contractuelle d'héritier ; elle assure
à l'enfant l'intégralité de sa part héréditaire sur les biens
du donateur, sauf l'exception de l'article 1083. Par suite,
la rescision lui est ouverte, s'il a moins des trois quarts
de sa portion. Il en réclamera le complément, s'il est lésé
de moins du quart, suivant ce que nous avons précédem-

---

(1) Confer M. Bonnet n° 162, p. 194.
(1) Nous reviendrons sur cette étrange doctrine de la fraude, dans
l'exercice d'un droit (n° 47. 2).

PERSONNES AUXQUELLES APPARTIENT L'ACTION.

ment expliqué (1). MM. Demolombe (t. 6, n° 78), Réquier (n° 123 *in fine*), Bonnet (n° 587) sont contraires à cette doctrine ; nous avons déjà discuté leur opinion.

III. — Si c'est un étranger qui est institué héritier contractuellement, quel sera son droit, en présence du partage d'ascendants (2) ?

Il est bien certain que cet étranger doit être compris dans le partage ; que, s'il est omis, à l'aide de son contrat, il fera annuler les apportionnements et exigera une nouvelle répartition (art. 1078). Mais nous supposons qu'il a participé à la distribution ; quels sont, en ce cas, ses droits ? Les mêmes que ceux de l'enfant institué, car c'est aussi un héritier et un réservataire conventionnel, auquel est due l'intégralité de la quotité, qui lui a été promise. Comme l'enfant institué, il a deux actions ; lui a-t-on donné une part d'enfant, et son lot est-il inférieur à cette part ? Si l'infériorité est de plus du quart, le partage sera rescindé ; si elle est de moins du quart, son lot sera complété. Assurément il est regrettable que, pour une simple lésion dans le disponible, l'étranger vienne troubler le partage, alors que l'enfant, (non institué, il est vrai,) est condamné au silence, pour une lésion du quart de sa réserve (3). Mais le père de famille a pu créer ainsi, et étendre, même jusqu'aux dernières limites du disponible, une sorte de réserve contractuelle dont il faut bien accepter les conséquences (4).

38. — L'enfant naturel reconnu, et qui a été appor-

---

(1) V., en ce sens, un arrêt de la cour de Caen du 21 mars 1838 (Dev. 1838. 2. 409 ; et S. 1838. 2. 419). Cet arrêt est aussi rapporté par M. Demolombe (traité des don. t. 6, n° 78, p. 78).

(2) V. n° 46, 1. infra, l'examen de la question inverse : quels sont, à l'encontre de l'étranger, les droits des enfants, ses copartageants ?

(3) V. cependant n° 47.

(4) V., en ce sens, M. Demolombe : traité des don., t. 6, n° 185.

tionné dans le partage d'ascendants, peut-il le faire rescinder ?

Le père de famille doit comprendre, dans le partage, son enfant naturel reconnu ; car, si cet enfant n'est pas héritier (art. 756), il aura cependant une part dans l'hérédité ; il en sera copropriétaire avec les enfants légitimes (art. 757) (1) ; les héritiers ne peuvent la répartir sans l'y appeler ; et l'ascendant, s'il veut régler valablement sa succession y est tenu comme eux. Puisque c'est là un copartageant obligé, il s'ensuit que, comme tout autre, il a le droit de provoquer la rescision, s'il est lésé au delà de ce que la loi tolère (2).

Quant à l'enfant adoptif, son droit à la rescision est moins contestable encore, l'article 350 lui donnant, sur la succession de l'adoptant, la part d'un enfant légitime ; et cela alors même qu'il serait en concurrence avec des enfants, nés depuis l'adoption (3).

39. — Le copartageant, qui renonce à la succesion, ou qui en est exclu pour indignité, peut-il faire rescinder le partage, pour lésion de plus du quart ? Non ; et il en est ainsi quelle que soit la forme du partage.

Cette proposition est évidente, lorsqu'il s'agit d'un partage testamentaire ; car l'héritier, renonçant à l'hérédité, renonce par là même à son lot et à son legs ; il ne saurait conséquemment se plaindre d'abus, commis dans une répartition à laquelle il est étranger. Les auteurs sont

---

(1) En ce sens : Genty p. 101, 127. L'enfant naturel n'est pas simplement un créancier de la succession, comme le soutiennent quelques auteurs : v. notamment Duranton, t. IX, n° 635 ; Troplong, don., n° 2324 ; Pujol, sur l'art. 1078 ; Ancelot, sur Grenier, n° 397, note A ; Dalloz, dispos. entre-vifs n° 4460.

(2) V. MM. Genty, n° 13, p. 127 ; Réquier, n° 119, p. 217 ; Bonnet, n° 179 ; Aubry et Rau (t. VI).

(3) V. en ce sens, MM. Genty, p. 101 ; Demolombe, don. t. 3, n° 704 ; Réquier, n° 118 ; Bonnet, n° 178.

unanimes, sur ce point (v. Genty, n° 49, p. 305 ; Demolombe, n° 178 ; Réquier, n° 181 ; et Bonnet, n° 584).

Notre proposition n'est pas moins vraie, lorsque le partage a été fait par donation : la rescision pour lésion est
fondée sur l'égalité, que les héritiers seuls se doivent
entre eux (art. 887); pour exercer cette action, il faut
donc avoir droit à l'égalité ; il faut être héritier. Comment le simple donataire, qui n'a d'autre titre que la libéralité de l'ascendant, l'attaquerait-il ? Celui qui a reçu
un bienfait serait-il admis à critiquer la parcimonie, ou
la partialité de son bienfaiteur ? Toute rationnelle qu'elle
soit, cette théorie est fort controversée : acceptée par
MM. Genty (loc. cit.), Demolombe (n° 178), Aubry et
Rau (t. VI), Lyon-Caen (thèse pour le doctorat), elle
est combattue par MM. Duranton (n° 646), Vazeille (sur
l'art. 1080), Rolland de Villargues (rep. du not. v° part.
d'asc. n° 129), Duvergier (notes sur Toullier, t. 3, n° 803),
et, en dernier lieu, par MM. Réquier (n°s 93, 98 et 181),
Bonnet (n°s 108, 526, 527, 584), et Bertauld (n° 90), qui
ont traité la question, avec plus de développements que
leurs devanciers. Mais, comme cette difficulté est connexe
avec une autre question, des plus graves, (celle de savoir
à quelle époque l'action prend naissance), pour éviter
des répétitions, nous renvoyons l'examen de notre théorie, et des objections qu'elle soulève, à l'étude à laquelle
nous nous livrerons, au sujet de l'ouverture de l'action
(v. n° 87).

40. — Pour avoir une action contre le partage, il faut
avoir un grief : nul autre que le lésé ne peut donc demander la rescision (1). Dès lors, non seulement les étrangers,
mais les copartagés avantagés, et ceux qui ne sont point

_____

(1) V. l'arrêt de la cour d'Agen du 14 mai 1851 (D. 1851. 2. 231), maintenu, sur le pourvoi, par l'arrêt de la cour de cassation du 30 juin 1852
(D. 1854, 1. 434).

lésés, sont sans qualité à cet égard. L'imminence de l'action est un sujet de crainte pour eux, et elle exerce une fâcheuse influence sur leur propriété, pour laquelle elle est une cause de dépréciation ; mais la préoccupation de leur sécurité ne suffit pas pour leur conférer un droit. N'est-ce pas, au surplus, la condition de tout propriétaire; et si, dans l'espèce, l'appréhension du copartageant avantagé a un caractère particulièrement pernicieux, il ne saurait s'en plaindre, puisqu'il a volontairement accepté ce danger, du moins au cas de partage entre-vifs, et qu'enfin il lui est aisé de le faire disparaître (v. n° 41).

Bien que l'action n'appartienne qu'au lesé, lorsque la rescision est prononcée, tous les enfants en profitent, car la nouvelle répartition sera faite, suivant les prescriptions de la loi entre héritiers. Ajoutons que, le contrat étant anéanti, s'il plaisait au demandeur de rester dans l'indivision, les défendeurs pourraient prendre l'initiative du partage, en vertu du droit qui appartient à tout propriétaire indivis (art. 815).

§ 3. — DU MOYEN, POUR LE DÉFENDEUR A L'ACTION EN RESCISION, D'ÉVITER L'ANNULATION.

41. — L'article 891 permet au défendeur à la demande en rescision du partage de succession d'éviter une nouvelle répartition, en fournissant au demandeur le supplément de sa portion héréditaire, « soit en numéraire, soit en nature ». Ce texte est-il applicable au partage d'ascendants ?

L'article 1079 ne réglemente pas la rescision pour lésion ; il se borne a établir l'action dans le partage d'ascendants ; son silence, sur les règles qui la régissent, montre qu'à cet égard le législateur s'en réfère aux principes posés, dans les articles 887 et suivants, pour les partages de succession. Nier cette proposition ce serait dire que la première partie de l'article 1079 est une énigme

MOYEN DE CONJURER L'ACTION.

insoluble ; car, réduit à ce texte, il nous serait impossible de comprendre l'action et de la mettre en pratique. La doctrine est uniforme sur ce point ; le laconisme de nos textes a fait naître bien des difficultés, celle-ci du moins n'a jamais soulevé aucune controverse. Donc, qu'il s'a gisse d'un donataire héritier légal (1), ou d'un donataire héritier contractuel (2), le copartagé, menacé par la rescision, évite l'anéantissement du contrat, à l'aide d'une indemnité en argent, d'un prélèvement sur son lot, ou sur sa part. des biens restés indivis dans la succession (v. *infra* n° 132).

En jurisprudence, la cour de Toulouse est la seule, croyons-nous, qui ait contredit cette thèse, par son arrêt du 21 août 1833 (D. dispos. entre-vifs, n° 4620), lequel a confondu les principes de la rescision pour lésion, avec ceux de la réduction ; mais elle a reconnu son erreur et, par ses arrêts des 11 juin 1836 et 10 mai 1844 (D. *loc. cit.*, n° 4619), elle accorde au défendeur la faculté de compléter le lot de son copartageant lésé (3).

La cour de Bordeaux s'est prononcée en ce sens, par son arrêt du 27 août 1862 (J. des ar. t. 37, 1862, p. 547) : « attendu, lisons-nous dans les motifs, que le législateur a voulu, par l'article 891, assurer le repos des familles, en prévenant les conséquences graves, qui résulteraient

---

(1) V. Genty, n° 54, p. 323 ; Réquier, n° 183; Bonnet, n° 590 ; Merlin, rép. v° part. d'asc., n° 1; Grenier, n° 400 ; Toullier, t. 5, n° 804; Favard, v° part d'asc., n° 5 ; Duranton, t. IX, n° 651; Rol. de Vil. part. d'asc. n° 104 ; Marcadé, sur l'art. 1079 ; Troplong, n° 2337; et l'arrêt de la Chambre des requêtes du 10 nov. 1847 (D. 1847. 1. 193).

(2) V. arrêt de Dijon du 13 juillet 1870, rapporté avec l'arrêt de la Chambre des requêtes du 8 janvier 1872 (D. 1872. 1. 94).

(3) Les juges ne pourraient pas d'office, après avoir constaté l'existence de la lésion, ordonner qu'elle sera réparée au moyen d'une indemnité à fournir par le défendeur ; (en ce sens Demolombe n° 184 ; Aubry et Raü, t. 6, p. 235 ; contra : Zachariæ, § 734, note 9).

de la rescision des partages, après plusieurs années de possession paisible, et lorsque les biens héréditaires, tombés dans les lots, ont même pu être aliénés par certains héritiers; qu'il a aussi voulu qu'entre copartageants, liés le plus souvent par une étroite parenté, les conséquences de l'action en rescision fussent le moins préjudiciables possible; qu'au surplus les règles, en matière de partages ordinaires de succession, s'appliquent, en général, aux partages anticipés, en tout ce qui est compatible avec ce dernier mode de transmission des biens, et qu'il y a évidemment identité de motifs; qu'ainsi, au point de vue de l'intérêt matériel, comme à celui du maintien des bons rapports, dans le sein de la famille, l'article 891, applicable au partage de succession, l'est aussi au partage d'ascendants. »

Ainsi que nous le verrons (*infra* n° 58), l'ascendant doit faire entrer, dans chaque lot, une part égale des diverses natures de valeurs; or, peut-on dire, permettre à l'enfant avantagé de satisfaire en numéraire son copartageant lésé, n'est-ce pas l'autoriser à enfreindre cette sorte particulière d'égalité? Le lésé, légalement apportionné en meubles et en immeubles, eu égard au lot qui lui a été assigné, va se trouver un excédant de valeurs mobilières; dès lors, et en ce cas, serait-on tenté de conclure, la rescision ne saurait être entravée par l'offre d'un supplément. Tel n'est cependant point notre avis : la rupture de l'équilibre entre les valeurs mobilières et immobilières se produira fréquemment; mais elle est inévitable et, vouloir pour cela que l'offre soit rejetée et que le partage soit rescindé, ce serait soutenir que la faculté, édictée par l'article 891, est illusoire. Ici, et avant tout, la loi sauvegarde le partage, et il est dans ses vues de sacrifier au maintien du contrat l'égalité des répartitions.

CHAPITRE DEUXIÈME

—

DE LA RÉDUCTION DU PARTAGE D'ASCENDANTS
POUR ATTEINTE
A LA RÉSERVE DE L'ENFANT.

—

42. — Nous avons dit quel est le sort du partage, lorsque l'un des enfants a reçu moins des trois quarts de sa part dans les biens mis en partage : voyons ce qu'il advient, lorsque, par l'effet de dispositions étrangères au partage, et de l'apportionnement contenu dans ce contrat, la réserve des enfants est entamée.

Une première section sera consacrée à l'historique du droit et de l'action, dans le cas où c'est l'un des enfants, qui est le bénéficiaire tout à la fois de la disposition étrangère au partage et d'un apportionnement excessif. Dans une seconde section, nous rechercherons la qualification qui convient à l'action, et les conséquences de l'atteinte à la réserve, en général, dans les partages d'ascendants.

SOMMAIRE :

RÉDUCTION POUR ATTEINTE A LA RÉSERVE.

SECTION PREMIÈRE

—

NOTICE HISTORIQUE
SUR L'ATTEINTE A LA RÉSERVE DE L'ENFANT,
DANS LE PARTAGE D'ASCENDANTS.

—

43. — En recherchant l'origine du droit de rescision pour lésion, dans le partage d'ascendants, nous avons constaté que les coutumes d'égalité seules l'admettaient ; et que, pour les coutumes de préciput et pour le droit écrit, ce partage avait, à quelques égards, le caractère dispositif d'une libéralité ordinaire ; que, dès lors, une atteinte à la légitime pouvait seule motiver l'attaque du lésé ; qu'il avait la faculté d'exiger de chacun de ses copartageants son complément *pro modo emolumenti*, ou d'abandonner son lot et de demander qu'il lui fut fait un

autre apportionnement, pour le couvrir de sa réserve (1).
La seconde partie de l'article 1079 nous paraît une rémi-
niscence de cette disposition.

Comme les travaux préparatoires du Code jouent un
rôle important, dans la solution des difficultés de cette
matière, nous en faisons l'analyse sommaire.

Nous ne notons que pour mémoire le Projet Jacquemi-
not et celui de la Commission de l'an VIII, qui ne contiennent aucune particularité sur l'objet de notre étude.
et nous abordons les textes auxquels nous devons l'article 1079.

L'article 156 de la Loi des Donations et Testaments,
présentée au Conseil d'état, dans sa séance du 27 ventôse
an XI, par Bigot-Préameneu, au nom de la section de
législation, portait : « le partage sera nul, si les pères et
mères ou autres ascendants ont fait, à titre de préciput,
une disposition soit entre-vifs soit testamentaire, au
profit d'un ou de plusieurs de leurs enfants ou descendants. » Ainsi l'ascendant n'aurait pu faire un préciput
et partager ensuite ses biens par le même acte. Au cours
de la discussion devant le Conseil, Bigot-Préameneu dit
que la section avait craint l'abus que le père de famille
pourrait faire du partage, pour favoriser un enfant par
des avantages excessifs. Treilhard prit la parole en ce
sens. Muraire seul s'éleva contre cette prohibition. On
doit toujours, suivant lui, supposer au père l'intention
d'être équitable envers ses enfants. A quoi Berlier répli-
qua que la connaissance du cœur humain conduit à la
conclusion contraire ; que celui qui a déjà gratifié un de
ses enfants, au préjudice des autres, par une disposition
ostensible, est porté à y ajouter, par la voie détournée du
partage, si cette voie lui reste ouverte ; que l'inégalité,

(1) V. Furgole, Auroux des Pommiers, Boullenois et supra n° 26.

déjà introduite entre les enfants, fait craindre qu'on ne cherche à l'étendre davantage ; que si, par exemple, et dans le même acte, l'ascendant était autorisé à disposer par préciput de la quotité disponible et à partager son patrimoine, il faudrait, au moins, décider que le partage *pourrait être rescindé pour la plus petite lésion* » (Fenet, t. XII, p. 409 et suiv.).

Sur cette observation la discussion fut clôse et l'article 156 fut adopté, *sauf rédaction*. Or, dans sa rédaction dernière, la Section renonça à la *nullité*, que stipulait son article ; elle adopta l'expédient, si judicieusement proposé par Berlier ; elle permit donc au père de famille de faire un préciput à l'un de ses enfants et de partager ses biens par le même acte ; mais elle le rappela au respect de la réserve, en établissant ou sous-entendant, à cet effet, une sanction dont nous aurons à déterminer la nature. Les articles 156 et 157 du projet furent réduits à un seul, sous le numéro 190, qui fut ainsi libellé : « le partage, fait par l'ascendant, pourra être attaqué pour cause de lésion de plus du quart. Il pourra l'être aussi, dans le cas où il résulterait, soit du partage seul, soit du partage et des dispositions par préciput, que l'un des copartagés aurait un avantage plus grand que la loi ne le permet.» Dans son exposé des motifs, Bigot-Préameneu explique pourquoi la Section a abandonné la nullité, que portait le projet primitif : « il eut été injuste, dit-il, de refuser au père qui, lors du partage entre ses enfants, pouvait disposer librement d'une partie de ses biens, l'exercice de cette faculté dans le partage .... »

Le rapport du tribun Jaubert, les discours de ses collègues, Favard et Sédillez, ne sont que le reflet de l'Exposé des motifs. Jaubert s'explique néanmoins avec quelque étendue ; nous croyons devoir noter les passages suivants : « La loi, dit-il, présume toujours le bien du jugement du père de famille. Cependant, si une erreur lui était échappée, ou si une injustice lui avait été arrachée, le partage pourrait être attaqué pour cause de lésion. On ne peut prévoir que deux cas : ou le père s'est borné à un partage, pour tout ce qu'il a laissé à ses enfants, ou, indépendamment du partage, il a fait des dispositions par préciput, en faveur d'un de ses enfants. Si le père n'a fait d'autre disposition que le partage, l'acte ne pourra être attaqué que pour cause de lésion de plus du quart... le second cas est celui dans lequel un père fait le partage, après avoir disposé de tout ou de partie de la portion disponible; et la loi veut alors que, quoiqu'il n'y ait pas une lésion du quart dans le partage, qu'il y ait lieu à l'attaquer, si, en cumulant la disposition et l'excédant de la portion, que chacun aurait dû avoir, (si les parts avaient été égales), le père a été au-delà de son droit de disposer. L'objet de cette combinaison est de prévenir les avantages excessifs, qui pourraient avoir lieu, par la réunion de la quotité disponible à un excédant de partage, dans les autres biens » (1).

Tel est l'historique de la partie finale de l'article 190 de la *Loi des Donations et Testaments*, qui a pris place dans le code, sous le numéro 1079. Nous l'avons rappelé, parce que c'est le thème indispensable de la discussion à laquelle nous devons nous livrer, sur la nature de l'action, édictée par ce texte.

SECTION DEUXIÈME

DE L'ACTION POUR ATTEINTE A LA RÉSERVE DE L'ENFANT DANS LE PARTAGE D'ASCENDANTS.

Dans un premier paragraphe, nous verrons quelle est l'action édictée par la deuxième partie de l'article 1079,

---

(1) V. Locré : Législ. civ. t. XI, p. 265 et suiv.

au cas où le préciput, fait à l'un des enfants, et son lot
excèdent la quotité disponible. Dans un deuxième paragraphe, nous examinerons l'hypothèse où, en dehors de
ce cas, la réserve serait entamée.

§ 1er — LE PRÉCIPUT FAIT A L'UN DES COPARTAGEANTS
ET SON LOT
EXCÈDENT LA QUOTITÉ DISPONIBLE.

44. — Voici l'espèce réglementée dans la partie finale
de l'article 1079 : un père de famille a trois enfants et
20,000 fr. de fortune ; il donne préciputairement à l'un
5,000 ; puis, répartissant les 15,000 qui lui restent, il
donne encore au préciputaire 6,000 et le surplus, 9,000,
est abandonné, par égales portions, aux deux autres enfants. Ceux-ci sont frustrés ; car, alors que leur frère a un
lot de 11,000, représentant sa réserve, toute la quotité
disponible et une portion de la réserve de ses copartageants, chacun de ces derniers n'a qu'un lot de 4,500 ;
et cependant, si le législateur n'avait pas prévu cette
hypothèse, si les enfants lésés ne pouvaient invoquer que
les principes généraux du droit, sur la quotité disponible et sur le partage, ils seraient, peut-être (1), sans défense contre cette flagrante iniquité. Vainement, en effet,
ils prétendraient que la quotité disponible a été dépassée:
le père de famille n'a donné par préciput que le quart de
ses biens, ce qu'il pouvait légalement faire. Ils n'auraient
pas davantage l'action en rescision pour lésion de plus
du quart contre le partage ; puisque, pour qu'il y eut
lésion de leur réserve de copartageant, il faudrait qu'ils
eussent reçu moins de 3,750 (2). La loi leur vient en

---

(1) V., à ce sujet, la question que nous posons ci-après no 47. 2°.
(2) V. l'espèce analogue, présentée par le tribun Jaubert, dans son
rapport: un père, deux enfants, 60,000 à distribuer, 44,000 donnés à
l'un.

NATURE ET CONSÉQUENCES DE L'ACTION.

aide ; elle ne veut pas que le père abuse de la double faculté, qui lui est accordée, de donner son disponible et de distribuer sa réserve. Elle ne permet pas que ces deux actes soient isolés, et appréciés séparément avec les règles qui leur sont propres. Elle autorise l'enfant à les rapprocher, à confondre les valeurs données avec celles qui ont été partagées, et si, du calcul fait sur l'ensemble, il résulte que sa réserve a été atteinte, une action lui est offerte.

Quelle est cette action ? Est-ce la rescision ; est-ce la réduction ? Grave problème ; car ces deux actions diffèrent notamment quant à la procédure ; puisque l'instance en rescision doit être engagée à l'encontre de tous les copartageants, l'acte étant menacé en son entier ; tandis que la réduction ne met en présence que le plaignant, et celui qui est avantagé. Elles diffèrent aussi quant à la prescription, puisque celle qui atteint la rescision est de dix ans (art. 1304), alors que celle qui frappe la réduction est de trente ans (art. 2262) ; elles diffèrent enfin quant au sort du partage, puisqu'il est possible de conjurer la rescision (art. 891), et qu'il n'est aucun moyen pour éviter la réduction· (1).

Nous prenons parti pour la réduction, non sans trouble et sans hésitations, tant sont nombreuses et recommandables les autorités qui suivent l'opinion contraire : exposons les motifs qui nous ont fixé ; nous discuterons ensuite ceux de nos contradicteurs.

L'article 1079 dispose : « Le partage, fait par l'ascendant, pourra être attaqué, pour cause de lésion de plus du quart ; il pourra l'être aussi, dans le cas où il résulterait

---

(1) Il ne faut donc pas dire, avec la Chambre des requêtes, (arrêt du 26 février 1877: D. 1878. 1. 162), qu'il est inutile de distinguer entre la réduction et la rescision, spécialement au point de vue de l'extinction de l'action.

RÉDUCTION POUR ATTEINTE À LA RÉSERVE.

du partage et des dispositions faites par préciput, que l'un des copartagés aurait un avantage plus grand que la loi ne le permet. » Deux hypothèses sont prévues : la lésion dans la part du copartageant, l'atteinte à sa réserve d'enfant ; aucune action n'est instituée ; or, comment s'est-on entendu sur celle qui convient à la lésion ? C'est l'espèce qui a fait l'accord : il s'agit, s'est-on dit, d'une lésion de plus du quart, commise au préjudice d'un copartageant ; c'est dès lors la rescision qui doit en être la sanction ; le silence même du législateur implique un renvoi à l'article 887 qui, au titre des successions, régit la lésion pour les partages entre héritiers. Il a voulu faire entendre qu'il ne créait pas une action nouvelle, qu'il se bornait à introduire, dans les partages d'ascendants, la rescision déjà existante en matière d'hérédité (1). Nous appliquons le même raisonnement à la seconde partie de l'article 1079 ; et nous disons : la première espèce est un cas de lésion de plus du quart, et de là on infère que la rescision doit réprimer cette infraction à l'égalité du partage ; de même, la seconde étant un cas d'excès dans le disponible, nous concluons que la réduction sanctionnera cette atteinte à la réserve. Le législateur vient de sous-entendre l'article 887 ; ainsi évoque-t-il maintenant l'article 920. Dès lors : 1° le partage ne sera pas rescindé ; l'avantage seul sera réduit, conformément aux règles tracées par l'article 922 ; 2° cette opération ne mettra en cause que le plaignant et l'avantagé ; les autres copartageants conserveront leurs lots, et seront étrangers à l'instance ; 3° la réduction sera fatale, inévitable, quelles que soient les offres faites pour la conjurer ; car l'article 891 n'a trait qu'à la lésion de plus du quart ; 4° la

---

(1) Le titre des successions a été promulgué le 29 avril 1803 ; celui des donations et testaments, dont dépend l'article 1079, l'a été le 13 mai suivant.

prescription est de trente ans (art. 2262), et non de dix
ans (art. 1304). Tel est le système que nous adoptons ;
c'est celui de MM. Aubry et Rau (t. 6, § 734, texte et note
27, p. 238), Massé et Vergé (t. 3, § 511, p. 314), Dalloz
(v° dispos. entre-vifs, n° 4618), Réquier (n° 209 et suiv.),
Laurent (t. XV, n° 142), Perrier (Revue critique t. 22,
p. 319, année 1863), Bressolles (v. le Recueil de l'académie de législation de Toulouse, t. 13, p. 164, année 1864),
Labbé (J. du Pal. 1863, p. 934), Alfred Trolley (Etude
sur la lésion, p. 327). C'est aussi celui de la cour de cassation (Chambre des requêtes : arrêts des 20 décembre
1847 : D. 48. 1. 14 ; 30 juin 1852 : D. 54. 1. 434 ; 17 août
1863 : D. 64. 1. 30 ; — Chambre civile : arrêt du 1er mai
1861 : D. 61. 1. 323) (1) ; et des cours de Caen (31 janvier
1848 : S. 1848. 2. 425) et d'Agen (28 mai 1850 : D. 1851.
2. 8 ; 14 mai 1851 : D. 1851. 2. 230).

L'arrêt précité de la Chambre des requêtes, du 17 août
1863, a rejeté le pourvoi contre l'arrêt de Bordeaux du 27
août 1862 (J. des ar. t. 37, p. 547), qui n'avait statué que
sur une question de rescision. Mais, par suite d'une évo-
lution de la demande, la question de réduction se déga-
gea devant la cour suprême, qui la trancha en ces termes :
« Attendu qu'en présence des résultats de l'expertise, à
laquelle il avait été précédemment procédé, le demandeur a dû abandonner l'action en rescision, pour lésion
de plus du quart, que d'abord il avait formée ; et que, devant la cour, il ne basait plus son action que sur le § 2
de l'article 1079, soutenant que, si la lésion dont il se
plaignait était inférieure au quart, du moins elle portait
atteinte à la réserve de ses enfants mineurs, la quotité
disponible se trouvant épuisée par les libéralités antérieures d'Honorat Lainé ; que la demande, ainsi trans-

---

(1) Cet arrêt, tout en accueillant l'action en réduction, admet toutefois la prescription décennale, ce qui est contradictoire (v. infra n° 113).

formée, eut-elle été fondée, ne pouvait plus aboutir à la rescision du partage, et que l'article 920 n'ouvrait, dans cette hypothèse, qu'un seul droit à de Matha, celui de poursuivre contre le défendeur éventuel la réduction de l'avantage excessif à lui fait, jusqu'à concurrence du complément de la réserve.»

Quant à la cour de Bordeaux, il ne paraît pas qu'en dehors de cette espèce, elle ait eu l'occasion de statuer, d'une façon précise, sur la question de rescision ou de réduction. Mais, de divers arrêts rendus par elle, on peut induire qu'elle partage le sentiment de la cour de cassation. Citons l'arrêt du 30 juillet 1849 (J. des ar. t. 24, p. 418) qui, sur le pourvoi, a été maintenu par la Chambre des requêtes, le 18 février 1851 (D. 51. 1. 294), et aussi l'arrêt du 23 décembre 1851 (J. des ar. t. 26, p. 536).

45. — Nous ne dissimulerons point que les objections des adversaires sont nombreuses et pressantes (v. Delvincourt, t. 2, p. 161, 162; Grenier, don. et test. t. 2, n° 401; Genty, n° 50, p. 311; Demante, progr. n° 479; Marcadé, sous l'art. 1079; Troplong, don. et test. t. 4, n° 2333; Demolombe, n° 189; Bonnet, n° 599; Bertauld, questions; Duranton, t. IX, n°s 644, 650, 651; Colmet de Santerre, continuateur de Demante, cours analyt., t. 4, n° 247 *bis*; Baudry-Lacantinerie, précis de droit civil, t. 2, n° 702; Beautemps-Beaupré, de la portion de biens disponible t. 2, n° 793 et suiv; Abel Pervinquière, à son cours; — et les arrêts de la chambre civile du 31 janvier 1853: D. 53. 1. 31, de la cour de Nancy du 2 juillet 1875: D. 78. 1. 162). Essayons de les réfuter :

On invoque le texte : c'est, dit-on, la rescision, qui est inscrite dans la seconde partie de l'article 1079, comme dans la première ; ce qui le prouve, ce sont ces expressions *le partage pourra être attaqué...* qui s'appliquent à la seconde, comme à la première partie. Nous répondrons : si, et personne ne le conteste, la seconde espèce est un cas d'excès dans le disponible et, par suite, logiquement un cas de réduction, suivant les règles générales du droit, on ne saurait admettre, sans preuves formelles, que le législateur, confondant la lésion dans le partage, avec la violation de la réserve, leur ait donné la même sanction ; un tel contre-sens juridique ne doit pas être légèrement accueilli (1). Or, la construction grammaticale du texte est-elle bien probante ? Ces expressions : *le partage pourra être attaqué*, précédant deux hypothèses différentes, impliquent nécessairement, suivant les auteurs que nous combattons, l'intention du législateur d'attacher la même action à ces deux espèces et d'anéantir le partage en son entier, dans l'un et l'autre cas. *Attaqué* devient le synonime de *rescindé* ; de telle sorte que, sans altérer le sens, on remplacerait cette proposition : *le partage pourra être attaqué*... par celle-ci : *le partage pourra être rescindé*... Mais nous ne voyons là qu'une extension abusive donnée à la signification d'un mot. *Attaque* n'est point l'équivalent de *rescision* ; c'est un terme générique qui, dans nos habitudes judiciaires, convient à toute action, quel qu'en soit l'objet ; que ce soit l'annulation totale ou partielle d'une convention, que l'instance comprenne tous les contractants ou qu'elle n'en mette que quelques-uns en scène. L'*attaque*, en réalité, c'est simplement l'*initiative* prise par le demandeur, pour faire respecter son droit méconnu ; quant aux moyens qu'il emploiera, et au but qu'il se propose, cette expression ne les révèle point, et, de ce que vous m'avez annoncé que vous attaquez un contrat, il ne s'en suit pas que vous m'ayez fait entendre que vous le menacez de rescision. Ah ! si vous ajoutez, *comme le fait notre texte*, que vous poursuivez la réparation

---

(1) Nous reconnaissons cependant que cette inadvertance ne serait pas sans exemple, dans l'œuvre législative ; c'est ainsi notamment que, dans l'article 866, le législateur a confondu le rapport avec la réduction.

d'une lésion de plus du quart, j'en conclurai que vous voulez l'annulation, et que votre action est une demande en rescision. Ou, si vous me faites connaître, *comme le fait encore notre texte*, que vous poursuivez la réformation d'avantages excessifs, je verrai aussitôt qu'il s'agit d'une action en réduction. La loi s'est bornée à affirmer et à rappeler que deux droits peuvent être violés dans le partage : celui du copartageant et celui de l'enfant, et elle a ouvert l'*attaque*, sans s'expliquer sur la nature des actions qui serviraient à la formuler, témoignant ainsi, par son silence même, qu'elle s'en réfère aux règles antérieurement établies quant à la lésion (art. 887), et quant à la réduction (art. 913, 920). Tel est l'esprit qui, suivant nous, a présidé à la rédaction de l'article 1079, et sans lequel son texte est inintelligible. Notre interprétation est en harmonie avec les principes et avec la haute raison du législateur ; celle de nos adversaires, gratuitement et pour les besoins de leur cause, lui fait confondre la réserve du copartageant avec celle de l'enfant, et le met en contradiction avec les notions fondamentales de notre droit.

Voici une objection plus sérieuse, tirée des travaux préparatoires du Code : l'article 156 du projet, présenté par Bigot-Préameneu, était ainsi conçu : « Le partage sera *nul*, si les père et mère ou autres ascendants ont fait, à titre de préciput, une disposition, soit entre-vifs, soit par testament, au profit d'un ou de plusieurs de leurs enfants ». Berlier fut d'avis d'autoriser l'ascendant, même en ce cas, à répartir ses biens ; mais il pensait que le partage pourrait être rescindé pour la plus petite lésion. L'article 156, modifié en ce sens, est devenu l'article 1079, qui permet à l'ascendant de faire un préciput et le partage, mais qui permet aussi d'attaquer l'acte, si la quotité disponible est outrepassée (1); or, soutient-on, la sanc-

---

(1) V. nº 43 supra.

tion, dans cette hypothèse, doit être la nullité, comme le portait l'article 156, ou, ce qui revient au même, la rescision comme le voulait Berlier.

Cette argumentation est saisissante; nous ne la croyons cependant pas décisive. Rappelons les phases par lesquelles est passée la loi.

Les membres de la Section de législation au conseil d'Etat, et particulièrement Bigot-Préameneu, se défiaient des facilités que le partage d'ascendants offre au père de famille, pour dissimuler des libéralités exagérées, et il leur paraissait imprudent de laisser à celui qui vient de faire un préciput la faculté de partager son patrimoine. Ils supposaient qu'il y chercherait un moyen détourné, pour étendre le disponible. L'article 156 frappait donc de nullité le partage d'ascendants, qui contient aussi un préciput. Mais, sur les observations de Berlier, cet article a été, de la part de la Section de législation, l'objet d'une rédaction toute nouvelle; si nouvelle, qu'elle a fait disparaître la défense expressément édictée par l'ancienne, et qu'elle laisse au père de famille, qui a manifesté ses préférences, le droit de partager. Pour expliquer cette modification, Bigot-Préameneu a dit, dans son Exposé des motifs, que la prohibition eut été injuste; et son projet rectifié est devenu la partie finale de l'article 1079, qui se borne à interdire toute infraction aux règles du disponible. Quant à la sanction, est-ce donc la nullité, comme au projet primitif? L'article 156 voyait une intention frauduleuse, dans le fait du père qui donne son disponible à l'un de ses enfants, et qui partage ensuite son bien; d'où la nullité. Le législateur permet maintenant ce qu'il considérait d'abord comme une combinaison artificieuse, et il se contente de rappeler l'ascendant au respect de la réserve. De la nullité pas un mot; il ne dit plus : *le partage sera nul...* mais *le partage pourra être attaqué...* ce qui est tout différent; et ce qui est en parfaite harmonie avec le changement opéré. Et remarquons que Berlier, l'inspirateur

de ce changement, proposait d'autoriser la rescision,
pour la plus petite lésion faite à la réserve, et que Bigot-
Préameneu n'en parle point : le préciput et le partage
sont permis ; la rescision est écartée ; n'est-ce pas signi-
ficatif ?

« *Nullité,* d'après l'article 156 du projet, dit M. Demolombe, *rescision,* d'après l'article 1079 du Code ; tel est le
seul caractère de l'amendement qui a prévalu ; mais c'est
toujours du partage lui-même qu'il s'agit ; et voilà comment, conclut-il, Bigot-Préameneu déclarait formellement
que l'opération pourra être attaquée par les autres intéressés » (t, 6, p. 187). Nous venons de répondre à l'argument tiré de l'article 156, mais nous devons aussi réfuter
celui que l'éminent professeur base sur la déclaration de
Bigot-Préameneu, argument d'une concision quelque peu
énigmatique, dans lequel toutefois nous entrevoyons le
raisonnement suivant: « Lorsqu'il y a lieu à réduction, le
partage n'est pas en question, puisque le débat se limite
à la libéralité excessive ; les parties en cause sont le lésé,
demandeur, d'une part, et l'enfant avantagé, défendeur,
d'autre part. La rescision, au contraire, met en instance
tous les copartagés; or Bigot-Préameneu énonce que, dans
la seconde hypothèse de l'article, l'opération pourra être
attaquée par les autres intéressés ; les copartagés doivent
donc être tous au débat. S'il en est ainsi, nous avons bien
affaire à une rescision.» — Tel n'est point le sens de ces
expressions ; elles ne sont que la consécration d'un principe qui nous est familier : l'action, l'attaque appartient
aux intéressés, mais elle n'appartient qu'à eux ; or quels
sont-ils? Ce sont ceux auquels la disposition critiquée
fait grief ; ce sont les réservataires lésés et pas d'autres.
Loin d'impliquer l'intervention de tous les copartageants,
la formule employée exclut donc de la procédure ceux
qui, n'étant point atteints dans leur réserve, sont sans
intérêt et, par suite, sans qualité, pour se plaindre ; elle
exclut enfin toute idée de rescision.

NATURE ET CONSÉQUENCES DE L'ACTION.

Notons une inconséquence vraiment étrange des partisans du système que nous combattons et qui en est, suivant nous, la meilleure réfutation ; on sait que la réduction de l'avantage, pour atteinte à la réserve de l'enfant,
s'opère en nature et qu'elle ne peut être conjurée par
aucune offre satisfactoire (art. 920 et suiv.); on sait aussi
qu'il en est autrement de la rescision du partage pour
lésion de plus du quart, qui peut être évitée par l'offre
d'un complément (art. 891) (v. n° 41); or, puisque, d'a-
près nos contradicteurs, le partage, affecté d'un excès du
disponible, est sujet à rescision, les copartageants avantagés doivent avoir la faculté de le sauvegarder, en fournissant au plaignant le supplément de sa légitime :
l'identité d'action entraîne l'identité d'exception. Hé bien
Non! L'action qui naît ici d'une exagération du disponible (art. 913), est celle-là même que produit un excès
dans les allotissements (art. 887); mais là s'arrête l'assimilation : le partage contenant un abus de disponible
sera rescindé ; il tombera fatalement, irrémissiblement,
en son entier ; et l'autre restera debout, grâce au bienfait
de l'article 891 (1). La raison que l'on donne de cette anomalie est que, dans le premier cas, et à la différence du
second, il s'agit d'une atteinte à la légitime et qu'alors
les principes n'admettent pas le tempérament de l'article
891. Ajoutons, pour compléter ce chaos, que, toujours
dans le premier cas, c'est la prescription de l'action en
réduction qu'on applique (art. 2262), et non celle de l'action en rescision, (art. 1304) (2). En sorte que l'action,

---

(1) V., en ce sens: Dalloz v° dispos. entre-vifs et test., no 4621 ;
Genty, n° 54, p. 324 et 325 ; Ancelot sur Grenier, t. 3, p. 222, no 319.
Et en sens contraire : Troplong, t. IV, n° 2337; Duranton, t. IX, 651,
652 ; Vazeille, sur l'art. 1079, n° 6 ; Demolombe, n° 189 bis, p. 188 ;
Bonnet, n° 603. V. aussi l'arrêt de la Chambre des requêtes du 30 juin
1852 (Dev. 52. 1. 735).

(2) En ce sens : arrêts de Montpellier du 23 décembre 1846 (D. 47.

RÉDUCTION POUR ATTEINTE A LA RÉSERVE.

qu'on imagine, tient de la rescision, en ce que l'acte entier est annulable ; elle s'en écarte, en ce que cette nullité est sans remède ; elle se rapproche de la réduction, en ce qu'elle adopte la prescription trentenaire, et elle s'en éloigne, en ce que l'avantage n'est pas seul atteint (1). Cette création d'une action mixte, aux éléments hétérogènes et dissonnants, qui n'est ni la rescision ni la réduction, qui emprunte cependant à l'une et à l'autre, pour les repousser ensuite toutes deux... cette logomachie enfin... ne témoigne-t-elle pas du trouble et de l'erreur de ses auteurs ? En vérité, le législateur n'a point de ces compromis et de ces alternatives ; ses principes sont immuables, uniformes, homogènes ; lui en prêter d'autres c'est méconnaitre son esprit, si élevé dans ses conceptions, si sûr et si méthodique dans ses déductions ; c'est encore, et pour notre espèce, faire d'une magistrature paternelle et prévoyante la plus funeste de toutes les institutions, lorsque le partage atteint la réserve de l'enfant, si peu que ce soit (2).

Mais cette étrangeté n'est point inscrite dans le texte ; elle n'est que l'œuvre de jurisconsultes qui, quelle que soit leur autorité, ne sauraient se substituer au législateur. La meilleure interprétation est celle qui s'appuie

---

2. 184), et Bordeaux 23 décembre 1845 (J. des ar. t. 20, 1845, p. 621 et D. 46. 2. 125). Contra : cass.. 30 juin 1847 (D. 47. 1. 193).

(1) M. Réqüier, qui est partisan de la réduction, et qui admet l'application de l'article 891 (v. nos 211 et 212), est justement critiqué par M. Bonnet (no 603); M. Laurent applique aussi l'article 891 (nos 143, 158); voici son raisonnement : « L'action n'est pas une action en réduction, proprement dite ; elle attaque le partage et non la donation ; c'est donc, poursuit-il, le lotissement qui doit être modifié, ce qui se fait par un retour de lot, ou une soulte. Si le défendeur offre cette soulte au demandeur, son offre est un vrai acquiescement à la demande ; et, par suite, celle-ci tombe ». M. Baudry-Lacantinerie rejette l'art. 891 (Précis de droit civil, t. 2, no 702. 4°).

(2) V. nos 107, 150, d'autres inconséquences de la doctrine que nous repoussons.

sur les règles générales du droit et sur les discours ou écrits de Bigot-Préameneu, le véritable auteur de la loi : *in ambiguis orationibus maxime sententia spectanda est ejus qui eam protulit* (L. 96, D., *de reg. jur.*). Nous avons démontré que nous sommes d'accord avec l'esprit de la loi et que Bigot-Préameneu ne parle d'aucune action, ni dans ses observations au Conseil d'Etat, ni dans son Exposé des motifs, laissant ainsi leur empire aux art. 887 et 920, déjà édictés, pour la rescision et pour la réduction.

46. — La réduction se recommande aussi par sa simplicité : le préciput, joint au lot de partage du préciputaire, dépasse-t-il la quotité disponible et sa portion dans la réserve ? Il y a toujours lieu à réduction, parce que telle est la disposition finale de l'article 1079. Dans le système de la rescision, quelque effort qu'on fasse, on n'échappe point à des préoccupations de réduction ; et il est difficile, en maintes circonstances, de discerner s'il convient de rescinder ou de réduire ; on est loin de s'entendre, notamment sur les questions suivantes :

Lorsque le préciput est établi dans l'acte de partage, qu'il est composé d'un lot particulier, qui dépasse le disponible, que le préciputaire ne reçoit, dans la réserve, que le montant même de sa réserve, ou un lot égal à ceux de ses copartagés, y a-t-il lieu à rescision ou à réduction ? Pour la réduction on peut dire qu'en ce cas le préciput est distinct du partage et que, comme il est seul entaché d'excès, il doit aussi seul être atteint. Pour la rescision on répondra qu'il importe peu qu'un lot séparé ait été assigné au préciput, que c'est toujours une opération du partage ; que dès lors l'excès, qui l'affecte, vicie l'acte entier (1).

_____

(1) V. sur cette question, et en ce dernier sens : MM. Bertauld, n° 242, et Bonnet, n° 606.

RÉDUCTION POUR ATTEINTE A LA RÉSERVE.

Quid, quand le préciput, contenant seul l'excès, est constitué dans l'acte de partage, mais à titre particulier et sur un objet déterminé? M. Bonnet (n° 607) estime qu'il existe une grande différence entre ce cas et le précédent, parce que le préciput ne procède plus du partage, et il déclare qu'il faut réduire.

Quid, lorsqu'il y a excès, et du chef du préciput et du chef de l'allotissement? M. Demolombe (n° 191) veut qu'il y ait lieu à la rescision et à la réduction concurremment; il invoque l'autorité de M. Genty (n° 311), et celle d'un arrêt de la cour de cassation, du 20 décembre 1847 (Dev. 48. 1. 231 ; D. 48. 1. 14). M. Bonnet (n° 608) se refuse a admettre cette complication d'actions cumulées : si, dit-il, le préciput ressort de dispositions antérieures au partage, et qui ont saisi l'enfant avantagé, il faut évidemment procéder à la réduction qui est, en ce cas, absolument étrangère au partage ; si la disposition préciputaire résulte du partage, il y a indivisibilité et rescision du tout.

Quid, si le préciput et le lot de partage, attribués à l'enfant avantagé, sont confondus dans un seul apportionnement? (v. M. Demolombe, n° 194, et M. Genty, p. 310).

Quid, quand c'est un étranger héritier contractuel qui, appelé au partage, à raison de cette qualité, a reçu un apportionnement qui dépasse le disponible? (v. M. Bonnet n° 611).

Quid, lorsque c'est un enfant naturel? (v. M. Bonnet n° 612).

Ces questions, d'une solution fort délicate dans le système de la rescision, se résolvent aisément dans celui de la réduction : ce sont autant de cas motivant l'application des articles 920 et suivants. Nous dirons quelques mots au sujet des deux derniers :

1. — C'est un étranger, part-prenant au partage, qui recueille l'avantage dépassant la quotité disponible.

L'action en réduction est seule admissible. Ainsi le proclament même ceux qui veulent que l'avantage excessif, conféré par le partage à l'un des enfants déjà précipu-taire ; rende l'acte rescindable ; (v. MM. Demolombe n° 197, et Genty p. 312). A plus forte raison en est-il de même de ceux qui, comme M. Réquier (n_o 225), sont par-tisans de la réduction. M. Bonnet (n_o 611) est d'avis con-traire, et il faut reconnaître qu'en cela il est conséquent avec sa doctrine sur l'introduction de l'étranger dans le partage (n° 535). Pour lui, l'étranger est un copartageant ordinaire, qui a droit à la rescision pour lésion, comme l'enfant et dans les mêmes circonstances. Pour nous aussi c'est un copartageant, puisqu'il figure dans la répartition (v. n_o 37, 3°) ; mais faut-il l'assimiler à l'enfant et dire que toutes les actions opposables à l'un le sont également à l'autre ; qu'étant avantagé au-delà du disponible, dans le partage, il sera passible de la réduction, comme l'en-fant, et que, comme lui encore, il sera attaqué par la voie de la rescision, s'il a été commis une lésion à son profit et au détriment de ses copartageants ? Suivant nous, il n'est jamais atteint par la rescision, parce qu'il n'est qu'un simple donataire, donataire sans doute d'un lot de partage, mais toujours et exclusivement limité à cette qualité. Tandisque, au décès de l'ascendant, les en-fants cessent d'être donataires et deviennent des héritiers, investis d'un droit d'égalité, qui les rend comptables de leurs lots, les uns vis-à-vis des autres, le copartageant étranger n'est encore qu'un donataire et ne peut être re-cherché qu'à ce titre.

II — Celui qui reçoit l'avantage, excédant la quotité dis-ponible, est un enfant naturel copartageant.

C'est aussi par voie de réduction qu'il faut procéder. Qu'on assimile l'enfant naturel à l'enfant légitime ou à l'étranger, cela est sans intérêt : la quotité dont l'ascen-dant pouvait disposer à son profit étant franchie (art. 908), il sera toujours vrai de dire qu'il y a lieu à réduction. Les partisans mêmes de la rescision, dans la seconde hypothèse de l'article 1079, et notamment MM. Demolombe (n° 198), Genty (p. 313), et Bonnet (n° 612), se prononcent en ce sens ; ce qui est, de leur part, une inconséquence : ils reconnaissent, en effet, que l'enfant naturel doit figurer dans le partage, et même que son omission serait une cause de nullité (art. 1078); et ils veulent cependant que son apportionnement soit envisagé comme une pure libéralité faite à un étranger, et que dès lors elle soit soumise à la réduction : « Il nous paraît logique, dit M. Demolombe (n° 198 *in fine*), de considérer, en ce qui concerne l'enfant naturel, comme une disposition à titre gratuit, le partage par lequel l'ascendant lui a attribué sa part…». Or, affirmer que l'apportionnement de l'enfant naturel est *une disposition gratuite*, et ensuite que c'est *une attribution de la part* qui lui revient, c'est se contredire. « Mais, ajoute M. Demolombe, le législateur, dans les articles 1075 et suivants, n'a eu en vue que les enfants et descendants légitimes». Soit ; il n'est pas moins constant qu'au titre des successions, l'enfant naturel est assimilé à l'enfant légitime, puisqu'il est appelé à une partie de l'hérédité et même à toute l'hérédité (art. 757, 758). Ce n'est donc pas seulement en qualité de donataire qu'il figure au partage de la succession future de l'ascendant ; c'est en qualité d'héritier ou de fraction d'héritier légitime, si l'on veut ; et cette qualification lui appartient si bien que l'ascendant, qui l'omet, fait un partage *nul;* on en convient; *nul,* pourquoi? Si ce n'est parce qu'il s'agit d'un héritier (1078) (1).

§ 2°. — DE L'ATTEINTE A LA RÉSERVE, EN GÉNÉRAL, DANS LES PARTAGES D'ASCENDANTS.

47. — Nous avons vu, dans le paragraphe précédent, ce qui advient, lorsque la disposition hors partage et l'ap-

---

(1) Confer Laurent, t. XV, p. 134, n° 101.

NATURE ET CONSÉQUENCES DE L'ACTION.

portionnement excessifs sont faits au profit du même en-
enfant: que faut-il décider, s'ils sont faits au profit de deux
enfants ou de deux personnes différentes? Notre étude
sur la deuxième partie de l'article 1079 nous conduit
ainsi à l'examen de deux questions, qui naissent de la
combinaison de cet article, avec les principes généraux
de la quotité disponible et de la réserve (1):

1°—*Première question:* Un père de famille a trois enfants
et un patrimoine de 20,000 fr.; il donne son disponible,
soit 5,000, par préciput à l'aîné; puis, partageant les
15,000, qui lui restent, il donne au préciputaire 5,000, (ce
qui représente sa légitime), au second 6,000, (ce qui
excède sa légitime), au troisième 4,000, (ce qui est inférieur à sa réserve): ce dernier a-t-il une action? Quelle
est-elle, et contre qui la dirigera-t-il?

Il semble tout d'abord que cet enfant n'a point d'action: l'ascendant, peut-on dire, avait incontestablement le
droit de donner à un étranger, ou à l'un des copartageants, son disponible, déterminé par l'article 913; et,
faisant la distribution de sa réserve, il pouvait encore en
prélever le quart et en gratifier un autre copartageant,
conformément aux articles 887 et 1079. L'enfant, pourvu
de la plus faible part, n'invoquera ni la première disposition de l'article 1079, puisqu'il a reçu plus des trois
quarts de sa portion virile, dans les valeurs partagées,
($\frac{15,000}{3} = 5,000 - 1/4 = 3,750$), ni la seconde, puisqu'il n'y a
pas, au profit du même copartageant, cumul du disponi-
ble et de la valeur prise sur la réserve.

A quel étrange résultat conduit ce raisonnement! Le
disponible varie, suivant que le père de famille fait ou ne

(1) Nous ne présentons la théorie qu'on va lire, sous les numéros 47,
48 et 49, qu'après beaucoup d'hésitations, reconnaissant qu'elle donne
lieu à de sérieuses critiques. Elle nous est inspirée surtout par un sentiment d'équité.

9

fait pas le partage de ses biens : s'abstient-il de partager ?
Il ne dispose que de la quotité fixée par l'article 913 ; —
partage-t-il ? Voici que, à cette première quotité, sur
l'ensemble de ses biens, se joint un second disponible
tiré de la réserve (1), et qu'il donne à qui lui plaît, sans
exposer le détenteur à une dépossession, pourvu toutefois
que ce ne soit pas le donataire du premier. Plus les enfants sont nombreux, plus les conséquences sont cho-
quantes. Qu'on en juge : un père a huit enfants et une
fortune de 100,000 ; il en détache un quart, à titre de
disponible ordinaire, en faveur de l'un d'eux ; en répartissant les 75,000, qui lui restent, il avantage un autre
enfant du quart de cette somme ; de telle façon que *Primus* recueille, pour son préciput et pour sa part de réserve, 32,031-25, que *Secundus* a le quart de la réserve et
sa part dans le surplus, 25,781-25, et que six des enfants
ont chacun 7,031-25 ; qu'enfin les libéralités du père, qui
ne pouvaient dépasser 25,000, s'il n'avait point fait de
partage, s'étendent jusqu'à 43,750, (plus des trois sep-
tièmes de son patrimoine), parce qu'il lui convient de le
partager.

C'est exorbitant ! L'article 913 ne contiendrait donc
qu'une règle instable et illusoire, de sorte qu'après avoir
restreint le disponible, en termes si précis et, ce semble,
avec un soin si jaloux de l'intérêt des enfants, la loi en
admettrait la surélévation artificieuse par ses articles 887
et 1079.

Remarquons d'abord que l'article 1079 fait lui-même
allusion à la légitime et que le législateur montre par là
que, dans le partage, comme partout ailleurs, il la veut

---

(1) « ... Ce partage, dit M. Genty (p. 90), jouit du privilége d'autoriser des avantages indirects, au-delà même de la quotité disponible. Ce
privilége certes n'est pas ce qui le rend digne de faveur. Loin de là ;
c'est ce qui peut en rendre l'exercice dangereux ».

intacte. On objecte que le texte ne la sauvegarde qu'au cas où le copartageant avantagé est aussi le préciputaire du disponible ; qu'en toute autre circonstance il la laisse à la merci de l'ascendant, qui fait son partage ! Pour accueillir une si grave dérogation aux principes, se contentera-t-on d'un simple argument *a contrario*, captieusement arraché au texte ! Pour modifier une règle formelle ne faut-il pas une disposition expresse ! Or, il n'en existe aucune qui autorise l'ascendant à entreprendre sur la légitime : quelle que soit la forme qu'il emploie ; qu'il donne directement ou indirectement, d'une façon apparente ou cachée, toujours l'inviolabilité de la réserve se dresse devant lui (art. 844, 920, 1090, etc...). Le partage fait-il exception : La loi aurait-elle rompu avec la tradition romaine qui ne le permettait qu'à la condition du respect de la légitime (v. nos 17 et 20) ? A-t-elle, pour les enfants, fait moins que notre vieux droit écrit, qui ne se préoccupait, en cette matière, que de la légitime, mais la voulait sauve dans tous les cas ? Moins que les coutumes de préciput, qui suivaient le droit écrit ? Moins que les coutumes d'égalité, qui frappaient le partage de nullité, pour la plus légère inégalité (v. n° 26) ? Le législateur de 1804 a-t-il, à ce point, réagi contre les prescriptions de celui de nivôse an II (1). Ne se souvenait-il plus des abus féodaux (2) ? Sans doute la loi du 4 germinal an VIII avait déjà rendu à l'ascendant le droit de disposition, mais en le limitant à une portion virile ; sans doute encore notre code étend son pouvoir, mais en lui assignant des bornes

---

(1) Loi du 17 nivôse an II, art. 9 : « Les successions des pères et mères ou autres ascendants et des parents collatéraux... seront partagées également... nonobstant toutes lois, coutumes, donations, testaments et partages déjà faits... ».

(2) La loi du 15 mars 1790 supprima les droits féodaux et, en même temps, les droits d'aînesse et de masculinité (art. 11).

infranchissables : « Les libéralités... par acte entre-vifs...
ne pourront excéder la moitié des biens du disposant... »
porte l'article 913 ; les partages d'ascendants « pourront
être faits... avec les conditions et règles prescrites pour
les donations entre-vifs... », est-il dit dans l'article 1076 ;
or, au nombre de ces conditions et règles sont celles de
la quotité disponible et de la réserve, celles enfin de l'article 913. Ajoutons que, dans l'article 1079, le législateur
confirme, au profit de l'enfant, son droit de rescision
pour lésion, et qu'il entend si peu lui ravir sa légitime
qu'à l'occasion d'une supercherie qu'il prévoit, de la part
de l'ascendant, il avertit l'enfant qui la lui conserve.

Au surplus, les biens donnés en partage sortent irrévocablement des mains de l'ascendant, comme s'il les avait
transmis à un étranger ; dès lors, et à l'inverse des avancements d'hoirie, ils ne retournent point à la succession ;
ce qui se conçoit, puisque c'est l'hoirie même que l'ascendant a distribuée d'avance, en vertu de sa prérogative
(1). Or, si les biens partagés sont dispensés de rapport,
ils sont assujettis au retranchement, quand ils excèdent
le disponible (art. 843, 919, 921) (2). Disons enfin, faisant

_____

(1) V. Demolombe n° 143 ; Genty p. 102; Lyon-Caen n° 56 ; Bonnet
n°° 106, 108.

(2) Ils sont donc aussi soumis au rapport fictif. Cependant M. Troplong (Don. t. II, n° 964) est d'avis que le partage d'ascendants entre-
vifs est une loi domestique irrévocable ; que les biens, qui y sont compris, ne peuvent plus dès lors, et à aucun titre, figurer dans la succession. Sans doute, c'est là un acte irrévocable, puisque c'est une
donation (art. 894); mais les donations faites à des étrangers, ou, par
préciput, à un successible, sont de même irrévocables, et toutefois elles
se prêtent à la recherche du disponible. Cet argument est, par suite,
sans valeur ; aussi n'a-t-il eu de succès ni en doctrine ni en jurisprudence. Si MM. Coin-Delisle (Rev. crit. année 1855, t. VII, p. 16), Dubernet de Boscq (Rev. crit. t. XVIII, p. 342), Massé et Verger sur Zachariæ
(t. III, p. 140) adoptent l'opinion de M. Troplong; elle est rejetée par
MM. Genty (p. 241), Beautemps-Beaupré (Port. disp. n° 679), Bayle-

NATURE ET CONSÉQUENCES DE L'ACTION.

un dernier appel aux principes, que, si l'atteinte à l'égalité dans le partage d'ascendants est présumée involontaire, l'atteinte à la légitime est toujours réputée volontaire et réfractaire à la loi ; elle tolère l'inégalité, dans une proportion qu'elle détermine ; elle ne tolère jamais la moindre lésion faite à la légitime, *ce patrimoine nécessaire* (1), cette dette alimentaire du père vis-à-vis de son enfant.

Dans ce système, l'action en réduction du légitimaire lésé serait dirigée, d'abord contre les copartageants avantagés par les lotissements, ensuite contre les préciputaires, si l'excès dans les lotissements ne suffisait pas pour compléter la réserve. On suivrait cet ordre, parce qu'en établissant un préciput formel l'ascendant a manifesté l'intention de le préserver de la réduction (art. 927), par préférence aux lots de partage, qui ne sont qu'implicitement et virtuellement constitués à l'état de préciputs, par l'effet de la dispense de rapport inhérente au partage.

MM. Aubry et Rau (t. 6, p. 238, notes 27, 30), Genty (p. 82, 103, 310, 311), Duvergier (sur Toullier : t. 5, n° 803), Troplong (n° 2330), Baudry-Lacantinerie (Précis,

---

Mouillard sur Grenier (Don. t. 3, p. 214, note A), Demante (continué par Colmet de Santerre, t. 4. n° 245 bis), Aubry et Rau (3ᵉ édit., t. 5, p. 564, notes 7 et 8), Bonnet (n° 234 et suiv.). Elle est encore repoussée par la Chambre des requêtes (arrêts des 13 février 1860, D. 60. 1. 169 ; 24 avril 1861, D. 61. 1. 277 ; 17 août 1863, D. 64. 1. 29), par la chambre civile (arrêts du 14 mars 1866, D. 66. 1. 173), et par la cour de Paris (arrêt du 15 mars 1873, D. 74, p. 366). — La cour de Bordeaux a varié sur cette question : par ses deux arrêts des 12 avril 1851 (J. des ar. t. 26, p. 207), et 23 décembre 1852 (t. 27, p. 514), elle a jugé que le rapport fictif n'est pas dû ; mais, depuis, elle a décidé en sens contraire, par ses arrêts des 6 avril 1854 (t. 29, p. 186), 1ᵉʳ mars 1858 (t. 33, p. 86) et 9 juin 1863 (t. 38, p. 369).

(1) Expressions de Bigot-Préameneu : v. Exposé des motifs du projet de loi des Donations et Testaments.

RÉDUCTION POUR ATTEINTE A LA RÉSERVE.

t. 2, n° 704), Brives-Cazes (mémoire inédit sur l'Histoire et la théorie des Partages d'ascendants, cité par son auteur dans le Journal des Arrêts de la Cour de Bordeaux : année 1867, t. 42, p. 276), Demolombe (n° 196), Réquier (n°s 122 *bis*, 173, 221), Bonnet (n° 595), Bertauld (n° 275), et Laurent (n° 146 et suiv.) (1) repoussent la théorie que nous venons d'exposer.

M. Genty (p. 82, 103, 297, 299, 304), se fonde sur ce que, d'après l'article 1078, le contrat est nul, inexistant, si l'un des enfants est omis dans la répartition ; ce qui n'aurait point lieu, dit-il, si elle devait être considérée comme une libéralité préciputaire réductible ; car alors l'enfant omis n'aurait eu que la réduction. L'argument est-il concluant ? Les biens donnés en partage ne sont pas rapportables réellement; on en convient ; d'où cette conséquence qu'ils rentrent nécessairement dans la catégorie des biens rapportables fictivement, et qu'ils sont soumis à la réduction ; parce que telle est la règle qui régit toutes les libéralités, dispensées du rapport en nature. L'article 1078 introduit une dérogation à cette règle et au droit antérieur, (particulièrement au droit romain v. n° 16), en conférant à l'enfant, resté en dehors du partage, une action plus étendue que la réduction. Mais ce n'est là qu'une exception, très facile à justifier d'ailleurs, et qui ne détruit point le principe. On objecte que, pour appliquer la réduction, il faudrait que l'ascendant eut exprimé sa volonté, en ce sens, par une disposition formelle (art. 843, 919). Nous répondrons qu'il a expressément manifesté sa volonté, par cela même qu'il a fait une donation-partage, emportant la dispense de rapport au profit de chaque donataire.

Suivant les auteurs, que nous avons cités, lorsque l'a-

---

(1) V. toutefois M. Périer et M. le professeur Bressolles : Recueil de l'académie de législation de Toulouse (t. XIII, année 1864. p. 164).

NATURE ET CONSÉQUENCES DE L'ACTION.

Vantage est fait au profit de l'enfant, déjà gratifié par préciput, la loi présume que l'ascendant a fait avec intention un partage inégal, pour favoriser celui qui est l'objet de ses préférences ; elle considère, en conséquence, cet avantage comme une libéralité déguisée, frauduleuse, et elle permet de l'attaquer, si le disponible est outrepassé ; ce qui, disent ces auteurs, est une exception à la maxime, d'après laquelle toutes les inégalités de partage sont réputées être le résultat de l'erreur. Mais si, continuent-ils, l'avantage est fait à un enfant, pour lequel le père de famille n'a manifesté aucune préférence, en dehors du partage, la présomption de fraude au disponible n'a plus de raison d'être ; la règle reprend son empire ; et le partage ne peut être attaqué que pour lésion de plus du quart..... M. Réquier est de cet avis, lui qui proclame autre part, (n° 150 *in fine*), que l'ascendant, qui veut faire un partage, doit se renfermer dans les bornes de la quotité disponible, *qu'il n'est jamais permis de franchir !*

Ainsi la fraude à la légitime, évidente et même légalement présumée, lorsque l'ascendant a prélevé sur cette légitime pour ajouter au préciput du disponible, s'évanouit, lorsque ce prélèvement est fait au profit d'un enfant autre que le préciputaire ; et les légitimaires lésés n'ont plus aucune action, si d'ailleurs leur réserve de partage est entière ! MM. Bonnet (p. 211) et Bertauld (*loc. cit.*) ne nient pas les fâcheuses conséquences de leur doctrine. M. Bertauld en est tellement impressionné qu'il désirerait une réforme législative ; M. Bonnet ne la croit pas nécessaire ; il pense que le remède est dans la loi même, et il recourt à un expédient, imaginé déjà par M. Demolombe et adopté par M. Réquier. Ces auteurs donnent, en effet, une action en nullité au légitimaire, lorsque l'atteinte, portée à sa réserve par l'ascendant, a le caractère flagrant d'une combinaison frustratoire. M. Demolombe cite, à ce propos, Dargentré qui, commentant la coutume de Bretagne, déclarait que, si l'auteur du partage y avait introduit des inégalités sciemment, ce partage ne devait pas faire autorité, parce *qu'on pardonne à l'erreur, jamais à la fraude*. La mauvaise foi, selon M. Réquier (n° 221 *bis*), devient manifeste, lorsque l'ascendant, pour grossir, au-delà de toute proportion, le lot de l'un des copartagés, à privé tous les autres d'une partie de leur réserve. « Nous estimons qu'en pareille hypothèse, conclut M. Bonnet (n° 597 *in fine*), les enfants auraient le droit d'attaquer l'acte, en vertu de l'article 920, comme constituant une libéralité, déguisée sous les apparences d'un lotissement. »

Comme on le voit, MM. Demolombe, Bonnet et Réquier, effrayés des résultats de leur théorie, en viennent à proposer un tempérament. Ce n'est qu'avec peine qu'ils accueillent cette quotité disponible, extensible au gré du père de famille ; qui sera, au moins, d'un quart, s'il ne fait pas de partage, et qui sera, en outre, d'un quart de la réserve, s'il lui convient d'en faire un. Ils sentent si bien l'odieux de ce supplément, arraché à la légitime, qu'ils reculent devant son application et qu'ils s'empressent d'anéantir, sous prétexte de fraude, ce disponible qu'ils ont inventé, sous prétexte d'un droit. Ils ouvrent une action en nullité contre le partage, comme s'il s'agissait d'une libéralité faite à un incapable (art. 911) ; et comme si l'excès, commis sur la réserve, pouvait affecter l'acte entier ! Nullité, parce qu'il y a fraude ! Mais, si l'ascendant a le droit de priver ses enfants du quart des biens qu'il partage (ces biens fussent-ils la réserve), si c'est une immunité que lui confère ce genre d'acte, comment l'exercice de ce droit constituerait-il une fraude, frappant ce même acte de nullité ! *Droit* et *fraude* sont deux termes qui se détruisent et qui ne sauraient s'employer concurremment. Qu'importe la tendance du partage et l'intention qui a présidé à la répartition ; qu'importe que l'ascendant n'ait cherché qu'un moyen pour se créer un nouveau disponible, si la loi le permet ; et pourquoi taxer

d'audace cette combinaison, si elle est licite ! Cette contradiction n'est-elle pas la meilleure réfutation de la
doctrine de MM. Démolombe, Réquier, Bonnet et Bertauld !

La jurisprudence ne nous est pas moins contraire que
les auteurs : nous ne pouvons invoquer que deux arrêts,
l'un de la cour de Montpellier, du 14 juin 1865 (S. 1866.
2. 125), l'autre de la cour de Dijon, du 20 novembre 1865
(D. 1866. 2. 86) ; et encore est-il que l'arrêt de Montpellier admet, dans notre hypothèse, non la réduction de
l'avantage, mais la rescision du partage ; quant à celui
de Dijon il se prononce nettement pour la réduction :
« Considérant que le partage d'ascendants porte toujours
les caractères d'une donation, puisque le disposant se
dessaisit de ses biens, dont la propriété passe immédiatement aux enfants, qui ont accepté le partage ; que, par
ce genre de donation, le père de famille ne peut, pas plus
que par tout autre moyen patent ou détourné, enfreindre
la loi de la réserve ; que, si Trahand attaque le partage,
ce n'est point pour cause d'inégalité des lots, mais parce
que, se trouvant seul héritier aujourd'hui, il doit recevoir
tout entière la partie de la succession qui constitue la
réserve ; que les biens, compris dans l'acte du 18 mai
1846, forment la totalité de l'actif de la succession, et que,
par conséquent, cet acte ne peut subsister que pour la
portion disponible ». Nous devons reconnaître que les
donataires copartageants avantagés, ayant renoncé à la
succession, prenaient ainsi, vis-à-vis de l'héritier lésé, la
position d'étrangers donataires réductibles. Toutefois la
cour n'en a pas moins décidé, en thèse générale, que le
partage d'ascendants porte toujours les caractères d'une donation,
et qu'il ne peut servir de moyen, pour enfreindre la loi de la
réserve.

Mais, en sens contraire, se sont prononcées la cour de
cassation, chambre civile, le 2 juillet 1866 (D. 66. 1. 389),
la cour d'Orléans, le 27 décembre 1856 (D. 58. 2. 78), et

celle de Bordeaux, les 30 juin 1864 (J. des ar. t. 39, p.
369), 1ᵉʳ mai 1867 (t. 42, p. 276), 29 juin 1870 (t 46, p.
29), 17 décembre 1875 (t. 50, p. 369). Examinons l'espèce
des deux arrêts de Bordeaux, du 30 juin 1864, et de cassation du 2 juillet 1866, en ne retenant que ce qui a trait
à notre question. Par acte du 7 septembre 1840, les époux
Chicou-Lamy ont partagé leurs biens entre leurs deux
enfants, Léon Chicou-Lamy et la dame Saint-Espès-Lescot.
Ils on fait à leur fils un lot plus considérable que celui de
sa sœur, mais sans constituer de préciput, et sans léser
cette dernière de plus du quart de sa portion virile, dans
les biens partagés. Les époux Chicou-Lamy décédèrent
laissant des biens indivis. Léon Chicou-Lamy actionna sa
sœur, en licitation de ces biens ; la dame Saint-Espès, de
son côté, demanda la nullité du partage de 1840, pour lésion de plus du quart ; subsidiairement elle prétendit que
la lésion était de telle importance qu'en joignant à son
lot de partage sa part des biens indivis, elle ne serait pas
même couverte de sa réserve, soit du tiers de l'ensemble
des biens partagés et non partagés ; et elle conclut à la
réduction du lot de son frère. Le 4 novembre 1863, le tribunal de Libourne rejeta ces conclusions. Sur l'appel, et
par arrêt du 30 juin 1864, la cour de Bordeaux se pro-
nonça dans le même sens : « Attendu que les époux Saint-
Espès demandent que les biens, donnés en 1840, soient
réunis aux autres biens, pour servir de base au calcul de
la réserve et être soumis au retranchement, qui sera reconnu nécessaire pour la compléter ; mais que l'action en
réduction, ou en retranchement, est corrélative à une disposition préciputaire ; que, s'il n'a pas été fait expressément d'avantage de cette nature, et que l'ascendant ait
entendu faire un partage d'égalité, l'erreur qui a pu être
commise, dans ce partage, ne donne lieu qu'à l'action en
rescision pour lésion, qu'autorise l'article 1079... qu'en
l'absence de toute disposition préciputaire, il ne peut être
question ni de portion disponible, ni de réserve, ni par

conséquent d'action en réduction, chaque héritier ayant reçu sa part virile dans ce partage, et devant la recevoir de même, dans les biens qni restent à partager ; que la prétention des époux Saint-Espès de suppléer à l'action en rescision, qui leur fait défaut, par l'action en réduction, qui ne peut s'appliquer au partage de 1840, à défaut de tout avantage, au profit de l'un des enfants, soit dans ce partage même, soit dans d'autres dispositions, n'est donc pas fondée et ne saurait être accueillie... »

Sur le pourvoi, la dame Saint-Espès soutint que la cour de Bordeaux avait violé l'article 922, en se refusant à ordonner le rétablissement de sa réserve, calculée sur l'ensemble des biens compris dans le partage et des biens indivis. Après délibéré en chambre du conseil, la cour suprême cassa l'arrêt de Bordeaux, mais sur une question de ratification, étrangère à celle dont nous nous occupons ; elle adopta, au contraire, la doctrine de cet arrêt, en ce qui touche la réserve : « Attendu qu'aucune libéralité n'a été faite par les époux Chicou-Lamy, par préciput à leurs enfants ; que le seul préjudice, dont la dame Saint-Espès a demandé la réparation, résulterait de l'inégalité des lots, dans les partages de présuccession de ses père et mère ; que l'action qui lui est ouverte, à cet effet, par l'article 1079, est celle en rescision, pour cause de lésion, et non celle des articles 920 et 922 du même code, en réduction des libéralités excédant la quotité disponible ; que dès lors l'arrêt attaqué a décidé, avec raison, qu'il n'y avait pas lieu de faire à la cause l'application de ces deux derniers articles. »

Les biens donnés par l'ascendant à un successible ne se divisent, avons-nous dit, qu'en deux catégories : ou ils sont rapportables à la succession, ou ils ne sont pas rapportables, et deviennent réductibles. Ces deux arrêts introduisent une troisième catégorie de biens, qui ne seraient ni rapportables ni réductibles, ce sont les *biens partagés*. Ils échapperaient au rapport et à la réduction, parce

qu'ils proviennent non d'une libéralité, mais de la répartition d'une hérédité ; ce n'est déjà plus son bien que
l'ascendant distribue, c'est sa succession. Sophisme de
mots ! Nous verrons bientôt, en étudiant l'origine des
actions, combien le partage, que l'ascendant fait de son
vivant, diffère du partage de succession ; nous verrons,
en tout cas, que, pendant l'existence de l'ascendant, l'apportionnement est une libéralité. Or, s'il en est ainsi, —
et bien peu le contestent aujourd'hui —, cette libéralité
doit être traitée comme toutes les autres ; puisque, par
une faveur spéciale, elle est dispensée de rapport, que
telle a été nécessairement l'intention du donateur, en
adoptant la forme du partage d'ascendant, elle est réductible ; car *dispense de rapport* et *réduction* sont des termes
corrélatifs et qui s'appellent mutuellement.

2° — *Deuxième question:* Si l'on admet ces principes, il
s'ensuivrait que l'action en rescision et l'action en réduction, loin de s'exclure, pourraient, au contraire, coexister
au profit du copartageant et du réservataire, ce qui, nous
l'avouons tout d'abord, semble n'être qu'une choquante
hérésie.

Ce cas se présenterait, lorsque le partage ne contient
pas de préciput, qu'il n'y a pas de biens indivis dans la
succession ; qu'ainsi, comme on va le voir, la réserve de
partage et la légitime sont du même taux. Exemple : un
père a cinq enfants et 20,000 ; prélevant le disponible
5,000, la légitime de chaque enfant, calculée sur 15,000,
est de 3,000 ; de même la réserve de partage de chaque enfant, calculée sur 20,000, est aussi de 3,000. L'ascendant donne à l'aîné un lot de 10,000, sans stipulation formelle de préciput ; et il ne laisse, par suite, à
chacun des quatre autres, qu'un lot de 2,500 ; ces derniers, qui ont évidemment l'action en rescision, puisqu'ils
sont lésés de plus du quart de leur part virile (4,000), et
qui sont encore lésés dans leur légitime (3,000), auraient
le choix entre la rescision et la réduction. Ils pourraient,

NATURE ET CONSÉQUENCES DE L'ACTION.

à leur gré, soit garder leurs lots et agir contre leurs copartageants avantagés, en retranchement *pro modo emolumentorum*, soit abandonner leurs lots et faire recommencer le partage (1).

48. — En résumé, et si nos observations sur les deux hypothèses de l'article 1079 étaient fondées, le partage d'ascendants mettrait en présence deux réserves distinctes, celle de l'enfant, qui est sauvegardée par la réduction, celle du partage, qui a pour sanction la rescision. Les principales combinaisons auxquelles la rencontre des deux réserves donnerait lieu, se classent en trois catégories (2) :

Première catégorie. — L'ascendant n'a fait aucun préciput ni avant le partage, ni dans l'acte de partage. Posons quatre espèces :

I. — Les lots sont égaux et donnent dès lors satisfaction aux deux réserves ; la répartition est conséquemment inattaquable.

II. — Les lots sont inégaux, mais les deux réserves sont intactes. Ainsi l'ascendant a trois enfants, et un patrimoine représenté par 24 ; la réserve de partage, calculée sur 24, est 6 ; et la légitime, calculée sur 18, est 6 ; il donne à l'aîné 12 et à chacun des deux autres 6 ; la répartition est encore inattaquable.

III. — Le partage comprend tous les biens de l'ascen-

---

(1) La réduction leur donnerait, il est vrai, moins que la rescision ; toutefois la faculté qu'ils auraient, avec la réduction, de conserver leur lot, pourrait les déterminer à faire le sacrifice de leur droit de copartageant et à ne réclamer qu'un supplément de part (v. aussi n° 48, 3e espèce). La cour de Bordeaux s'est prononcée contre cette solution, par ses arrêts des 12 avril 1831 (t. 26, p. 207) et 23 décembre 1852 (t. 27, p. 514). V. n° 172.

(2) On n'oublie pas les doutes que nous avons formulés nous-même (supra n° 47, p. 129) sur la doctrine, dont nous présentons ici les applications diverses.

dant ; les lots sont inégaux et les deux réserves sont entamées, concours qui, comme nous l'avons vu, est inévitable en ce cas (n° 47). Soit, avec les éléments de l'espèce précédente, un abandonnement de 14 à l'aîné, et de 5 à chacun des deux autres. Ces derniers ont le choix entre la rescision du partage et la réduction du lot de l'aîné.

IV. — Le partage ne comprend pas tous les biens de l'ascendant ; les deux réserves ne sont pas du même taux, puisque celle de partage se calcule exclusivement sur les biens répartis, tandis que l'autre, embrassant les biens partagés et ceux qui sont restés indivis, est plus élevée ; les deux actions peuvent cependant encore être jumelles, en ce cas. Soient les éléments de l'espèce que nous avons adoptée et, de plus, des biens indivis, représentés par 8 ; l'ascendant donne à l'aîné 14 et à chacun des deux autres 5, la réserve de partage des deux derniers enfants, calculée sur 24, étant de 6, est entamée ; leur légitime, calculée sur 32, étant de 8, l'est aussi ; ils ont le droit de faire rescinder le partage ou de faire réduire le lot de l'aîné.

Deuxième catégorie. — L'ascendant a donné tout son disponible en préciput.

Dans cette hypothèse la réserve de partage est toujours inférieure à la légitime ; il ne peut en être autrement, puisque, la répartition ne portant alors que sur la légitime, la réserve de partage n'en est, par suite, qu'une fraction. Distinguons trois cas :

I. — L'ascendant fait un préciput d'un objet particulier, dont la valeur est adéquate à son disponible ; faisant ensuite le partage de sa réserve, il donne au préciputaire un lot plus considérable que celui des autres enfants, mais sans les léser de plus du quart de leur légitime ; ceux-ci ont l'action en réduction ; c'est le cas de la seconde partie de l'article 1079.

II. — L'ascendant de l'espèce précédente a fait au préciputaire un lot de partage, qui lèse ses copartageants de plus du quart de leur légitime. Ceux-ci ont le droit, ou d'agir en rescision et de faire opérer un second partage, dans lequel ils prendront l'intégralité de leur légitime, ou d'agir en réduction contre le préciputaire et sur son lot de partage. « Mais, dira-t-on, c'est un excès de disponible, et dès lors c'est par voie de réduction qu'il faut agir ». Nous répondrons que le partage contient sans doute une libéralité réductible, mais que cette circonstance ne lui enlève pas son caractère de partage, et laisse au lésé le choix entre son action de copartageant, et son action de légitimaire. Si, mécontent de la composition de son lot, il a l'espoir que le sort lui départira un nouvel allotissement plus à sa convenance, il fera rescinder ; si, au contraire, satisfait des éléments que l'ascendant a fait entrer dans son apportionnement, il ne se plaint que de sa trop faible valeur, il fera réduire l'attribution de l'avantagé.

III. — L'ascendant fait à l'un de ses enfants un lot, dont la valeur dépasse le disponible et sa part virile dans la légitime ; et il le lui donne, tant à titre de partage que comme préciput. Les enfants désavantagés ont l'action en réduction pour atteinte à leur légitime ; c'est incontestable ; mais nous leur accorderions aussi, et à leur choix, l'action en rescision, si leur réserve de partage est entamée.

Troisième catégorie. — L'ascendant a fait un préciput de partie du disponible.

Il peut arriver, dans cette hypothèse, que la réserve de partage soit supérieure à la légitime et réciproquement, et que, par suite, le lésé ait tantôt l'action en rescision, tantôt l'action en réduction ; en effet :

I. — L'ascendant a deux enfants et 24,000 ; il dispose préciputairement de 2,000 ; la réserve de partage est de 8,250, alors que la légitime n'est que de 8,000. L'ascendant donne 16,000 à l'un de ses enfants, à titre de préciput et de lot, et 8,000 à l'autre : celui-ci n'aura pas l'action en réduction, puisqu'il a sa légitime, mais l'action en rescision, puisqu'il n'a pas sa réserve de partage.

II. — L'ascendant, dont nous venons de parler, distribuant autrement sa fortune, donne 4,000, par préciput, à l'un de ses enfants ; la réserve de partage est alors de 7,500 pour chacun, et la légitime de 8,000 ; l'enfant qui ne recevra que 7,500, dans la répartition, n'aura point l'action en rescision, puisqu'il est en possession de sa réserve de partage, mais l'action en réduction, puisqu'il y a déficit sur sa légitime.

49. — Concluons, sur l'ensemble des observations que nous avons présentées au cours de cette section : l'intention du législateur, en conférant à l'ascendant le pouvoir de partager ses biens, n'a point été d'amoindrir la réserve de l'enfant, et de paralyser l'action, qui y est attachée ; que l'ascendant laisse ses biens indivis ou qu'il les répartisse, elle reste toujours hors d'atteinte. Reconnaissons toutefois que la rédaction de notre article 1079 est défectueuse, que son ambiguité a donné un aliment et un point d'appui aux systèmes que nous avons essayé de combattre. Il fallait : ou garder le silence, ou s'expliquer plus complétement, quant au sort de la légitime. Le Code civil Italien a pris ce dernier parti ; son article 1048 dispose, en effet : « Le partage fait par l'ascendant peut être attaqué, s'il résulte du partage, ou des autres dispositions, faites par l'ascendant, que l'un de ceux entre lesquels les biens ont été partagés a été lésé de sa portion légitime ». Nous nous rallierions donc au vœu exprimé par M. Bertauld, en ce qui touche l'intervention législative ; mais nous reviendrons sur ce point, à la fin de cette étude (n° 158).

CHAPITRE TROISIÈME

—

DE L'ANNULATION DU PARTAGE D'ASCENDANTS
ENTRE-VIFS POUR INÉGALITÉ
DANS LA NATURE DES ATTRIBUTIONS.

—

50. — Dans ce troisième chapitre, nous traiterons cette question : l'article 826, qui dispose que « chacun des cohéritiers peut demander sa part en nature des meubles et des immeubles de la succession », est-il applicable au partage d'ascendants entre-vifs ?

Une première section sera consacrée à l'historique de la question, une seconde à l'exposé doctrinal.

SOMMAIRE :

NULLITÉ POUR INÉGALITÉ EN NATURE.

57. — Le législateur, mis en demeure de se prononcer, se tait. Projet de MM. Mortimer-Ternaux, Lucien Brun et Baragnon, présenté à l'Assemblée nationale, le 17 mai 1871. Codification de la jurisprudence, à défaut de loi.

58. — Exposé DOCTRINAL. — Le partage d'ascendants devant être un partage de succession est, dès lors, soumis à l'application des articles 826 et 832. Tableau de la doctrine et de la jurisprudence. La cour de Bordeaux.

59. — Opinion contraire de M. Réquier.

60. — Argument tiré par M. Réquier de l'Exposé des motifs de Bigot-Préameneu.

61. — Argument tiré du rapport du tribun Jaubert ; rectification de cette citation tronquée.

62. — Argument tiré de l'intérêt des enfants : MM. Duranton, Réquier, Colmet, Arntz, Demolombe. La cour de Bordeaux.

63. — Objection de MM. Réquier, Laurent et Barafort : l'ascendant est le dominus.

64. — Objection de MM. Laurent et Barafort : toutes les règles du partage de succession ne sont pas applicables au partage d'ascendants ; donc les articles 826 et 832 sont inapplicables.

65. — Objection dernière de M. Barafort : on ne prononce pas de nullité par analogie.

66. — Distinction proposée par MM. Duranton et Poujol entre le partage entre-vifs et le partage testamentaire, adoptée par MM. Mourlon, Valette, Colmet, Héan, Arntz, Genty, Brives-Cazes. Valeur de l'acceptation de l'enfant ; la crainte révérencielle. MM. Aubry et Rau.

67. — Examen de la valeur d'un expédient, imaginé pour éviter la nullité : donation indivise suivie d'un partage entre les enfants. Jurisprudence. La cour de Bordeaux.

68. — De l'abandon de l'immeuble indivisible à l'un des enfants, à la charge de payer aux autres des sommes équivalentes à leurs droits : c'est un partage et non une donation simple. L'ascendant a le droits de procéder ainsi. Opinion contraire de M. Genty.

69. — Quand l'immeuble est-il indivisible ? Espèces. Critique d'un arrêt de Bordeaux.

70. — L'enfant exclusivement apportionné en meubles ou en immeubles peut faire annuler le partage.

71. — Inapplicabilité de l'article 891, en ce cas.

72. — Fermeté de la doctrine de la cour de Bordeaux.

73. — Du morcellement des héritages. Critique des économistes contre la loi des successions et contre la jurisprudence, qui l'applique aux partages d'ascendants. Opinion des anciens.

SECTION PREMIÈRE

—

NOTICE HISTORIQUE.

51. — « Chacun des cohéritiers ayant également son
droit sur chaque espèce de biens de la succession, chacun
d'eux demandera sa part en nature des meubles et des
immeubles et, si cette distribution ne peut avoir lieu sans
morceler les héritages, et sans diviser les exploitations,
ce qu'il faut toujours éviter, on doit au moins faire entrer
dans chaque lot la même quantité de meubles, d'immeubles, de droits ou de créances de mêmes nature et valeur ». Voilà le commentaire dont le tribun Chabot
accompagne l'article 826. L'héritier a droit à chaque
espèce des biens de la succession ; en est-il de même des
biens mis en partage par l'ascendant : l'enfant, exclusivement ou insuffisamment apportionné en meubles ou en
immeubles, fera-t-il annuler le lotissement ?

52. — Nos coutumes, même celles de préciput, se
prononçaient généralement pour l'affirmative (1). Au
rapport d'Auroux des Pommiers et de Papon (sur
Bourbonnais art. 216), de Bretonnier (sur Henrys, t. 2,
liv. 5. quest. 33), de Ricard (Donat. part., 3, chap. 8,
sect. 10), de Lebrun (successions, liv. 2, chap. 3, sect. 10),
les enfants étaient fondés à réclamer leur légitime *en
corps héréditaires* (2). On devait le décider ainsi dans les

---

(1) V. supra n° 15, en ce qui touche la législation romaine.
(2) Toutefois Auroux des Pommiers pensait que la nullité du partage,
contenant une distribution inégale de chaque nature de biens, ne devait
être prononcée que lorsque ces biens étaient susceptibles de division.

pays d'égalité, qui ne toléraient aucune inégalité de valeur entre les lots : « Si un père, dit Boullenois (quest. 5
sur les démissions de biens, p. 80), ayant plusieurs fonds
et de simples deniers d'argent comptant, donnait à l'un
tout son argent comptant et à l'autre tous ses fonds, je
croirais que le fils, qui n'aurait que de l'argent, serait
en état, après la mort de son père, de demander part dans
les fonds, en offrant de partager les deniers, encore que
les deniers, dont le père lui aurait fait partage, montas-
sent à la valeur des fonds. Ma raison, poursuit-il, est que
je ne trouve pas que le père, dans son partage, ait observé
l'égalité, étant certain que les deniers comptants n'ont
point la même stabilité que les fonds. » Et Boullenois ne
saurait être suspect de parti-pris, en faveur du droit de
partage des enfants ; car, autre part, il blâme en termes
très-vifs l'usage immodéré qu'ils en font et qui les porte-
rait, dit-il, au cas de succession, jusqu'à couper la maison
paternelle avec le fer, pour avoir des portions plus égales
(quest. 5, p. 67) (1).

53. — Il ne paraît pas que l'attention de nos législateurs se soit portée sur ce genre d'égalité, lorsqu'ils ont
réglementé les partages d'ascendants ; aussi les six articles, dont se compose notre chapitre VII, au titre des donations et testaments, sont-ils muets à cet égard (v. *supra*
n° 43).

54. — La question d'égalité, dans les diverses natures de biens, n'a été soulevée qu'en 1820. Antérieurement à cette époque on tenait pour indiscutable la
validité d'une répartition, qui laissait la totalité des

---

(1) Notons, à titre de singularité, la coutume de Bourgogne, qui dis-
posait que les mâles devaient recevoir leur part en corps héréditaires ;
mais que, quant aux filles, on pouvait ne leur laisser que des deniers.
C'était d'ailleurs, dit Taisand, le seul avantage que la coutume permit
de faire aux mâles.

immeubles à l'un des enfants et qui satisfaisait les autres
avec des valeurs mobilières. Qu'arrivait-il alors ? Ainsi, et
sous une forme à peine déguisée, se maintenait le droit
d'aînesse, supprimé par l'article 11 de la loi du 15 mars
1790 (1). Le riche tenancier, désireux de perpétuer le
prestige d'une longue possession patrimoniale, conser-
vait intacte le fonds de ses ancêtres, et, pour éviter le
lotissement malencontreux de l'article 826, il s'empressait
de faire, sous la dénomination de partage d'ascendant, un
acte qui assurait ce même fonds à son *aîné* ; les autres, les
cadets, recevaient ou des valeurs mobilières, ou, et le plus
souvent, simplement une créance sur leur frère, quelquefois, (le cas s'est fréquemment présenté), une rente perpétuelle ou viagère, ou enfin un usufruit (2). En 1820,
quelques jurisconsultes posèrent la question de l'application de l'article 826 ; elle fut portée devant les tribunaux.
Cette entreprise parut audacieuse ; elle froissait trop manifestement les idées reçues sur l'autocratie du père de
famille, idées que l'esprit libéral de la législation intermédiaire et du code n'avait point encore anéanties. Aussi
la doctrine nouvelle eut-elle peu de succès, à l'origine ;
si ce n'est, il faut le dire, dans la sphère où les intérêts
privés se dérobent aux regards du juge et où l'interprète
de la loi vit, pour ainsi parler, face à face avec elle. Donc
la plupart des tribunaux et des cours, (telle la cour de
Grenoble, arrêt du 14 août 1820 : D. j. g. v° Disp. entre-
vifs et test., n° 4486. 1°), tinrent pour le pouvoir de l'ascendant, la cour de cassation, pour l'égalité entre les enfants (arrêt du 16 août 1826, ch. civ. D. j. g. *loc. cit.*
n° 4492. 1°). Le débat fut vif ; signalons, outre la cour de

(1) M. Réquier en convient (v. l'introduction de son traité, n° 3,
p. 6, 9).
(2) V. pour ce dernier mode de lotissement, l'espèce d'un arrêt de la
Chambre des requêtes, du 25 février 1856 (D. 56. 1. 113).

NULLITÉ POUR INÉGALITÉ EN NATURE.

Grenoble, celles de Nîmes, de Riom, de Montpellier, de Lyon, qui embrassèrent son opinion, et surtout la cour d'Agen, à laquelle a longtemps appartenu M. le président Réquier, qui prolongea la lutte jusqu'en 1866, et fut l'une des dernières à se rendre (1).

55. — Quant aux auteurs, ils ont longuement médité avant d'entrer en lice : ce n'est qu'en 1850 que M. Genty a publié sa monographie sur les partages d'ascendants ; le cours de M. Demolombe *(parte in qua...)* n'a été édité qu'en 1866, époque à laquelle M. Réquier écrivait dans la Revue pratique (t. 22, p. 253 et suiv.) ses articles si remarqués. Puis sont venus les ouvrages et les dissertations de M. Laurent, de M. le président Barafort, de M. le professeur Labbé, de M. Arntz, et de MM. Périer, Bressolles, Lyon-Caen, Dubernet de Boscq, Derome . . . et d'autres encore ; car si les auteurs se sont déterminés tardivement, au moins ont-ils été nombreux, pendant les dernières années, explorant les points difficiles de notre matière, les éclairant de leurs lumières et facilitant ainsi l'œuvre de la jurisprudence. Ceux qui combattaient l'égalité de nature, dans le partage, se sont distingués par la vivacité de leurs critiques ; citons entre tous M. Réquier, qui soutint que la doctrine de la cour régulatrice ne tend à rien moins qu'au démembrement des petits domaines, à la disparition des centres d'exploitation, et des perfectionnements introduits dans la culture. Et remarquons incidemment que, dans cette controverse, les partisans et les adversaires de l'extension du pouvoir de libéralité du père de famille, (question perpétuellement agitée), se retrouvaient en présence ; les premiers se prononçant, comme le faisaient prévoir leurs tendances, pour la vali-

---

(1) Il est a remarquer que les partages d'ascendants sont plus fréquents, dans les ressorts de ces cours, que dans le nord de la France.

dité du partage, de quelque nature de biens que les lots fussent constitués, les seconds se faisant les défenseurs des enfants.

L'immense quantité de procès qui surgirent, au midi et à l'ouest de la France, l'insuffisance de la loi, la divergence des décisions judiciaires et des auteurs.... ces causes d'inquiétudes, et d'autres encore, que nous indiquerons en leur lieu (1), s'ajoutant et s'accumulant portèrent à son paroxisme l'émotion publique. Alors se produisit un événement d'une haute portée et dont nous parlerons avec quelques développements.

56. — Par décret du 28 mars 1866 fut ordonnée une enquête générale sur les besoins de l'agriculture. Elle fut placée sous la direction d'une commission, composée de jurisconsultes et d'économistes et présidée par le ministre de l'agriculture (2). Des enquêtes auxiliaires furent prescrites dans les départements, divisés en vingt-sept circonscriptions, et à l'étranger, afin de renseigner la commission et de lui fournir les documents sur lesquels elle aurait à se prononcer. Le 29 juin 1866, elle adopta un questionnaire à résoudre, dont nous détachons les numéros 2, 155 et 157 : « Quelle influence les changements qui ont pu avoir lieu, depuis les trente dernières années, dans la division de la propriété, ont-ils exercée sur les conditions de la production ? — Quels sont, dans la législation civile et générale, les points auxquels il paraîtrait y avoir

---

(1) Citons notamment la longue durée des actions en rescision et en réduction, et l'époque de l'estimation pour le calcul de ces deux actions.

(2) Cette grande information, que le Congrès des Sociétés savantes avait demandée dans sa session, tenue l'année précédente, est la première qui ait été faite en France, depuis celle que les intendants avaient eu l'ordre de diriger, sous Louis XIV, pour l'instruction du Grand Dauphin, et dont le comte de Boulainvilliers réunit les documents dans son ouvrage intitulé ÉTAT DE LA FRANCE.

NULLITÉ POUR INÉGALITÉ EN NATURE.

lieu d'apporter des modifications, que l'on considérerait comme utiles à l'agriculture ? — Quelles sont les causes générales qui ont pu influer, dans un sens favorable ou nuisible, sur la propriété agricole ? » Ainsi purent se manifester les vœux des populations, spécialement en ce qui touche le partage d'ascendants.

Dans la plùpart des enquêtes départementales, on sollicita l'intervention du législateur, ici pour modifier la loi (1), là pour l'interpréter (2). Quelques départements, mais en très petit nombre, ne demandèrent ni réforme, ni interprétation (3).

Nous avons lu, avec le plus vif intérêt, les rapports présentés au ministre de l'agriculture par les présidents, chargés de la direction des enquêtes dans chaque département : qu'on nous permette de consigner ici l'expression de notre admiration pour ces immenses travaux, qui seront longtemps une mine féconde pour nos légistes et pour nos économistes, tant sont nombreuses et variées les savantes observations et les richesses statistiques, que leurs auteurs y ont laborieusement accumulées.

M. de Mornay fut chargé de résumer les enquêtes régionales. Le 20 décembre 1867, il soumit au ministre de l'agriculture un mémoire, considérable par son étendue, et par l'importance des indications qu'il contient (4) ; il y

---

(1) De ce nombre sont celle de la Charente, présidée par M. André, député, (15° circonscription), et encore celles de l'Eure, de l'Orne, de la Mayenne, du Maine-et-Loire, du Morbihan, de la Somme, de l'Oise, de la Seine-Inférieure, de Seine-et-Oise, de l'Allier, du Tarn, de la Corrèze, de l'Ariège, de la Drôme, de l'Ardèche, des Basses-Alpes.

(2) Voir l'enquête de la Gironde, présidée par M. de Forcade La Roquette, alors vice-président du Conseil d'Etat, depuis ministre de l'agriculture.

(3) Citons la Manche, le Calvados, l'Ain, la Loire, le Rhône.

(4) Et qui fut, suivant l'expression de M. de Forcade La Roquette, alors ministre de l'agriculture, le testament agricole de cet éminent

HISTORIQUE DE L'ACTION.

joignit l'exposé des vœux, formulés en réponse au questionnaire. Notons les suivants : faire disparaître l'obligation du partage en nature, dans les successions et modifier en ce sens les articles 826 et 832 ; — favoriser les partages anticipés (1).

Les matériaux sur lesquels la Commission devait opérer étaient prêts ; elle commença ses travaux, le 23 novembre 1868. Après avoir entendu M. de Forcade, ministre-président, et après un débat quelque peu confus, l'étude de l'application des articles 826 et 832 aux partages d'ascendants fut confiée à un jurisconsulte des plus recommandables, M. le député Josseau qui présenta son rapport, à la séance de la Commission du 4 mars 1869. Il y examine successivement les deux questions suivantes : doit-on faire disparaître l'obligation du partage en nature dans les successions, et modifier en ce sens les articles 826 et 832 ? Convient-il de favoriser les partages d'ascendants ? A cet effet y a-t-il lieu de leur appliquer les modifications proposées aux articles 826, 827, 830, 832 ? ,

Sur le partage de succession, M. Josseau déclare qu'il n'y a point lieu, dans l'intérêt de l'agriculture, de changer les dispositions générales de nos lois, mais qu'il conviendrait de substituer l'égalité de valeur à la similitude des matières ; et il propose de rédiger ainsi l'article 832 : « Dans la formation et composition des lots, on doit éviter de morceler les héritages et de diviser les exploitations. *Chaque lot peut être composé exclusivement, ou en quantités différentes de meubles ou d'immeubles, de droits ou de créances, de mêmes nature et valeur.* »

---

agronome : M. de Mornay mourut, en effet, quelques mois après le dépôt de son mémoire.

(1) Termes vagues qui ne traduisaient point la pensée des déposants, lesquels avaient demandé, en grande majorité, l'inapplication des articles 826 et 832 aux partages d'ascendants.

NULLITÉ POUR INÉGALITÉ EN NATURE.

Sur les partages d'ascendants, M. Josseau croit encore
que, dans l'intérêt de l'agriculture, il serait opportun de
ne point les astreindre à des lotissements de mêmes natures ; qu'il suffirait qu'il y eut, entre les lots, égalité de
valeur. Il propose en conséquence, de rédiger ainsi l'article 1075 : « Les père et mère et autres ascendants pourront faire, entre leurs enfants et descendants, la distribution et le partage de leurs biens. *Les dispositions de l'article 832,* (modifié comme il vient d'être dit), *leur sont applicables.* »

Appelée à se prononcer sur ces deux points, la Commission adopta le texte précité de l'article 832 ; et, quant aux
partages d'ascendants, le ministre-président fit observer
avec raison que, si la nouvelle rédaction était acceptée,
en ce qui concerne les successions, elle deviendrait virtuellement applicable à la répartition du père de famille ;
que, par suite, il était inutile d'exprimer un vœu spécial
à ce sujet (1).

57. — L'utilité d'une loi, qui fixât le sort de la propriété, était tout au moins et dès lors démontrée; aussi les
écrivains, qui traitèrent des partages d'ascendants, dirigè-
rent-ils leurs études de ce côté : M. le président Réquier,
en 1868 ; M. le président Barafort, en 1870 ; M. le conseiller Dubernet de Boscq, (le contradicteur de M. Réquier à
la cour d'Agen), et qui, dans un opuscule, ayant pour
titre *Partage d'ascendants,* soutint l'application de l'article
826 ; mais qui, pensant aussi qu'il y avait lieu de réfor-
mer des textes trop obscurs, sollicita, dans une brochure,
intitulée *Projet de code rural,* une interprétation législative. Déjà, lors de la discussion de la loi du 2 juin 1841,
sur les *Ventes judiciaires,* M. Maurat-Balange voulait confé-

(1) V., pour ce que nous avons dit de l'enquête agricole, les Documents généraux, publiés sous ce titre par les soins du ministère de l'agriculture (1er vol., p. 120 et suiv., 2º vol., p. 207 et suiv.).

rer aux tribunaux la faculté de faire, entre les enfants, un partage par voie d'attribution, sans tirage au sort (1). En 1867, dans le *Projet de loi sur les ventes judiciaires d'immeubles, les partages et la purge des hypothèques*, projet au rapport de M. le député Josseau, la même proposition s'était produite. L'année précédente cent trente négociants de Paris avaient adressé au Sénat une pétition, dans laquelle ils se plaignaient de ne pouvoir soutenir la concurrence de l'Angleterre et des Etat-Unis, parce que la prohibition, faite au père de famille de transmettre la continuation de son œuvre, industrielle ou commerciale, à celui de ses enfants, qu'il jugeait le plus apte à la faire prospérer, plaçait le commerce français dans un état d'infériorité insurmontable. Et M. le premier-président Devienne, sénateur, chargé du rapport de cette pétition, avait émis l'avis qu'il serait peut-être sage de laisser au père de famille le droit de faire le partage de ses biens par attributions (v. Moniteur du 13 juin 1866). Ainsi, de toutes parts... du sein des familles, de l'industrie, des assemblées délibérantes, de l'enquête agricole, de la doctrine et même de la jurisprudence, surgissait, à l'adresse du législateur, une sorte de mise en demeure d'avoir à innover ou à commenter les textes ; l'attente était universelle, l'anxiété immense, la parole était au législateur..... Il s'est tû... une guerre néfaste, des événements politiques imprévus ont absorbé ses préoccupations.

Une tentative de modification des articles 832 et 1079 du code a cependant été faite par trois députés à l'Assemblée nationale, MM. Mortimer-Ternaux, Lucien Brun et Baragnon qui, prenant en main le projet élaboré par la Commission de l'enquête agricole, le déposèrent à la

---

(1) On lui avait objecté qu'on ne devait pas, à l'occasion d'un texte de procédure, introduire une si grave modification dans les principes, et son amendement avait été rejeté.

séance du 17 mai 1871 ; mais il n'a point été statué (v. ci-après nº 157). Législativement nous en sommes là.

Quelle que soit la destinée de ces réformes, constatons que la codification, provisoirement formulée par la jurisprudence, en ce qui touche l'application des articles 826 et 832 aux partages d'ascendants, est aujourd'hui, et dans la pratique, partout acceptée ou subie, et qu'aucun débat ne s'élève plus, quant à la nécessité de l'égalité de nature dans les attributions.

SECTION DEUXIÈME

EXPOSÉ DOCTRINAL.

58 — L'ascendant, qui donne à l'un de ses enfants des biens d'une valeur plus considérable que ceux qu'il abandonne aux autres, viole l'égalité de quotité et fait un partage annulable pour lésion, aux termes des articles 887 et 1079, ou réductible pour atteinte à la réserve, d'après les articles 920, 922 et 1079, et cela, qu'il emploie la forme de la donation ou celle du testament. Nous ajoutons que s'il donne à l'un les immeubles, à un autre les meubles, ou à chacun des parts différentes en meubles et en immeubles, il viole l'égalité de distribution, qui est, sinon de l'essence, au moins de la nature de tout partage; et il fait une répartition annulable, aux termes des articles 826 et 832. Si, en effet, il est admis que le partage d'ascendants est une distribution anticipée de la succession, il faut reconnaître que les règles, qui gouvernent les allotissements de succession, lui sont applicables ; ce que personne ne conteste, au surplus, en ce qui concerne la réserve de partage et la légitime ; ce qu'on doit dès lors admettre aussi, en ce qui concerne l'égalité de nature, à défaut de textes contraires. - D'ailleurs, tout en obligeant

EXPOSÉ DOCTRINAL.

le père de famille à partager ses biens fonds, nous ne
tombons point dans l'écueil d'un morcellement exagéré :
à côté de l'article 826, qui donne à chaque enfant sa part
en nature des meubles et des immeubles, nous plaçons
l'article 832, qui ne permet pas les morcellements dom-
mageables, et l'article 827, qui prescrit, en ce cas, la licitation. Et cette licitation, qui est pratiquement impossible, du vivant de l'ascendant, nous lui accordons la faculté
de l'opérer indirectement, en transmettant à l'un de ses
enfants ses immeubles indivisibles, à la charge de solder
aux autres leurs quote-parts, ou en transférant à l'un ses
immeubles et à un autre ses meubles, et établissant des
soultes, pour compenser les inégalités entre les lots (art.
827, 832).

Telle est la doctrine que nous suivons. C'est celle de
Merlin (Rép., v° part. d'asc., n° 12), Favard (Rép., part.
d'asc., n° 12), Maleville (sur l'art. 1078), Grenier (Don.,
n° 399), Vazeille (successions, sur l'art. 1079); Toullier
(t. 5, n° 806), MM. Aubry et Rau (t. 6, p. 221, note 1),
Troplong (t. 4, n° 2204), Demolombe (t. 6, n° 201), Taulier (t. 4, p. 209), Massé et Vergé (t. 3, p. 310), Dalloz aîné
(J. g. v° Disp. entre-vifs et test., n°s 4484, 4485 et 4492, et
encore D. P. 67. 2. 17, note 3 ; 68. 1. 289, notes 1, 2), Périer (Rev. crit., année 1863, t. 22, p. 311 et 400), Bressolles (Rec. de l'acad. de législ. de Toulouse, t. 13, année
1864, p. 161, 164), Dubernet de Boscq (Rev. crit., t. 15, p.
251 et 481, et t. 18, p. 33 et 336, articles publiés aussi sous
forme de brochure). — Elle est consacrée par la jurisprudence constante de la cour de cassation : arrêts de la
chambre civile des 16 août 1826, cassant l'arrêt de Grenoble, mentionné au paragraphe ci-après (D. J. g. *loc. cit.*
n° 4492. 1°), 11 mai 1847 (D. 47. 1. 167), 18 décembre 1848
(D, 49. 1. 17), 18 décembre 1855 (D. 56. 1. 20), 24 juin
1868 (D. 68. 1. 289), 22 août 1877 (D. 77. 1. 481) et arrêts
de la chambre des requêtes des 12 avril 1831 (D. J. g.
loc. cit., n° 4492. 2° et 4456. 1°), 28 février 1855 (D. 55. 1.

NULLITÉ POUR INÉGALITÉ EN NATURE.

81), 11 août 1856 (D. 57. 1. 21), 9 juin 1857 (D. 57. 1. 294), 18 août 1859 (D. 59. 1. 410), 7 janvier 1863 (D. 63. 1. 226), 23 mars 1869 (D. 69. 1. 333, 334), 24 décembre 1873 (D. 74. 1. 432), 26 juin 1882 (D. 83. 1. 70). — La cour de Bordeaux s'est toujours prononcée en ce sens (1) : arrêts des 10 novembre 1852 (J. des ar. t. 27. 1852, p. 465), 7 janvier 1853 (t. 28, 1853, p. 5), 3 février 1858 (t 33, 1858, p. 53), 14 avril 1858 (t. 33, 1858, p. 169), 13 juin 1860 (t. 35, 1860, p. 248), 16 août 1865 (t. 40. 1865, p. 417), 15 mars 1869 (t. 44, 1869, p. 142), 3 mai 1876 (t. 51, p. 166), 4 mai 1880 (D. 83. 1. 70).

Mais se sont prononcés en sens contraire : MM. Réquier (n° 144 et suiv.), Barafort (p. 28), Arntz (J. du Pal. 1853, t. 1, p. 19), Héan (Rev. prat. t. 5. p. 166; t. 8, p. 356), Théodore Derome (Examen doctrinal. Rev. crit., t. 27, p. 385), Laurent (t. XV, n° 60 et suiv.), Baudry-Lacantinerie (Précis, t. 2, n° 706). — La plupart des cours d'appel avaient aussi primitivement pris ce parti ; citons Grenoble 14 août 1820 (Dal. Jur. gén. Disp. entre-vifs, n° 4486 1°), 25 novembre 1824 (ibid. n° 4486. 2°), et 19 février 1829 (ibid. n° 4493) (2), Nîmes 11 février 1823 (ibid. n° 4486. 1°), 10 avril 1847 (D. 48. 2. 102), Riom 22 juillet 1825 (D. jur. gen. ibid. n° 4486. 3°), Lyon 20 janvier 1837 (ibid. n° 4487), Montpellier 7 février 1850 (D. 51. 2. 25), Agen 12 décembre 1866 (D. 67. 2. 17), et 17 mai 1867 (D. 67.1. 290).

Et quant à MM. Duranton et Poujol, Genty, Bonnet, Lyon-Caen, Mourlon, Valette, Colmet de Santerre et Brives-Cazes, nous verrons bientôt qu'ils n'admettent la né-

---

(1) Sauf un premier arrêt du 25 janvier 1840 , 2° ch. (t. 15, 1840, p. 64).

(2) La cour de Grenoble s'est ralliée depuis à la jurisprudence de la cour de cassation (v. notamment son arrêt du 10 mai 1873, D. 74, à la table p. 366).

cessité de l'égalité de nature que dans les partages testamentaires; que, suivant eux, elle n'est point indispensable à la validité du partage d'ascendants par acte entrevifs.

59. — Examinons les objections faites par les adversaires de l'égalité de nature :

« Sans doute, dit M. Réquier (n° 150 *in fine*), puisque l'ascendant veut faire un partage, il faudra qu'il respecte la loi fondamentale de l'égalité, en donnant à chacun des copartagés au moins les trois quarts de ce qui devait lui revenir. Il devra aussi se renfermer dans les bornes de la quotité disponible, qu'il n'est jamais permis de franchir. Ce double devoir lui est imposé par les termes formels de l'article 1079. Mais le code n'a pas marqué d'autres limites à sa liberté de disposer. On ne peut donc l'assujettir aux règles prescrites pour les partages judiciaires, sous le prétexte d'une analogie qui n'existe nullement. » M. Réquier signale ensuite les inconvénients d'une rigoureuse application de l'article 826 : un père a deux fils, et il possède une fortune de 100,000, composée d'un domaine estimé 50,000, et de pareille valeur en capitaux ; l'aîné est resté dans la maison paternelle, et il se livre à la culture de la terre ; l'autre est commerçant ou industriel : le père donne son domaine à l'aîné, qui en dirigeait déjà l'exploitation ; il attribue ses capitaux au cadet, qui les emploie dans son commerce. Ce partage est contraire à l'article 826 ; l'enfant, abandonnataire des capitaux, demandera une nouvelle répartition, si, au décès de l'ascendant, les immeubles ont augmenté de valeur, par suite d'un événement fortuit, ou de la bonne administration de leur attributaire ; et ainsi il prendra part dans la plus-value de ces immeubles, tout en conservant pour lui seul les profits que lui auront procurés ses capitaux, eussent-ils centuplé sa fortune. Pour faire un partage, qui fut à l'abri de cette iniquité, le père de famille aurait dû donner une portion de ses immeubles à chacun de ses enfants, contrairement à l'intérêt de l'un et de l'autre (1).

Nous ne méconnaissons pas les résultats choquants que l'application de l'article 826 produira, en certains cas ; mais on comprend que des arguments, tirés d'espèces ainsi disposées pour les besoins d'une cause et assorties au système qu'on soutient, ne prouvent rien. Dans la science du droit, comme dans tout autre, ce qu'il faut envisager, pour en induire ou en vérifier les règles, c'est non le *particulier*, mais le *général, non quod singulariter, sed quod plærumque fit*. Or il arrive rarement que la répartition, faite par l'ascendant, se présente avec ce caractère dommageable, pour le détenteur des immeubles. D'ailleurs l'espèce inverse se produit aussi fréquemment. Si celle qu'imagine M. Réquier tend à démontrer qu'au nom de l'équité, il faut conférer à l'ascendant, et au point de vue de la composition des lots, le pouvoir le plus absolu, celle-ci, calquée cependant sur la première, va établir que cette prérogative serait la ruine de la famille. Voici un père, qui a deux enfants et 100,000, moitié en immeubles, moitié en meubles : il donne les immeubles à son fils aîné qui, grâce à la sécurité et à la stabilité, dont la propriété foncière jouit en France, grâce aussi, nous le voulons, à ses soins, prospère, s'améliore et devient pour lui la source de son bien-être et d'importantes épargnes. L'ascendant a donné ses meubles et ses valeurs mobilières à son second fils : ce sont des créances, des titres industriels qui, à l'origine, égalaient en estimation les immeubles, mais qui, par leur nature variable et changeante, se sont amoindris, malgré les efforts de leur bénéficiaire ; c'est une créance hypothécaire dont les garanties, d'abord excellentes, ont diminué, par suite d'accidents imprévus et qu'il était impossible de conjurer ; c'est

---

(1) Junge Barafort, p. 121.

une part d'intérêt dans une entreprise commerciale dont les actions n'ont plus cours . . . . : L'enfant, doté en valeurs si périssables et si aléatoires, fera annuler ce semblant de partage et revendiquera sa portion héréditaire dans les immeubles : qui donc taxera sa demande d'iniquité ?

Mais laissons de côté ces combinaisons de faits, heureusement exceptionnels; revenons aux principes ; voici en substance l'objection de M. Réquier : l'article 1079 n'exige l'égalité que dans la quotité et nullement dans la nature des lots. Nous répondrons : l'abandonnement fait par l'ascendant n'est point une simple libéralité, un avancement d'hoirie, ayant un caractère provisoire ; il vise à l'immutabilité d'un partage de succession ; il doit donc être conforme aux règles d'un tel acte, conforme spécialement aux prescriptions de l'article 826. Si, par un privilège quelque peu exorbitant, le père est autorisé à partager sa succession entre ses héritiers présomptifs, les futurs copropriétaires de son hérédité, au moins ne doit-il le faire qu'en respectant leur droit, et en se constituant l'organe de la loi.

L'article 1079, dit-on, est muet à cet égard ? Ce silence milite en faveur de notre thèse : il s'agit d'un partage de succession ; toutes les dispositions de cette matière, qui ne sont pas exceptées, et qui ne sont pas contraires au partag' d'ascendants, sont donc applicables. Il s'agit surtout d'une institution, qui n'a pas été complétement réglementée par des textes, qui lui soient propres, et qui contient dès lors un renvoi aux partages ordinaires ; renvoi implicite pour quelques cas, (telle l'égalité en nature et la légitime), exprès pour d'autres, (telle la réserve de partage, son calcul, la durée de l'action, les moyens d'éviter la rescision et les fins de non-recevoir qui l'affectent...). Le système de M. Réquier tendrait à établir que les six articles, dont se compose notre chapitre, suffisent à nos partages ; que l'article 891, qui permet d'empêcher la

NULLITÉ POUR INÉGALITÉ EN NATURE.

rescision est inapplicable, puisque l'article 1079 ne le mentionne pas ; qu'il en est ainsi des articles 1304, 1338, 1340, 2262, en ce qui touche la durée des actions et les exceptions tirées de la ratification ou de l'exécution de l'acte attaqué.

Au surplus, M. Réquier lui-même est contraint de reconnaître que sa théorie est trop absolue ; suivons son argumentation : l'article 1076 soumet la répartition faite par l'ascendant aux formalités, conditions et règles, prescrites pour les donations entre-vifs et les testaments ; « les auteurs du code, en se servant de ces expressions n'ont pas entendu, dit-il (no 41), déterminer uniquement la forme de l'acte. Si telle eut été leur intention, ils se fussent bornés à énoncer, comme l'ordonnance de 1735 (art. 17), que les partages d'ascendants doivent être revêtus de la forme, prescrite pour les donations entre-vifs et les testaments. Les termes, qu'ils ont employés, ont évidemment une signification plus étendue ; et il ne pouvait en être autrement. Les articles 1077 et suivants, comme le déclarait Jaubert, dans son rapport (Locré, t. 11, p. 482), contiennent quelques règles particulières et spéciales aux partages d'ascendants. Le législateur par conséquent a dû s'en référer, pour tout le reste, aux principes généraux qui régissent, tant pour la forme que pour le fond, les donations entre-vifs et les testaments. Tel est l'objet du renvoi que prononce l'article 1076. C'est donc au titre des donations et des testaments qu'il faut se reporter, pour déterminer tout ce qui est relatif, non seulement aux formalités instrumentaires, mais encore à la capacité des parties et aux effets, que l'acte doit produire comme disposition à titre gratuit, de même que nous serons obligés, malgré le silence de la loi, de recourir au titre des successions, pour déterminer les effets que l'acte produit comme partage » (1).

_____

(1) M. Laurent (t. XV, no 60, p. 74, nos 61 et 65 in fine) raisonne comme M. Réquier.

EXPOSÉ DOCTRINAL.

Ainsi, malgré le silence de la loi, M. Réquier recourt au titre des successions, pour déterminer les effets du partage. Et notons qu'il y recourt, sans doute au point de vue notamment de la garantie et du privilège (art. 884 et 2103), qui accompagnent le partage de succession, et qui, à s'en tenir aux formalités, conditions et règles des donations, échapperaient aux abandonnataires de l'ascendant. A ce propos, sur quoi se fondent la garantie et le privilège du partage successoral ? Sur l'égalité que se doivent les cohéritiers entre eux, non seulement au point de vue de la valeur et de la propriété des lots, mais aussi en ce qui concerne la distribution des diverses natures de biens ; or, nous demandons pourquoi M. Réquier, puisqu'il fait une excursion sur le terrain du partage ordinaire, proscrit ce dernier genre d'égalité et s'en tient à l'autre.

60. — Sortons des généralités, pour examiner les arguments particuliers de l'auteur que nous combattons : il invoque les travaux préparatoires du code ; il en résulte, suivant lui, que le législateur a entendu concéder à l'ascendant la plus grande latitude, dans les attributions ; qu'il a voulu lui accorder la faculté de transmettre ses biens fonds en entier à l'un de ses enfants, à la seule condition que cette attribution ne dépassât pas la quotité disponible. En faisant l'historique de l'article 1079 (n° 53), nous avons rappelé que le projet de Bigot-Préameneu interdisait à l'ascendant la faculté de partager, après avoir fait un préciput ; que, sur l'observation de Berlier, cette faculté lui fut rendue, afin qu'il put : « éviter les démembrements, conserver à l'un de ses enfants l'habitation qui pourra servir d'asile commun, réparer les inégalités naturelles et accidentelles. » Sans doute l'ascendant a le droit de joindre les quotités héréditaire et préciputaire, qu'il entend donner à son fils préféré, et de le couvrir des deux par un seul abandonnement ; ce qui permettra, peut-être, de transférer ainsi dans son intégrité

l'habitation paternelle, si elle représente exactement ces deux valeurs réunies. Mais est-ce à dire que l'ascendant donnera tous ses biens fonds à son favori, alors même qu'ils seraient partageables ? Bigot-Préameneu ne le prétend point, et rien ne montre que ce soit sa pensée.

61. —Voici un second argument, également emprunté à l'élaboration de notre article : « Si une erreur était échappée à l'ascendant, ou si une injustice lui était arrachée, dit Jaubert, dans son rapport au Tribunat, le partage pourrait être attaqué. On ne peut prévoir que deux cas : ou le père n'a fait qu'un partage, ou il a fait une disposition par préciput. Dans le premier cas, l'acte ne pourra être attaqué que pour cause de lésion de plus du quart ; dans le second, il pourra l'être toutes les fois que le père aura été au-delà de son droit de disposer. » D'où M. Réquier, à l'ouvrage duquel nous empruntons le texte de cette citation, conclut (n° 145 *in fine*) : « la loi n'a permis que, dans ces deux cas, de critiquer la répartition, faite par le père de famille ; et ce sont, suivant l'expression de Jaubert, les seuls qu'on puisse prévoir. » Nous remarquons une lacune, dans cette citation ; et, à notre sens, elle est de grande importance. Jaubert a dit : « Si une erreur était échappée à l'ascendant, ou si une injustice lui avait été arrachée, le partage pourrait être attaqué, *pour cause de lésion* » ; puis il a ajouté : « On ne peut prévoir que deux cas. » Ces mots *pour cause de lésion*, omis par M. Réquier, (comme par M. Bonnet, qui cependant a voulu rectifier ce dernier : t. 2e, p. 341), donnent à la phrase une signification tout autre que celle qu'en a tirée M. Réquier. On ne peut prévoir que deux cas d'attaque *pour cause de lésion*, ce qui est absolument vrai, en classant l'atteinte à la légitime, avec l'atteinte à la réserve de partage, sous une même dénomination, ainsi que le fait Jaubert. Mais, s'il n'est que deux actions qui se puissent fonder sur la lésion, cela n'implique point qu'il n'en existe pas une troisième, basée sur le vice d'attribution, ce que nous soute-

EXPOSÉ DOCTRINAL.

nons, ce que ne contredit pas le rapporteur du Tribunat,
et ce qui anéantit l'argument de MM. Réquier et Bonnet.
Ne méconnaissons pas toutefois qu'il n'y ait eu, parmi
nos législateurs, un courant d'idées, qui les portait à re-
douter le morcellement des terres et à consacrer l'omni-
potence du père de famille, dans la distribution de ses
biens. Le premier consul, prenant la parole au conseil
d'état, sur le projet de loi concernant les libéralités par
actes entre-vifs et de dernière volonté, projet qui devint
la loi du 4 germinal an VIII, le premier consul déclarait :
« qu'en disposant sur cette matière, on doit avoir essentiellement en vue les fortunes modiques ; que leur trop
grande subdivision met nécessairement un terme à leur
existence ». « La division égale des biens, disait de même
Bigot-Préameneu, détruit les petites fortunes ; un petit
héritage, coupé en parcelles, n'existe plus pour personne;
si l'héritage demeure entier, il reste un centre commun à
la famille (Locré, t. 11, p. 156 et 159)». Et M. de Malleville : « il importe de laisser à la sagesse éclairée des
pères de famille la distribution économique de leurs
biens... ». Mais cette tendance n'a point prévalu, ou les
craintes d'un morcellement exagéré se sont évanouies,
puisque le législateur de l'an XII est resté sourd à ces
avis, et qu'il n'accueille dans aucun texte le vœu de M. de
Malleville, vœu qui d'ailleurs pouvait répondre aux aspirations personnelles de son auteur, mais qui n'était guère
en harmonie avec les sentiments égalitaires, que la révo-
lution avait fait pénétrer dans les esprits, et que la loi de
l'an II avait formulés en les édictant.

62. — Enfin M. Réquier déplore qu'il ne soit pas permis
à l'ascendant de distribuer ses biens, suivant la convenance, les intérêts et les aptitudes de ses enfants, et d'assurer ainsi leur bonheur (1) ; qu'il lui faille donner une

_____

(1) Comme le disait ironiquement M. Gressier, ministre-président, à

NULLITÉ POUR INÉGALITÉ EN NATURE.

part de ses immeubles à celui qui veut entreprendre un
commerce, ou fonder une industrie, et une part de ses
valeurs mobilières à celui qui s'est voué à l'agriculture,
et qui désirerait conserver les immeubles paternels
(n° 146). Nous ne pouvons concevoir cette critique : si le
partage blesse les convenances des enfants, que le commerçant ait été apportionné en immeubles, et l'agriculteur en valeurs mobilières, il leur est facile de faire entre
eux un échange. Maîtres de leurs lots, ils peuvent s'en
faire la cession réciproque et établir ainsi une répartition
plus conforme à leurs intérêts, dont ils sont, suivant
nous, les meilleurs juges, et dont nous aimons à leur
laisser la libre appréciation, nous défiant des préventions
et des faiblesses qui souvent trahissent le père de famille
le mieux intentionné ; nous voulons enfin que, puisqu'il
s'agit d'un droit héréditaire, l'héritier seul en dispose (1).
D'ailleurs où donc les tribunaux puiseraient-ils des preuves qui leur permissent de reconnaître le partage de convenance ? Où serait le *criterium* ? Cette doctrine est pleine
de périls, car elle fait dépendre la validité du partage de
recherches bien conjecturales et bien arbitraires.

Cependant l'opinion, qui confère à l'ascendant le pou-
voir que nous lui refusons, compte, parmi ses partisans,
MM. Duranton (t. IX, n° 658), Genty (p. 147), Colmet de
Santerre (t. IV, n° 243 *bis*), Baudry-Lacantinerie (Précis,

---

la séance de la Commission de l'enquête agricole du 4 mars 1869, « c'est
le côté idyllique de la question des partages d'ascendants ». — « C'est le
côté moral, répliquait consciencieusement M. Josseau » (v. docum. précités, p. 244)..... côté moral, soit ; disons, toutefois, que nos partages
présentent rarement ce cachet d'impartialité qui en ferait une si belle
institution ; en sorte que le scepticisme railleur du ministre est mieux
justifié que l'optimisme de M. Josseau, et que, le plus souvent, si l'ascendant donne tous ses immeubles à l'un de ses enfants, c'est pour
l'avantager et se l'attacher plus étroitement, sans considération pour
l'utilité des autres (v. M. Laurent, t. XV, n° 1).

(1) M. Bonnet (n° 289) est de cet avis.

EXPOSÉ DOCTRINAL.

t. 2, n° 706), Arntz (J. du Pal. 1853, t. 1, p, 19), et Demolombe (Rev. crit. de jur., t. 1, p. 326 ; v. toutefois traité des don. et test., t. 6, n° 205). La chambre des requêtes avait jugé ainsi par son arrêt du 26 mars 1845 (D. 46. 1. 374); mais la chambre civile s'est prononcée en sens contraire, le 18 décembre 1855 (D. 56. 1. 20).

La cour de Bordeaux accorde le pouvoir d'appréciation à l'ascendant, par ses arrêts des 18 juillet 1853 (J. des ar. t. 28, p. 330), 1er mai 1855 (t. 30, p. 236), 3 juillet 1855 (t. 30, p. 334) (1), 18 mai 1870 (t. 45, p. 240).

63. — MM. Réquier (n° 150, p. 291), Laurent (n° 60, p. 73) et Barafort (p. 15) estiment que l'ascendant, étant le *dominus* de son patrimoine, le distribue comme il l'entend : « Une telle situation, dit M. Barafort, ne saurait être confondue avec celle des enfants, devenus copropriétaires de la chose commune par le décès de leur auteur, et devant se la partager sur un pied d'égalité parfaite, avec tous les droits, qui résultent de la copropriété ». Au moment du contrat, le donataire n'est ni un communiste ni un héritier indivis, il ne peut donc parler alors de droits de copropriété méconnus. C'est incontestable ; mais, au décès de l'ascendant, il recueille ces droits dans la succession ; et il lui appartient d'en exiger la consécration (2).

64. — MM. Laurent (t. XV, n° 66) et Barafort (p. 22, 24), poursuivant leur critique du système, que nous défendons, l'accusent d'inconséquence : si le partage d'ascendants n'est autre chose qu'un partage de succession, il faut, disent-ils, emprunter à ce dernier toutes ses rè-

---

(1) Cet arrêt, infirmant un jugement du tribunal d'Angoulême, du 28 juin 1854, a été maintenu par la chambre civile (arrêt de rejet, du 9 juin 1857 : D. 57. 1. 294); mais sans qu'elle ait eu à se prononcer sur le point spécial que nous examinons.

(2) Confer : Genty, p. 140 et suiv.

NULLITÉ POUR INÉGALITÉ EN NATURE.

gles ; la licitation, lorsque les immeubles sont impartageables, l'expertise pour la formation des lots, le tirage
au sort..... C'est là un paralogisme inacceptable : il
n'existe pas de similitude complète entre le partage de
succession et celui que fait l'ascendant, auquel nous n'appliquons pas dès lors toutes les règles du partage judiciaire ; telles la licitation, l'expertise, le tirage au sort,
qui seraient, en effet, la négation du pouvoir accordé à
l'ascendant. Quant aux autres, à celles particulièrement
des articles 826 et 832, nous les appliquons, parce qu'elles
ne répugnent point à l'exercice de ce pouvoir, et qu'elles
répondent au vœu primordial du législateur, en toute
espèce de partage : l'égalité. Ce n'est pas là de l'inconséquence, mais du discernement (v. *infra* n° 68).

65. — M. Barafort se récrie contre la nullité, dont nous
frappons le partage, qui ne contient pas une véritable
répartition des biens de toutes natures (p. 37) : « elle
n'est point inscrite dans le code, dit-il, et M. Troplong
(n° 2334) convient qu'il ne l'admet qu'à raison de l'*analogie* ». Une nullité prononcée par analogie ; cela paraît
fort risqué, déclare M. Barafort ; et il se refuse à jurer *in
verba magistri*. Nous avons déjà répondu à cette argumentation : puisqu'il s'agit d'un partage, les principes qui
régissent ce genre d'opération, quant à l'exacte distribution des biens, reçoivent leur consécration. Le décider
ainsi, ce n'est pas raisonner par analogie, c'est raisonner
d'un cas déterminé à un autre identique, en vertu de la
maxime : *ubi eadem causa, idem jus*. Si l'objection de M.
Barafort était fondée, il faudrait dire aussi que le partage
d'ascendants ne saurait être annulé, ni pour dol, ni pour
violence, parce que l'article 1079 ne vise que la lésion !

66. — Une distinction a été proposée par MM. Duranton et Poujol : lorsque l'ascendant fait un partage testamentaire, c'est-à-dire lorsqu'il procède à la répartition de
son patrimoine, sans l'assentiment, formel du moins, de
ses enfants, il fait véritablement un lotissement de succes-

sion ; aussi doit-il se conformer aux règles de distribution, imposées au juge par l'article 826, et apportionner chaque enfant, dans chaque nature de biens, comme l'exige le droit héréditaire. Mais, lorsque l'ascendant propose à ses enfants le partage de ses biens, et qu'ils l'acceptent, quel que soit le lotissement, il y a contrat ; l'enfant, apportionné exclusivement en meubles, ou en immeubles, ne sera donc pas recevable, au décès, à s'en plaindre et à demander la rescision : il n'est pas restituable contre son acceptation (Duranton, t. IX, n° 658). A cette doctrine se sont ralliés MM. Mourlon (Rép. écr., t. 2, n° 967, p. 501), Valette (à son cours), Colmet de Santerre (t. 4, n°s 243 *bis*, 17), Héan (Rev. prat. t. 5, p. 166, et t. 8, p. 356), Arntz (J. du Pal. 1853, t. 1, p. 19), Genty (n° 15, p. 147), Brives-Cazes (J. des ar. de Bord., t. 28, p. 5, à la note), Bonnet (n°s 291 et 295), Lyon-Caen (thèse de doctorat) (1). Quant à la jurisprudence, nous ne pensons pas qu'elle ait fréquemment opiné en ce sens; notons cependant les arrêts de la cour de Nîmes du 11 février 1823, de Grenoble des 14 août 1820, 25 novembre 1824 (D. 25. 2. 117), Nîmes 10 avril 1847 (D. 48. 2. 102); mais ajoutons que la cour de cassation a, depuis longtemps, condamné la distinction entre le partage testamentaire et le partage entre-vifs (v. arrêt du 11 mai 1847 : D. 47. 1. 167). Nous la repoussons aussi et nous protestons contre ses tendances : suivant les auteurs précités, l'ascendant, partageant ses biens par testament, est soumis à la loi des successions et ne peut dès lors distribuer inégalement

---

(1) M. Réquier (n° 149, p. 290) estime que : « l'acceptation, donnée par les enfants au partage entre-vifs, a bien sa valeur » ; mais il revendique aussi, pour l'ascendant faisant un partage testamentaire, une entière liberté dans l'attribution des natures de biens. Et quant à MM. Aubry et Rau qui, d'abord, s'étaient prononcés pour la distinction entre la donation et le testament, ils se sont rétractés dans leur 3e édition.

NULLITÉ POUR INÉGALITÉ EN NATURE.

ses diverses natures de biens; s'il recourt à un acte entre-vifs, il a au contraire ce pouvoir. De telle façon que, pour éluder la loi des successions, l'ascendant emploiera la forme de la donation.

On se fonde sur le consentement donné par les enfants au lotissement. Nous soutenons que ce consentement est sans valeur, parce qu'il n'est pas libre, et qu'il porte sur une succession non ouverte.

Il n'est pas libre : la loi reconnaît cependant la validité des conventions, intervenues entre le père et ses enfants (art. 761, 918, 1082); elle déclare même que la crainte révérentielle ne suffit pas pour annuler le contrat (art. 1114). Est-ce à dire qu'elle la méconnaisse, ou que, de parti pris, elle n'en veuille point tenir compte, contraire-ment à la maxime : *velle non creditur qui obsequitur imperio patris* (L. 4, D., *de reg. jur.*) ? Deux grands intérêts appa-raissent ici : celui des tiers, qui exige la stabilité de la propriété, celui de l'enfant, dont la cause ne saurait être sacrifiée. Pour les concilier, le législateur dispose que la crainte révérentielle *seule* n'annule pas la convention ; mais par là même il donne à entendre qu'il en sera autre-ment, lorsque, à la révérence, toute de sentiment, qui porte l'enfant à subir l'influence paternelle, viendra se joindre la crainte d'un danger matériel, la violence mo-rale enfin, définie par l'article 1112: « la crainte d'exposer sa personne ou sa fortune à un mal considérable et pré-sent ». Or n'est-ce pas un mal considérable, toujours pré-sent, d'une permanence poignante et pleine d'angoisses que celui dont le fils est menacé, s'il se refuse à souscrire aux volontés d'un père irrité, qui peut tout reprendre, tout aliéner, tout anéantir et rendre illusoire, jusqu'au droit héréditaire de l'enfant, et n'est-il pas dérisoire de donner le partage, accepté sous l'empire de telles préoc-cupations, pour une œuvre commune et comme l'effet d'un accord de volontés (1) !

---

(1) Confer : Laurent, t. XV, n° 132.

Nous ajoutons que la convention est, en tant que partage, un pacte sur succession future, qu'à ce titre encore
elle est annulable (art. 791, 1130, 1600). Que l'égale répartition des natures de biens soit de l'*essence* du droit de
copropriété, ainsi que le veut la cour de cassation (arrêts
de la chambre des requêtes, des 11 août 1856 et 18 août
1859 : D. 57. 1. 21, et 59. 1. 410), ou que cette égalité soit
simplement de la *nature* de ce droit, ainsi que nous le
pensons, avec MM. Aubry et Rau (t. 6. p. 221, note 1),
Derome *(loc. cit.),* Réquier (n° 148) et Bonnet (n° 286), il
est toujours constant que c'est là un droit de succession,
comme l'égalité de quotité. Sans doute la loi autorise le
partage de l'hérédité future de l'ascendant, même par un
acte entre-vifs ; mais il n'est point de texte, qui permette
à l'enfant de renoncer, dès à présent, aux droits que la
loi ne lui accordera, sur cette hérédité, qu'au décès de
l'ascendant. Une telle renonciation n'est, en aucun cas,
tolérée, qu'il s'agisse d'un partage d'ascendants ou de
tout autre succession à venir ; et qu'il s'agisse d'un droit
isolé, détaché de la succession, ou de l'ensemble de cette
succession. Or, que prétend-on, dans le système que nous
combattons ? Que l'enfant attributaire du mobilier, par
cela même qu'il accepte son lot, renonce ainsi et implicitement à l'égalité héréditaire ; ce qui est prohibé, et conséquemment nul. En d'autres termes l'ascendant peut
bien répartir sa succession, avec le concours de son héritier, mais, pour que cette répartition et ce concours soient
opposables à l'enfant, au décès, il faut que l'hérédité ait
été distribuée, conformément à la loi des successions.
Toute disposition contraire est nulle ou annulable, à l'ouverture de la succession. C'est ainsi que, malgré l'acceptation de l'enfant, le partage est rescindable pour lésion,
et réductible pour excès sur le disponible. MM. Aubry et
Rau *(loc. cit.)* arrivent à la même solution par d'autres
motifs : d'après eux, les donataires sont liés définitivement, vis-à-vis du donateur, par l'acceptation de l'appor-

tionnement inégal ; mais, dans les rapports des codonataires, il en est tout autrement ; car : « on ne saurait inférer
de l'acceptation une renonciation réciproque au droit
d'attaquer le partage, comme tel ». Ce qui implique la
validité d'une renonciation, qui serait formellement faite,
et qui, on le comprend, deviendrait alors de style dans
nos partages. Nous croyons, quant à nous, que cette renonciation résulte virtuellement du contrat, mais nous en
contestons la légalité.

En résumé, l'assistance de l'enfant à l'acte n'est d'aucune efficacité ; de sorte qu'il n'y a aucune différence à
faire entre le partage testamentaire et celui qui est réalisé entre-vifs : pour l'un comme pour l'autre, l'ascendant
est tenu à l'égalité dans la nature des apportionnements,
lorsqu'elle est possible, parce que la loi des successions
les régit de la même façon (v., au surplus, *infra.* n° 97).

67. — Les raisons que nous venons de donner, pour
démontrer l'inefficacité du consentement de l'enfant au
partage, si elles sont encore discutées en doctrine (v. M.
Bonnet n° 291), ont été, depuis longtemps, acceptées par
la jurisprudence. La pratique s'en est émue, et elle a imaginé un expédient fort ingénieux, pour mettre le partage,
inégal en nature, à l'abri de l'action en nullité, pour attribution illégale, et peut-être même de l'action en rescision
pour lésion : dans un premier acte, le père de famille fait
indivisément à tous ses enfants l'abandon de ses biens
(1) ; par un second acte, les donataires font le partage ou
la licitation. De cette façon, l'enfant, exclusivement apportionné en meubles ou en immeubles, ou même, (et par
l'effet de la licitation), en une créance sur son codonataire, ne saurait arguer de la crainte révérentielle, puis-

---

(1) V. MM. Réquier, n° 111, p. 194, Demolombe, n° 54, Aubry et Rau
t. 6, p. 218, qui estiment que les dispositions de cet acte sont régies
par l'article 1075.

que l'ascendant est resté étranger au contrat. Il n'invoquera pas davantage la prohibition des pactes sur successions futures ; car il s'agit, non d'une succession distribuée par anticipation, mais simplement d'une copropriété indivise, sur laquelle les communistes ont pu faire telles stipulations qu'il leur a plu (1). Lorsque cette double opération a été loyalement faite, elle doit rassurer sur le sort des enfants leurs plus zélés défenseurs ; mais il faut être en défiance contre cet excès de précaution, le plus souvent destiné à faire illusion sur la liberté de l'enfant et qui, partant, est le meilleur indice d'une spoliation et d'une iniquité. Aussi les tribunaux ne s'en tiennent-ils point, en pareil cas, aux apparences, et s'assurent-ils de la réalité de l'indépendance des copartageants : s'il ressort des circonstances, qui ont accompagné les deux actes, que l'ascendant, bien qu'il n'ait pas été partie à la distribution inégale en nature, y a cependant présidé, le juge applique l'apophthegme : *non quod dictum, sed quod factum est,* et il annule un partage triplement entaché de violence morale, de stipulation sur succession non ouverte et de fraude ; — s'il ressort, au contraire, des circonstances de la cause que les enfants ont partagé entre eux, en toute liberté, (et nous accordons que la convenance des apportionnements, faits à chacun, serait, à ce point de vue, un précieux indice), le partage doit être maintenu. La jurisprudence et la doctrine sont depuis longtemps fixées en ce sens (2).

_____

(1) M. Bonnet (n° 291, p. 347) ne voit aucune différence entre cette espèce, et le cas d'un partage fait par le père lui-même. V. infra, n° 96. 1°.

(2) V. MM. Demolombe (t. 6, n° 53), Championnière et Rigaud (traité des droits d'enregist., t. 3, n°s 2596, 2598), Aubry et Rau (t. 6, p. 218), Réquier (n° 112) et Brives-Cazes, à la note, sous l'arrêt de Bordeaux du 8 mars 1870 (J. des ar. t. 45, p. 97 et D. 71. 2. 202), Dalloz (Jur. gén. v° Disp. entre-vifs et test. n° 4474 et Table des 22 années, v° Part.

NULLITÉ POUR INÉGALITÉ EN NATURE.

68. — Nous avons dit (*supra* n° 58) que nous n'entendions point obliger l'ascendant à fractionner des biens impartageables, et que, lorsqu'il ne possède que des immeubles, qui ne sauraient être divisés sans dommage, nous lui reconnaissons le pouvoir de les attribuer en entier à un seul de ses enfants, à la charge de payer aux autres une somme, qui représentât leur quote-part (1). Les auteurs qui, comme MM. Réquier, Barafort et Arntz (*supra* n° 58 et suiv.), sont d'avis que l'ascendant a la faculté de distribuer ses biens, comme il lui plaît, (et par donation ou par testament), admettent cette solution ; et cela devait être. Mais ils prétendent que, dans notre système, elle est illogique ; que si, en effet, les règles du partage de succession régissent notre matière, ainsi que nous le soutenons, nous n'en devons excepter aucune : or, disent-ils, lorsque l'immeuble de succession n'est pas divisible, on recourt à la licitation (art. 827), dont le prix est ensuite réparti entre les héritiers. La loi le prescrit ainsi. Dans l'espèce, on ne peut songer à cet expédient, puisque l'immeuble n'appartient qu'à l'ascendant ; nous devrions donc décider que le partage est irréalisable (confer *supra* n° 64).

Touchés sans doute de cette argumentation, MM. Duranton, Poujol, Genty, Bonnet, Lyon-Caen, Mourlon, Colmet de Santerre et Brives-Cazes (v. n° 66) décident que l'attribution des immeubles à un seul ne peut être faite

---

d'asc. n° 4 et suiv.). Ainsi l'ont jugé la chambre civile, le 16 janvier 1867 (D. 67. 1. 153) et la chambre des requêtes, le 24 décembre 1873 (D. 74. 1. 432) et le 2 juillet 1878 (D. 78. 1. 463); et, de même, les cours de Colmar, le 21 février 1855 (D. 70. 5. 262), de Poitiers, le 4 février 1878 (D. 78. 2. 68), et enfin celle de Bordeaux (v. les arrêts, cités infra, n° 173 et suiv.).

(1) V., en ce sens, notamment cass. ch. civ. 8 avril 1873 (D. 73. 1. 196), 26 décembre 1876 (D. 77. 1. 171); et Bordeaux 5 juin 1861 (t. 36, p. 305), 21 juillet 1863 (t. 38, p. 419).

que par un acte entre-vifs et avec le concours de tous les
enfants qui, en ce cas, relèvent l'ascendant de son obligation de suivre la règle des successions, et de l'impossibilité où il était, par suite, de faire un partage. Il est enfin
des auteurs qui pensent que cette attribution ne peut être
qualifiée de partage ; que les enfants, apportionnés en
créances sur l'abandonnataire de l'immeuble, ne sont
point des copartageants, puisqu'ils ne détiennent aucune
portion du patrimoine ; que c'est là une donation ordinaire, avec charges, échappant aux principes du partage;
telle est la doctrine qui s'induit de quelques arrêts (v.
Agen 18 avril 1849, Dev. 1853. 11. 134) et du cours de M.
Colmet de Santerre (t. IV, n° 213 *bis*, XIX). (Confer Genty,
p. 146).

Examinons chacune de ces objections :

Celle qui ne voit, dans l'abandonnement de l'immeuble
indivisible à un seul, qu'une donation et non un partage,
n'est qu'une subtilité ; car les créances, qui forment les
lots des autres enfants, dépendent du partage, de la même
manière, par exemple, que la soulte, autorisée par l'article 833, pour équilibrer des lots inégaux. Au surplus,
l'acte, peut-on dire, est en réalité une vente et un partage : c'est une vente, consentie par l'ascendant à l'un de
ses enfants, moyennant un prix, égal à la valeur de l'immeuble, moins celle de la part de cet enfant, dans le
même immeuble, vente suivie de la répartition de ce prix.
Il y a identité entre cette façon de procéder, et celle qui
consiste à distribuer entre les héritiers le prix d'une licitation faite entre eux. Dans l'un et l'autre cas, la valeur,
objet de l'apportionnement, provient bien du patrimoine
indivis, *où* en est la représentation : si cela est légal,
pour le partage successoral, il en doit être de même pour
celui de l'ascendant ; et ceux qui nous font une obligation stricte de l'observation de la loi, dans toutes ses dispositions (*supra* n° 64), devraient se montrer satisfaits.
(v. en ce sens Grenier, donations, n° 399 ; Dalloz, Jur.

NULLITÉ POUR INÉGALITÉ EN NATURE.

gén. Disp. entre-vifs, n° 4485 ; M. Réquier, n° 89 ; Laurent, t. XV, n° 68, p. 90, et Aubry et Rau, t. VI, p. 221 et note 2, § 730) (1).

M. Genty (p. 145, 146), qui conteste à l'ascendant la faculté d'opérer lui-même la licitation, en donne pour raison que cet ascendant ne saurait avoir plus de pouvoir que les tribunaux, qui ne pourraient attribuer l'immeuble impartageable à l'un des enfants, à la charge d'acquitter la part de ses cohéritiers.

L'ascendant, qui distribue ses biens, est le mandataire de la loi, à l'effet de les répartir, comme elle le ferait elle même. Quel est dès lors son pouvoir ? Partager, si la division n'est pas dommageable (art. 832), liciter, c'est-à-dire transformer l'immeuble en numéraire, si le lotissement est préjudiciable (art. 827). Puisque la loi a conféré à l'ascendant la faculté de distribuer d'avance son hérédité, elle a dû la lui accorder, non d'une façon restreinte, et pour certaines hypothèses, mais pour toutes celles qui peuvent se présenter, telle que celle de l'indivisibilité du fonds. L'entendre autrement n'est-ce pas taxer le législateur de légèreté ou d'imprévoyance ? N'est-ce pas l'accuser de délaisser les enfants, dans la conjoncture la plus périlleuse, pour l'harmonie de la famille, que nos partages ont cependant pour but d'assurer ; n'est-ce pas enfin présenter nos textes comme une œuvre incomplète et informe ? La doctrine de M. Genty tend à donner à la licitation de l'objet indivisible la portée d'un droit personnel à l'enfant, et dont l'ascendant ne saurait s'emparer. Mais, répondrons-nous, le droit de partager la chose divisible est aussi personnel à l'enfant, et il en est néanmoins dessaisi ; or, le droit de licitation n'est ni plus intime, ni plus sacré.

69. — Et maintenant quand l'immeuble est-il indivisi-

_____

(1) V. aussi infra n° 137.

ble? Lorsque, répondrons-nous, avec les articles 827 et 832, le lotissement ne pourrait être opéré sans morcellement des héritages et sans fractionnement des exploitations. C'est un point sur lequel on ne saurait tracer de règles uniformes ; les tribunaux l'apprécient en fait, à l'aide d'expertises ou de documents, produits par les intéressés; et leur décision échappe à la censure de la cour suprême. Observons cependant quelques cas particuliers et essayons de déterminer les dispositions que le juge doit apporter dans ses solutions :

i. — Le partage de l'immeuble est réalisable, en ce sens qu'on composera aisément autant de corps d'exploitation distincts qu'il y a d'enfants ; mais il n'existe qu'un puits, une citerne, un chemin de desserte.... renoncera-t-on au partage et l'ascendant donnera-t-il conséquemment, sans risques d'annulation, son immeuble à l'un de ses enfants, ou partagera-t-il, en constituant des servitudes de puisage et de passage, au profit des lots, privés de puits, de citerne et de chemin ? — Ces servitudes sont assurément incommodes, mais elles ne causent pas d'embarras assez graves, pour autoriser l'ascendant à s'abstenir de partager. Ainsi l'a jugé la cour de Bordeaux par son arrêt du 3 février 1858, infirmant un jugement rendu par le tribunal d'Angoulême, le 30 mai 1857 (affaire Crouzeau-Labrousse ; J. des ar., t. 33, p. 53). Toutefois peut-être la cour a-t-elle, dans cette affaire, exagéré l'obligation du partage en nature : « Attendu, a-t-elle dit, que les parcelles d'héritages sont au nombre de plus de trente articles, situés dans des localités différentes, et composés de diverses natures de biens, qu'il n'est nullement impossible de diviser et d'assortir, dans un partage en nature ; qu'à l'égard des bâtiments, si la division en semble plus difficile, les experts n'ont pas même recherché s'il était possible de les mettre dans un seul lot, en attribuant alors à un autre une plus grande quantité de terres ; que, quant aux obstacles que présentait, suivant eux, l'insuffisance

du passage, pour arriver à ces bâtiments, si ce passage
devait être laissé en commun, comme aussi la nécessité
de laisser également en commun les aireaux annexes des
bâtiments...». Cette citation suffit pour démontrer que si,
dans l'espèce, le partage de l'immeuble rural était facile,
comme il l'est le plus souvent, il n'en était pas de même
des bâtiments, des voies d'accès et des aireaux, établis
sans doute de manière à ne former qu'un seul corps d'exploitation. Les aireaux pouvaient, il est vrai, être laissés
en commun, suivant l'arrêt. Fort bien ; mais voilà un
partage qui, pour une portion notable du patrimoine,
ressemblera singulièrement à une indivision ; et c'était,
à notre avis, le cas de maintenir l'attribution du père de
famille, comme l'avait décidé le tribunal, et non de l'annuler, ainsi que l'a fait la cour.

II. Il est impossible de faire des lots absolument égaux,
à l'aide des immeubles de l'ascendant. — Dans cette
espèce, il faut user de la faculté, ouverte par l'article 833,
et décider qu'une inégalité peut et doit même être tolérée et que l'ascendant complètera, par une soulte, le
lot insuffisant. Quant au taux de la soulte, nous pensons
qu'on ne saurait exiger du père de famille qu'il imposât
à ses enfants, pour faire quand même le partage, une
charge qui fut hors de proportion avec les ressources, que
le débiteur trouvera dans son apportionnement.

III. — Le partage pourrait être effectué, mais pour cela
quelques modifications devraient être faites dans les bâtiments : ici c'est un mur de clôture à construire, pour sé-
parer les lotissements ; là c'est une ouverture... — Le
partage est dû, même au cas d'inégalité entre les lots ; à
plus forte raison en est-il ainsi dans notre hypothèse. Il
est, au reste, peu d'opérations de ce genre, qui n'appor-
tent pas quelques troubles dans les aménagements, et qui
n'en nécessitent pas de nouveaux.

70. — C'est généralement au point de vue de l'intérêt
des enfants, dotés en numéraire, qu'on se place, pour dis-

cuter la validité du partage, qui attribue l'intégralité des immeubles à l'un des enfants ; parce que c'est de ce côté que partent toujours les plaintes. Mais l'attribution des immeubles peut aussi nuire à celui qui en est le bénéfi-ciaire ; il est clair qu'il aura, lui aussi, le droit de soute-nir que le partage en nature des meubles et des immeu-bles était possible, et de faire annuler le contrat, pour inégale répartition.

71. — L'annulation du partage, qu'elle soit prononcée pour inégalité en nature, ou pour lésion, place les enfants dans l'indivision : le partage a subsisté régulièrement, jusqu'au décès de l'ascendant ; il n'existe plus. Les effets de l'annulation se confondent à cet égard dans les deux hypothèses ; mais voici un point important, sur lequel elles diffèrent : l'enfant avantagé peut, par des offres satisfactoires, maintenir le partage rescindable (art. 891, *supra* nᵒ 41); aucun expédient ne préserve le partage, qui contient un lotissement illégal ; il disparaît (v. *infra* nᵒ 108).

72. — Ici se termine ce que nous avions à dire des rè-gles du partage de succession, dans leurs rapports avec le partage d'ascendants. Qu'il nous soit permis de consta-ter qu'au milieu des conflits d'opinions les plus diverses, alors que tous hésitaient et cherchaient leur voie, la cour de Bordeaux s'est fait remarquer, après la cour de cassa-tion, par sa constance et par sa fermeté, dans les sept arrêts que nous avons cités (nᵒ 58), et dont le dernier, celui du 15 mars 1869 (J. des ar., t. 44, p. 142), a été rendu par les chambres réunies, sur renvoi ordonné par la cour suprême, le 24 juin 1868, et par suite de cassation d'une décision de la cour d'Agen (D. 68. 1. 289). Cette affirmation solennelle et persistante de la doctrine qui, après bien des luttes, a définitivement triomphé, au moins en jurisprudence, nous la revendiquons comme un honneur pour la cour de Bordeaux. Il est aisé, ajourd'hui que le débat est épuisé, que tout a été dit et mis en lu-

mière, il est aisé de se prononcer pour ou contre l'application des art. 826 et 832 ; mais, en 1852, date du premier arrêt de notre cour, la jurisprudence n'avait point encore acquis la sûreté et la précision qu'elle a atteintes de nos jours : la monographie de M. Genty, dont les dissertations ont produit l'effet d'une révélation, était à peine connue. Si la cour de cassation avait, dès le 16 août 1826 (D. Rép. disp. entre-vifs et test. n° 4492. 1°), posé les principes qu'elle a invariablement suivis depuis, la discussion était vivement engagée, au second degré de l'échelle judiciaire, et on était loin de s'entendre : la cour de Limoges s'était prononcée, en 1836, pour l'assimilation des partages d'ascendants aux partages de succession, et pour la nullité de l'apportionnement inégal en nature ; celles de Grenoble en 1820 et 1824, de Nîmes en 1823 et 1847, de Riom en 1825, de Montpellier en 1850 jugeaient autrement. Cela dit, rappelons que nous avons fait deux réserves, dans notre approbation de la doctrine de la cour de Bordeaux : l'une a trait aux lotissements, établis suivant la convenance prétendue des enfants, l'autre concerne l'indivisibilité des immeubles, et ce qu'on doit entendre par cette expression (v. *supra.* n°ˢ 62 et 69).

73. — Avant de clôre ce chapitre, nous voudrions protester contre le blâme que quelques économistes infligent à la loi des successions, et tout particulièrement à son application aux partages d'ascendants : elle prescrit, dit-on, la division des héritages d'une façon pernicieuse pour la famille, pour l'agriculture et pour l'industrie (1).

(1) V. MM. Réquier et Barafort (supra n° 54 et suiv.), et la déposition de M. Saint-Luc Courborieu, alors premier président de la cour de Limoges, dans l'enquête agricole du Lot-et-Garonne, ainsi que le rapport de M. de Forcade, président de l'enquête, dans ce département. V. aussi l'argumentation du ministre de Villèle, pour la défense du projet de rétablissement du droit d'aînesse, présenté sous la restauration.

EXPOSÉ DOCTRINAL.

Constatons d'abord que le fractionnement des exploitations et l'éparpillement de parcelles, dont on se plaint, n'affectent que les départements de l'est, où les sept dixièmes de la propriété rurale ne dépassent pas sept hectares, et où se trouvent grand nombre de fonds, dont la superficie n'excède pas quinze ares; et ajoutons que cela date d'une époque bien antérieure au code (1). Reconnaissons cependant que, dans toute la France et depuis 1830, le nombre des parcelles et des petits domaines s'est considérablement augmenté, puisque la statistique de l'administration des contributions directes atteste qu'il a progressé de vingt-cinq pour cent (2); mais c'est à tort qu'on l'impute à la loi des successions; la cause en est tout autre. Par suite de la modicité de sa rémunération, le cultivateur vivait autrefois dans la misère; grâce à l'élévation des salaires, il réalise maintenant des économies, qu'il n'emploie point en valeurs de crédit, car il n'est pas prêteur. Il ne songe qu'à devenir, à son tour, possesseur du sol; et, cette possession, une fois constituée, il l'étend avec amour, avec passion, dans la mesure nécessairement restreinte du fruit de ses travaux. Voilà l'auteur d'un morcellement qui grandit, qui, avec le

---

(1) M. de la Galaisière, intendant de Lorraine en 1770, et seigneur de Neuville, fut tellement frappé de l'extrême division du sol, dans cette contrée, que, pour détruire les inconvénients, qui en résultaient, il invita les habitants à faire entre eux une distribution nouvelle des terres, proportionnellement à leurs droits; ce qu'ils firent. — Le morcellement s'étendait aussi à l'Alsace... mais hélas! depuis le traité de Francfort (10 mai 1871), ces deux provinces ne comptent guère dans nos préoccupations économiques!

Le fractionnement parcellaire de la France est attesté par Arthur Young, de 1787 à 1789; il l'est encore par Malthus, trente ans plus tard.

(2) MM. Passy (Dictionnaire d'économie politique, article agriculture) et Wolowski (Division du sol et sa valeur croissante, Revue des Deux-Mondes, 1er août 1857) le contestent avec les documents mêmes de la statistique.

NULLITÉ POUR INÉGALITÉ EN NATURE.

temps, fera passer la terre au pouvoir du laboureur, et qui concorde, au surplus et très logiquement, avec la diminution du paupérisme en France ; la terre n'est-elle pas, en effet, suivant la belle expression de Sismondi, une vraie caisse d'épargne, toujours prête à recevoir les petits profits et à utiliser les moments de loisir de celui qui la cultive (1) ?

Ce morcellement est-il si pernicieux pour l'agriculture ? Qui ne sait que les champs de peu d'étendue sont les plus productifs ; ce qui s'explique parcequ'ils sont exploités par leurs maîtres, alors que les grandes propriétés sont livrées a des fermiers, colons ou mercenaires, peu ou point intéressés à l'amélioration de la culture (2). — La Pologne, la Russie, la Hongrie, contrées de grandes propriétés, sont aussi les moins productives. Il en est de même, mais à un plus faible degré, de l'Angleterre et de l'Ecosse, où la loi des successions fait de la propriété un privilège restreint, et où les agrandissements territoriaux progressent si rapidement, qu'un écrivain anglais, M. Fawcett, a pu dire que les domaines sont, de nos jours,

---

(1) Si l'on suit les transformations du cultivateur, à travers les âges, on le voit d'abord serf, travaillant pour son seigneur, puis colon, censitaire, métayer, fermier et enfin propriétaire. Voici un fait qui témoigne de son amour pour le sol : en comparant la carte de Cassini, exécutée il y a un siécle, avec la carte actuelle de l'État-major, on observe, dans le midi notamment, que les familles de laboureurs, qui habitaient les maisons portées sur la carte de Cassini, les habitent encore.

(2) « L'influence magique de la propriété, dit Arthur Young, convertit le sable en or... et les rochers en paysages fertiles ». « L'homme est la source première du capital... Des entreprises qui seraient impossibles, et qui deviendraient ruineuses, s'il fallait y consacrer de nombreux salaires, se trouvent accomplies, à force de courage, de patience, d'ardeur soutenue et de labeur acharné de l'homme qui, pareil au géant de la fable, a vu doubler ses forces au contact du sol, devenu sa propriété. (M. Wolowski : de la division du sol ; Revue des Deux-Mondes, 1er août 1857).

trois fois moins nombreux qu'en 1800 (1). — En Belgique et en Hollande, la terre est à peu près aussi divisée et conséquemment aussi prospère qu'en France. — En Autriche, la législation frappe d'indivisibilité les propriétés foncières, dont l'étendue ne dépasse pas vingt-six ou vingt-sept hectares. Des dispositions analogues régissent le Mecklembourg, la Westphalie, une partie du Hanovre, le Grand-Duché d'Oldenbourg, la Thuringe et la Saxe. En Bavière, dans la partie de cette contrée qui est sise au-delà du Rhin, la loi du 28 mai 1852 défend au propriétaire de détacher de son fonds une parcelle inférieure à un hectare, sous peine d'une amende de 100 à 1,000 florins et d'un emprisonnement de trois mois. Au contraire, dans le Palatinat, où notre code est en vigueur, la faculté de morcellement est illimitée. Or, dans les pays allemands de restriction parcellaire, l'agriculture est beaucoup moins florissante que dans les autres provinces ; aussi, et pour ne citer que ce cas, l'abrogation de la loi de 1852 est-elle instamment réclamée, dans toute la Bavière. — En Suisse, dans les cantons de Bâle, de Soleure, de Vaud et dans le Jura Bernois, l'étendue moyenne des terres ne dépasse pas douze ares ; la culture y est plus soignée et plus intensive que dans les petits cantons de Zug, de Schwitz, de Lucerne et d'Obwalden, où l'usage veut qu'au décès du père de famille les terres n'appartiennent qu'à l'un des enfants, qui doit indemniser ses cohéritiers. Ajoutons que, dans les premiers cantons, le prolétariat est moins nombreux et moins misérable ; et cela parce que le parcellement infini du sol permet au cultivateur

---

(1) On ne peut nier que, malgré l'étendue de la propriété, l'agriculture ne soit relativement prospère en Angleterre ; cela tient surtout à l'industrialisme du fermier anglais (v. le discours de M. de Broglie contre le projet de rétablissement du droit d'ainesse, présenté sous la Restauration, et l'ouvrage de M. de Montalembert sur l'avenir de l'Angleterre).

NULLITÉ POUR INÉGALITÉ EN NATURE.

d'acquérir un coin de terre, où il nourrit sa vache et ré-
colte du maïs et des pommes de terre, qui suffisent à sa
sobriété.

M. le député Le Hon, rendant compte des enquêtes
agricoles, faites dans la 27e circonscription (v. *supra*
no 56), comprenant la Loire, le Rhône et l'Ain, déclare
qu'il ne s'y est manifesté aucune plainte contre la division de la propriété. Tous les déposants se sont accordés
à reconnaître que le sol est de plus en plus productif, à
mesure que la propriété se divise, ou, en d'autres termes,
qu'elle passe entre les mains du cultivateur ; que les habitudes deviennent plus laborieuses et que le goût de
l'épargne s'accroît. M. de Gasparin s'est exprimé en ce
sens, comme membre de la chambre d'agriculture d'O-
range. Il en est de même de M. le conseiller d'état Chas-
saigne-Goyon qui, dans son rapport sur l'enquête du Var
et des Alpes-Maritimes, atteste que la division du sol a eu
pour effet d'augmenter considérablement la production
générale de cette contrée et l'aisance des populations rurales. Sans le morcellement, poursuit-il, elle n'aurait pas
vu s'étendre son territoire cultivé jusqu'à ces pentes
abruptes, que ses travailleurs ont péniblement défrichées.
Telle est aussi l'opinion de M. André, député de la Charente, qui a présidé l'enquête de ce département : le morcellement considérable de la grande et de la moyenne
propriété, depuis trente ans, a, dit-il, notablement accru
la production, dans la région viticole surtout (1).

Les anciens pensaient aussi que les exploitations res-

---

(1) Ce n'est pas sans un vif étonnement qu'après un tel langage nous
voyons M. André signaler, dans la suite de son rapport, une trop grande
division de la propriété, pour quatre arrondissements sur cinq ; car les
quatre arrondissements, auxquels il fait allusion, sont des pays vitico-
les fort prospères, au moment où il écrivait (Ruffec, Angoulême, Barbezieux et Cognac).

EXPOSÉ DOCTRINAL.

treintes étaient les meilleures ; écoutons le conseil du
poëte de Mantoue :

« . . . . . Laudato ingentia rura ;
exiguum colito . . . . »

(Geor. liv. II, v. 412, 413).

Præclaram nostri poetæ sententiam, s'écrie Columelle ; *nec
dubium*, ajoute-t-il, *quid minus reddat laxus ager, non recte
cultus, quam angustus eximie* (1, 3, 8) ; et Pline l'ancien
fait entendre cette plainte patriotique : *latifundia perdidere
Italiam, jam vero et provincias* (XVIII, 7) !

Cependant la multiplicité des parcelles, dont beaucoup
sont enclavées, occasionne des litiges et des embarras ; ne
le méconnaissons pas. Mais, lorsque la gêne deviendra trop
grande, le cultivateur cessera d'acquérir, et le fractionnement s'arrêtera, sans qu'il soit utile de légiférer ? Enfin,
et fallut-il un remède, sans toucher à la loi des successions, bien étrangère au mal, puisqu'elle ne prescrit le
partage que lorsqu'il est *possible* et *commode* (art. 826 et
832), on pourrait introduire dans le code une disposition
qui, au cas d'enclave, rendrait l'échange obligatoire (1) ;
on pourrait encore recourir à une opération dite de *conso-
lidation*, qui s'exécute avec succès en Allemagne, et qui
consiste à réunir en un seul bloc les propriétés morcelées,
et à les répartir ensuite par voie d'expertise, entre les
propriétaires dépossédés.

En résumé, le partage, tel que la loi l'a réglé, est pour
tous, pour la famille comme pour la société, une source
de richesses et un élément de moralisation ; il convient
donc de le maintenir . Ce n'est point la petite propriété

---

(1) La loi du 16 juin 1824 soumettait à un simple droit fixe d'un franc
les échanges d'immeubles ruraux contigus ; elle donna lieu à de nombreuses fraudes, aussi la loi de finances de 1834 la supprima-t-elle ; il
serait équitable de la rétablir, au moins pour les parcelles de peu d'é-
tendue, et en prenant des précautions contre la fraude.

La loi du 9 nov. 1884 répond à ce désir

NULLITÉ POUR INÉGALITÉ EN NATURE.

qui souffre en France ; c'est plutôt la grande, frappée qu'elle est de stérilité par la disette des travailleurs et par la surélévation des salaires (1).

---

(1) Aussi M. Wolowski consfate-t-il que la valeur de la grande propriété s'est accrue de moitié seulement, de 1821 à 1831, alors que celle de la propriété morcelée a triplé et même quadruplé (De la division du sol ; Revue des Deux-Mondes, 1er août 1857).

En ce qui touche le classement du territoire français en petite, moyenne et grande propriété, nous extrayons ce qui suit d'un document publié par le ministère des finances, au mois de février 1884 : L'étendue de la propriété est de deux hectares, dans la Seine, le Nord, Seine-et-Oise et la Somme ; — de trois hectares, dans le Rhône, le Pas-de-Calais, la Charente-Inférieure, l'Oise, le territoire de Belfort, le Puy-de-Dôme, l'Aisne, la Manche, Seine-et-Marne, la Meurthe-et-Moselle, la Haute-Saône, l'Isère, le Vaucluse, les Vosges, l'Yonne, l'Ain, la Charente, le Jura, l'Eure, la Haute-Garonne, l'Aube et le Calvados ; — de quatre hectares, dans le plus grand nombre de départements, savoir : la Meuse, les Ardennes, le Tarn-et-Garonne, la Haute-Savoie, la Haute-Loire, l'Ariège, la Loire-Inférieure, le Gard, le Lot, les Deux-Sèvres, les Côtes-du-Nord, l'Eure-et-Loir, l'Orne, la Savoie, le Lot-et-Garonne, les Hautes-Pyrénées, l'Hérault, l'Ille-et-Vilaine, la Haute-Marne, la Marne, la Seine-Inférieure, la Vendée, l'Ardèche, la Gironde, l'Indre-et-Loire, le Maine-et-Loire, la Saône-et-Loire, les Bouches-du-Rhône, le Doubs, là Vienne, la Côte-d'Or, la Sarthe, le Loiret et le Tarn ; — de cinq hectares dans les Pyrénées-Orientales, le Gers, la Dordogne, la Drôme, la Nièvre, le Loir-et-Cher, le Morbihan, l'Aveyron, l'Aude et l'Indre ; — de six hectares dans les Alpes-Maritimes, la Creuse, le Finistère, la Corrèze, le Var, le Cher, et les Basses-Pyrénées ; — de sept hectares, dans la Haute-Vienne, l'Allier, la Mayenne et le Cantal ; — et de plus de sept hectares dans les Hautes-Alpes, la Corse, la Lozère, les Basses-Alpes et les Landes. Le degré de morcellement, lisons-nous dans le même document, est, à peu près, en raison directe de la richesse des cultures et de la valeur du sol. Cet extrème fractionnement, dit fort judicieusement l'écrivain officiel, peut avoir pour conséquence un emploi moins facile des perfectionnements en usage dans la grande culture, mais, au point de vue social, il est un des signes de la richesse nationale.

CHAPITRE QUATRIÈME

—

OUVERTURE ET DURÉE DES ACTIONS
CONTRE LE PARTAGE D'ASCENDANTS
PAR ACTE ENTRE-VIFS.
ÉPOQUE DE L'ESTIMATION. — FINS DE NON-RECEVOIR.

—

74. — L'action est la mise en œuvre du droit ; elle naît, se constitue, vit et meurt avec lui : dans les trois premiers chapitres, nous nous sommes occupé des droits du copartageant et du réservataire lésés ; il convient d'étudier maintenant l'origine des actions qui leur appartiennent, la durée de ces actions, l'époque du calcul et les fins de non-recevoir qui les affectent.

Suivant la méthode, que nous avons adoptée, nous présenterons une notice historique sur l'ensemble des questions de ce chapitre ; puis, et dans des sections distinctes, nous traiterons de l'ouverture, de la prescription de chaque action, et des fins de non-recevoir.

SOMMAIRE :

—

Historique.

OUVERTURE , CALCUL ET DURÉE DES ACTIONS.

78. — Droit intermédiaire : Il ne contient pas de dispositions sur le partage d'ascendants.

79. — Droit moderne : Laconisme du législateur. Evolutions successives de la doctrine et de la jurisprudence. Ingénieuse distinction proposée par M. Genty. La chambre civile répudie la doctrine de la chambre des requêtes. La cour de Bordeaux.

80. — Enquête agricole : La Commission supérieure est d'avis d'estimer les biens au jour du contrat, et de réduire la prescription à deux ans, à dater de cette époque.

81. — Avis des auteurs sur la question d'estimation.

82. — Accord sur l'utilité d'une loi fixant l'estimation : Projet de M. Réquier ; projet présenté à l'Assemblée nationale par MM. Mortimer-Ternaux, Lucien Brun et Baragnon.

83. — Longueur des prescriptions en général : Elle n'est plus en harmonie avec notre état social. La loi hollandaise.

84. — Plaintes des déposants dans l'enquête agricole, au sujet de la prescription de l'article 1304.

85. — Opinion des auteurs à cet égard.

Exposé Doctrinal.

I. — OUVERTURE DES ACTIONS ET CALCUL.

86. — Connexité entre la question de l'époque de l'estimation des biens et celle de l'ouverture des actions.

87. — Règles et principes. Deux périodes dans le partage entre-vifs ; première période : donation ; pas d'actions ; — deuxième période : partage de succession ; les actions sont ouvertes. Les auteurs et la jurisprudence. La cour de Bordeaux.

88. — Systèmes opposés, au nombre de cinq.

89. — Premier système : Toutes les actions sont ouvertes dès le contrat, même l'action en réduction. M. Coin-Delisle. Auteurs et jurisprudence. La cour de Bordeaux.

90. — Deuxième système : Toutes les actions, sauf l'action en réduction, sont ouvertes. Auteurs et jurisprudence. La cour de Bordeaux. Examen des arguments de ce système : l'ancien droit ; l'intention du législateur ; les textes. L'article 1078.

91. — Troisième système : L'action en rescision existe dès le contrat, mais elle ne s'exerce qu'au décès ; MM. Réquier, Laurent et Bonnet.

92. — Quatrième système : L'action date du contrat ou du décès, suivant que l'ascendant a, ou non, fait précéder le partage d'une donation indivise ; M. Dubernet de Boscq.

93. — Cinquième système : L'action date du contrat ou du décès, suivant que l'ascendant s'est, ou non, réservé l'usufruit des biens ; la cour de Bordeaux.

SOMMAIRE.

II. — DURÉE DES ACTIONS.

SECTION PREMIÈRE.

——

NOTICE HISTORIQUE.

§ 1er. — OUVERTURE DES ACTIONS ET ÉPOQUE

DE L'ESTIMATION.

75. — Que d'intérêts groupés autour des questions,
que soulèvent l'ouverture des actions et l'estimation des
biens, surtout en ce qui touche la réserve de partage et la
légitime ; à quelle époque considérer les biens pour

HISTORIQUE.

apprécier leur valeur? A la date du contrat? Mais l'action n'est admissible que pour les partages d'hérédité (art. 887, 922); or le contrat n'a point encore ce caractère. A la date du décès de l'ascendant? Mais, du jour de l'acte, le donataire est propriétaire; il serait contraire aux principes les plus élémentaires du droit de propriété de calculer la lésion sur la valeur, prise au décès. — Et l'action: pourra-t-elle être introduite, et commencera-t-elle à se prescrire aussitôt le contrat, ou devra-t-on attendre le décès de l'ascendant? Attendre jusqu'au décès, c'est-à-dire dix ans, et plus peut-être! Mais cet ajournement si prolongé, pénible pour le lésé, est, pour le donataire menacé, une cause de découragement et de dégoût: quelles améliorations tentera-t-il, si longtemps exposé à une dépossession, sans compensation assurée? Puis quel acquéreur recherchera une propriété si incertaine? Problèmes importants, puisqu'ils touchent à la sécurité des familles, et au sort de la fortune immobilière en France. Il nous paraît intéressant de retracer les phases successives que ces questions ont traversées:

76. — I. Droit romain. - Sous quelque forme que soit fait le partage d'ascendants, lors même qu'il aurait été réalisé du vivant de son auteur, l'enfant n'est investi d'aucun droit avant le décès de l'ascendant: *Si pater in filios suos... bona divisit... non videri simplicem donationem, Papinianus ait* (l. 20, § 3, D., *fam. erc.*). Donc les actions ne s'ouvrent, au profit de l'enfant, et ne se calculent qu'avec l'hérédité (v. *supra* n° 2).

77. — II. Droit ancien. - Dans les pays de droit écrit, on suit les dispositions de la loi romaine.

En pays de coutumes, l'ascendant eut-il fait son partage par donation, acceptée par les copartagés, signée par tous, insinuée et exécutée, ce n'est encore qu'un partage *fait pour avoir lieu après la mort*, porte l'article 17 de l'ordonnance de 1735; et, pour que l'enfant puisse agir, il lui faut, non par la saisine simplement provisionnelle, qu'il

tient de cet acte, mais la saisine définitive, que la loi confère à l'héritier (1).

Voici, du reste, une institution qui offre une grande
similitude avec le partage d'ascendants, et qui va nous
montrer qu'en aucun cas, dans la pensée de nos vieux
auteurs et des Parlements, l'ascendant ne faisait un acte
qui eut, lui vivant, l'efficacité d'un partage de succession,
et qui investit ses descendants de leurs droits hérédilai-
res ; nous voulons parler de la *démission de biens*.

La *démission de biens* est une institution particulière aux
pays de coutumes ; Ferrière la définit « une disposition
par laquelle un homme, dans la vue d'imiter l'ordre des
successions, et de prévoir le cas de la mort, se dépouille,
de son vivant, de l'universalité de tous ses biens, pour en
saisir par anticipation ses héritiers présomptifs et les rendre, par ce moyen, possesseurs actuels et propriétaires
des biens d'une succession future, dont ils n'avaient que
l'espérance » (Diction. de droit). Elle n'avait point de formes propres : la volonté du démettant était-elle constante,
avait-elle été acceptée par les démissionnaires, ne serait-
ce que tacitement et par une simple prise de possession ?
Il suffisait (Boullenois, quest. 1 et 2, p. 40 ; Furgole, des
testam. ch. 8, section 1, no 182).

Il résulte de notre définition que la démission est nécessairement un acte entre-vifs, alors que, pour le partage
la forme entre-vifs est purement facultative ; mais, à la

---

(1) C'était l'opinion de Basnage (sur la coutume de Normandie, article 434), de Bérault (sur la même coutume, art. 448), de Boullenois
(quest. 7), de Merlin (Rép. démission de biens, § 5, et quest. eod. § 6).
Confer : Brodeau, sur Louet, lettre P, som. 24 ; Dumoulin, sur l'art. 8
de la coutume de Paris, et sur l'art. 16 de la coutume de Bourbonnais ;
d'Argentré, sur l'art. 50 de la nouvelle coutume de Bretagne ; Lebrun,
succes. liv. 4, ch. 1. no 12 ; Furgole, des testam. ch. 8, sect. 1, no 151 ;
Ferrière, diction. de droit ; Guy-Coquille, Instit. du droit français,
p. 104.

HISTORIQUE.

différence du partage, elle dépouille le démettant aussitôt, et transfère la propriété à ses héritiers. Le dépouille-t-elle irrévocablement ; est-elle pourvue de tous les avantages que la donation confère d'ordinaire au donataire ; si le partage, même fait entre-vifs, n'est qu'une disposition, *pour après la mort*, en est-il autrement de la démission entre-vifs ? Non. Malgré les termes si explicites de la définition de Ferrière, la démission ne dessaisit point irrémissiblement le démettant, et n'investit pas définitivement le démissionnaire. Ce n'est pas, en d'autres termes, une ouverture anticipée de la succession, revêtant le bénéficiaire de la qualité héréditaire, avec les droits de critique qui y sont attachés ; elle est, en effet, essentiellement révocable, à l'encontre de tous, des tiers, comme des démissionnaires (1). Et, même dans la province de Bretagne, où le silence de la coutume a autorisé le Parlement à considérer la démission comme un acte irrévocable, le dessaisissement du démettant n'a que la valeur d'un avancement d'hoirie et, de plus, pour le conserver après le décès de l'ascendant, il faudra que le démissionnaire soit héritier. Seule la coutume de Clermont-en-Argonne (tit. VI, art. 12) reconnaît à la démission par donation l'irrévocabilité véritable ; mais cette coutume est isolée dans l'ancien droit, et elle y reste à l'état de singularité.

La démission n'est donc point une succession anticipée, créée par la volonté du démettant, et ouvrant des droits et des devoirs héréditaires, *hæreditatis anticipatio* ; elle constitue simplement une prévision, de la part du père de famille ; et, comme l'exprime fort heureusement d'Argen-

---

(1) V. Lebrun, succes. liv. 1, chap. 1, sect. 5, n° 26 ; Ricard, Don. part. 1, n° 994 ; Boullenois, quest. 17 et 18 ; Furgole, testam. chap. 8, sect. 1, nos 192 et 200 ; Pothier, cout. d'Orléans, append. § 1, nos 3 et 7 ; Merlin : Rép. et quest. v° démis. de biens ; M. Réquier, n° 32 et infra n₀ 90.

tré, *un espoir* pour l'enfant, *hereditariæ spei anticipatio*. Conséquemment l'action et l'estimation prennent date au décès (v. Perchambault, cout. de Bretagne, tit. 23, § 49, n° 3 ; Genty, p. 63). Au reste, Boullenois s'en explique, particulièrement en ce qui concerne la répartition inégale de chaque nature de valeur (v. *supra* n° 52) (1).

Revenons au partage, et tirons du rapprochement que nous venons de faire l'argument, que nous avons annoncé : la démission de biens a disparu ; le danger, qui naissait de sa révocabilité, l'a fait proscrire ; le partage s'est maintenu. Si l'ouverture de l'action et le calcul ne dataient que du décès, pour la démission, qui, quelque fragile qu'elle fut, investissait cependant les bénéficiaires d'un droit actuel et immédiat, révocable, il est vrai, au gré du démettant, résoluble aussi, au cas où le démissionnaire ne participait pas à l'hérédité, mais enfin droit existant du jour de l'acte, à plus forte raison devait-on le décider ainsi pour le partage..... Pour cet acte qui, fut-il fait et accepté par donation, ne transmettait actuellement rien, pas même un droit résoluble ou révocable, pas même un avancement sur l'hoirie, rien que la fixation d'un droit... éventuel.... dans une succession... à venir.

78. — III. Droit intermédiaire. - Nous ne le mentionnerons que pour ordre, car la loi du 17 nivôse an II, qui

_____

(1) De ces caractères de la démission quelques auteurs inféraient, au rapport de Ferrière, que si, dans l'intervalle écoulé entre la démission et le décès, l'un des lots avait été accidentellement frappé de dépréciation, l'attributaire devait être indemnisé, les apportionnements n'étant que provisoires, jusqu'à l'ouverture de la succession (Diction. de droit, démis. de biens). Disons toutefois qu'il en est d'autres, et de ce nombre est Boullenois, qui pensaient que : « la grande maxime est que la chose périt pour le propriétaire, et qu'on ne peut se dispenser de regarder le démissionnaire copartagé comme propriétaire , du jour du partage ». (quest. 7, p. 172).

prescrivit l'égalité parfaite dans la répartition des successions, ne contient aucune disposition qui se rattache au
partage d'ascendants. Il en est ainsi de celle du V germinal an VIII, qui abrogea la loi de l'an II et autorisa les
dispositions avec dispense de rapport, mais sans s'expliquer sur nos partages.

79. — IV. Droit actuel. - Le Code nous ramène au droit
commun, quant à la forme : à l'ancien partage, dont les
conditions extérieures étaient si irrégulières et si insaisis-
sables, succède le partage testamentaire, suivant l'un des
trois modes consacrés ; et à l'ancienne démission révocable succède notre partage entre-vifs irrévocable. Mais il
tient une si modeste place, dans les travaux du législateur de 1804, qu'on y chercherait vainement une règle et
un guide, sur les points qui nous occupent. Exposons
brièvement les diverses évolutions qu'ont subies, depuis
le code, les questions que soulève ce chapitre.

En ce qui touche l'ouverture de l'action et la durée de
la prescription, l'enfant peut-il critiquer la répartition
quant à la distribution des différentes natures de valeurs, quant à la réserve de partage et à la légitime ;
et, s'il s'abstient pendant l'existence de l'ascendant, en-
court-il une déchéance ? De 1836 à 1847, quelques auteurs
et la plupart des cours se prononçaient pour l'affirmative,
en se fondant sur les textes, et en invoquant l'intérêt
public. Notre ancienne législation, disait-on, pas plus que
le droit romain, ne permettait d'ouvrir la succession
d'une personne vivante; le code a nettement institué cette
nouveauté, blessante peut-être, au point de vue du sentiment, mais utile, pour assurer l'harmonie de la famille,
après la disparition de son chef. La raison décisive de ce
système est qu'au lieu de faire du partage entre-vifs une
libéralité, différée jusqu'à la mort de l'ascendant, comme
l'ancien partage, ou une donation révocable, comme l'ancienne démission, le code en a fait un contrat, un pacte
de famille, avec dessaisissement actuel, irrévocable, con-

OUVERTURE, CALCUL ET DURÉE DES ACTIONS.

férant ainsi, et immédiatement, aux enfants les droits
d'un véritable partage de succession. Dès lors, action en
nullité pour vice d'attribution, action en rescision pour
lésion de plus du quart, et même en réduction pour
atteinte à la réserve...... toutes sont ouvertes, aussitôt
l'acte, et toutes commencent à se prescrire par le laps de
temps, qui couvre les vices des contrats (art. 1304). En
ce qui concerne l'estimation des biens, pour l'appréciation de la lésion et de la réduction, c'est la valeur à l'époque du contrat qu'il faut considérer; cette solution est
une suite nécessaire de la précédente. Tel est, disons-
nous, le système généralement adopté jusqu'en 1847 (1),
et auquel la cour de Bordeaux et la chambre des requêtes
ont prêté l'appui de leur autorité (2).

Le succès de cette théorie est facile à expliquer : tout y
est clair et d'une apparente simplicité dans l'application ;
la donation est une répartition de succession, non pas
éventuelle, mais bien immédiate ; c'est comme héritier
que l'enfant est saisi de son lot ; il a donc, dès à présent,
entière liberté, pour exercer les droits, que la loi des successions attache à cette qualité. D'autre part, quel profit
pour la propriété ! chaque enfant est investi de son lot
héréditaire, dans les biens distribués ; comme les calculs

---

(1) V. notamment : Chabot (des succes. t. 3, sur l'art. 887); Vazeille
(sur l'art. 1080, n° 2); Rolland de Villargues (v° part. d'asc., n° 129);
Dalloz (consultation rapportée : D. P. 36. 1. 207; mais M. Dalloz, qui
professait cette opinion en 1836, l'a abandonnée en 1856, v. Rép. Disp.
entre-vifs, n° 4648). — Et en jurisprudence : les arrêts des cours de Dijon
du 28 juillet 1825 (D. Rép. loc. cit. n° 4457), et de Toulouse 15 mai 1838 et
3 janvier 1840.

(2) La cour de Bordeaux, par ses arrêts des 26 juillet 1838 (D. Rép.
Disp. entre-vifs, n° 4653), 26 janvier 1841 (J. des ar. t. 16. 1841, p. 63),
23 décembre 1845 (D. 46. 2. 124 et J. des ar. t. 20, 1845, p. 621), 23 mai
1846 (D. 47. 2. 186 et J. des ar. t. 21, 1846, p. 343); — la chambre des
requêtes, par ses arrêts des 13 juillet 1836 (Dal. Rép. loc. cit. n° 4646)
et 4 février 1845 (D. 45. 1. 49).

de la lésion ou de la réduction porteront sur la valeur, au jour de l'acte, l'attributaire peut aussitôt se rendre compte des chances de conservation ou de perte de son apportionnement ; et si, de cet examen, résulte pour lui la conviction que l'acte est inattaquable, il se livrera sans appréhension au développement de la culture de ses terres, à l'extension de son industrie, assuré qu'il est de recueillir le fruit de ses labeurs. S'il a des craintes, la durée en est limitée ; il la connaît ; elle n'est point assez prolongée pour lui faire abandonner ses projets : après dix années d'attente, il les exécutera, s'il n'est pas alors dépossédé.

Hé bien ! Malgré d'incontestables avantages, au point de vue économique, ces solutions jetèrent le désordre dans les familles, et y produisirent les plus funestes effets. Ouvrir l'action, en présence même de l'ascendant, *in facie patrisfamilias*, voir dans l'attributaire un héritier, c'était mettre l'enfant, mal apportionné, dans la cruelle alternative, ou de sacrifier ses justes griefs, par piété filiale, ou d'offenser son bienfaiteur, pour satisfaire son intérêt ! Les nombreux procès, qui s'engagèrent dans les ressorts de Lyon, de Montpellier, d'Agen et de Bordeaux, montrèrent les conséquences déplorables de ces attaques, du vivant de l'ascendant, les rancunes et les représailles auxquelles elles exposaient les plaignants ; ils montrèrent surtout combien, à tant de scandales, l'autorité du père de famille perdait de prestige ! Et ce fut la première cause de la réaction qui se manifesta vers 1845.

On se demanda si cette ouverture de sa propre succession par l'ascendant était bien conforme à sa volonté ; s'il avait entendu permettre à ses enfants de discuter ses dispositions, avant son décès ; si cette succession fictive n'était point un contre-sens juridique, *quia nulla est viventis hæreditas ;* et si cette simplicité d'exécution, tout d'abord entrevue, n'était pas en réalité une séduisante illusion, conduisant, pour la quotité disponible et pour la réserve, à d'inextricables difficultés. Des auteurs émirent cette opinion que, si on pouvait admettre la nullité pour vice d'attribution et la rescision pour lésion, dès le contrat, et sur les valeurs considérées à sa date, parce que l'examen et le calcul ne portent, pour ces actions, que sur le partage, il en est autrement pour la réduction qui, dans le système du code (art. 922), est essentiellement une action successorale, qui se calcule sur tous les biens de la succession (1).

On alla plus loin : une étude plus attentive de nos contrats conduisit à une définition d'une exactitude saisissante, et qui a éclairé d'une vive lumière les obscurités de la donation-partage. L'honneur de cette démonstration des vrais principes revient à M. Genty, qui développa sa théorie dans un concours ouvert devant la faculté de droit de Paris, en 1847. M. Genty distingua, dans la convention du père de famille avec ses enfants, deux contrats : d'abord une donation divise, puis, plus tard et au décès, un partage de succession (2). C'est une libéralité qui ne saurait être acceptée, ni attaquée comme partage de succession, tant qu'elle conserve son caractère de donation, c'est-à-dire jusqu'à la mort de l'ascendant. A dater de cette époque, elle devient un partage d'hérédité, contre lequel les enfants sont dorénavant armés de leurs droits successoraux, et sur lequel aussi ils peuvent traiter.

Ce système était le renversement de celui qui avait eu cours jusqu'alors, et qui impliquait l'unité absolue de l'acte. Il se propagea rapidement : M. Demolombe l'adopta (n° 132 et suiv., 178); de même M. Troplong (n° 2331 et suiv.), Marcadé (Rev. crit. de Jur. t. 1, p. 180), Dalloz

---

(1) En ce sens : arrêt de Montpellier du 23 décembre 1843, D. 1847. 1. 193, affaire Selva.

(2) V. son traité, édité en 1850, n° 3, p. 81, et n°s 32, 36, p. 254 et encore p. 305 et 329.

HISTORIQUE.

qui abandonna sa première opinion (Disp. entre-vifs,
n° 4648). La chambre civile n'hésita pas à répudier la
doctrine, que la chambre des requêtes avait embrassée,
en 1836 et en 1845 (v. ses arrêts des 30 juin 1847, affaire
Selva, D. 47. 1. 193 (1) et 24 juin 1868, D. 68. 1. 289). Les
cours d'appel l'imitèrent ; citons celle de Bordeaux et son
arrêt du 30 juillet 1849 (D. 50. 2. 37, et J. des ar. t. 24,
1849, p. 418), maintenu sur pourvoi par celui de la chambre des requêtes du 18 février 1851 (D. 51. 1. 294). Et la
théorie nouvelle s'est depuis si fermement établie que,
devant les tribunaux, elle s'affirme et ne se discute plus.
La cour d'Agen seule résiste, non quant au point de départ des actions, qu'elle ajourne aussi au décès, par respect pour l'autorité paternelle, mais quant à l'estimation,
qu'elle fait remonter au temps de l'acte, du moins lorsqu'il s'agit d'apprécier la lésion (v. ses arrêts des 8 juillet
1868, D. 68. 2. 241, et S. 68. 2. 250, et 31 décembre de la
même année).

80. — La Commission supérieure de l'enquête agricole
de 1866 ne pouvait omettre l'étude de ces questions ; car,
bien que par leur nature elles paraissent être exclusivement du domaine judiciaire, elles se rattachent cependant
aux intérêts généraux de la propriété. Elles ont été l'objet
d'une étude sérieuse dans les départements de la Gironde
et du Lot-et-Garonne, dont les enquêtes étaient présidées
par M. de Forcade. Dans le Lot-et-Garonne, deux magistrats se sont fait remarquer par les dissertations appro-
fondies auxquelles ils se sont livrés : l'un, M. Saint-Luc
Courborieu, fut d'avis qu'il faut estimer les biens, valeur

---

(1) M. Genty fait remarquer, avec un légitime orgueil, que cet arrêt
fut rendu quelques mois après le concours auquel il avait pris part devant la faculté de Paris, et où MM. Pascalis et Bryon, (l'un conseiller
rapporteur dans l'affaire Selva, l'autre avocat général ayant conclu
dans la même affaire), avaient figuré comme juges du concours.

au jour du contrat. Ce fut aussi l'opinion de M. de Forcade, parce que, dit-il, c'est à ce moment que la fraude,
qui a réalisé la lésion, s'est pratiquée (1).

M. Bouet, président de chambre à la cour d'Agen, se
fit le défenseur de la jurisprudence contre MM. de Forcade et Saint-Luc Courborieu ; il opina pour l'estimation
au décès et « au surplus, conclut-il, les partages d'ascendants sont un fait abusif et dangereux ; ne les favorisons
pas ». Cet avis ne prévalut pas dans les enquêtes départementales, qui s'occupèrent des partages d'ascendants
(telles celles de la Charente, de la Gironde, de l'Aude,
etc...) ; aussi M. Migneret, l'un des rapporteurs de la
Commission supérieure, lui proposa-t-il l'adoption du vœu
suivant, qu'elle sanctionna par son vote, après avoir entendu MM. de Lavenay, du Miral et Suin, dans le sens de
la valeur au temps du contrat, et M. Gressier, ministre-
président, pour la valeur au décès : « dans les contestations, relatives aux partages d'ascendants, pour cause de
lésion, ou d'atteinte à la réserve, dans le cas prévu par le
dernier paragraphe de l'article 1079 du code, il y aurait
lieu d'estimer les biens, d'après leur valeur à l'époque de
la donation entre-vifs, contenant partage. »

81. — La controverse s'est continuée parmi les auteurs,
et elle a été des plus brillantes : tandisque MM. Troplong
(t. 4, n° 2331), Genty (n° 53, p. 317), Demolombe (t. 6,
n° 220), Barafort (p. 93), se prononçaient pour l'estimation des biens, au décès de l'ascendant, et pour l'ajournement de l'action à cette époque, MM. Colmet de Santerre
(t. 4, n° 247 *bis*, VII à XI) et Labbé (J. du Pal. 1863, p. 934

---

(1) M. de Forcade constate qu'au rapport du parquet de Villeneuve-
sur-Lot, il y aurait eu, dans ce seul arrondissement, quatre-vingts de-
mandes en rescision, basées sur la lésion, et provenant uniquement de
ce que les biens avaient, à la mort de l'ascendant, une valeur plus élevée
qu'au moment de la donation.

HISTORIQUE.

et suiv.) enseignaient l'opinion contraire, et avec quelle chaleur de conviction ! « L'ascendant, qui procède à la distribution de ses biens, avec le soin le plus scrupuleux, l'impartialité la plus parfaite, n'est pas sûr, dit M. Labbé, d'avoir prévenu toute cause de contestation, à propos du partage de sa fortune ; il est possible qu'une variation, survenant dans la valeur des biens, entre la confection de l'acte et la mort de l'ascendant, produise, entre les lots, une inégalité qui soit une cause de rescision. L'œuvre du père de famille est alors réduite à néant, la stabilité du partage dépend du hasard ; un acte, qui devait fixer défi-nitivement le sort et les droits des membres d'une famille, est soumis aux éventualités de l'avenir. On dit que l'as-cendant est, en cette circonstance, revêtu par la confiance du législateur du caractère de magistrat domestique : sin-gulier magistrat que celui duquel on exige, pour que sa sentence soit respectable, non la connaissance du présent, mais la prévision de l'avenir ! Il se peut que le père de famille survive dix ans, quinze ans et plus, à la distribu-tion qu'il a faite. Durant ce laps de temps que d'évène-ments peuvent survenir ! Un chemin de fer, un pont, une rue, une source, un incendie, bien des causes diverses peuvent exercer une influence inégale sur la valeur des immeubles, enrichissant celui-ci, dépréciant celui-là ! De telles variations sont encore plus à craindre pour les meubles. Ce retard, dans le point de départ de la pres-cription, prolonge le temps pendant lequel la propriété est incertaine ; et, pour les enfants, surtout si l'ascendant s'est réservé l'usufruit des biens, la propriété, dont le partage les investit, n'offre presque plus que des charges et des dangers ». M. Barafort objecte que l'estimation, au jour de la donation-partage, peut présenter des résultats non moins choquants, et, comme preuve, il fait cette espèce : L'ascendant possède une usine de grand produit aujour-d'hui ; il l'attribue à Pierre. Il a de belles prairies sur les bords d'un cours d'eau ; il les expédie à Jean. Il possède

encore des terrains à bâtir, de peu d'importance au moment de la donation-partage ; il les donne à Paul. Le tout
est très équitablement distribué. Vingt ans plus tard, sur-
vient le décès de l'auteur de ce partage. Mais, à cette
époque, l'usine, valeur industrielle, n'est plus qu'une
charge pour Pierre, son possesseur ; l'industrie qui la faisait prospérer est tombée dans un discrédit absolu. Les
riches et fertiles prairies, attribuées à Jean, ne sont plus
qu'un gravier ; le torrent, dans un débordement aussi dé-
sastreux qu'imprévu, les a ravagées. Les terrains à bâtir
ont décuplé de valeur, au contraire ; ils ont été compris
dans l'enceinte d'une grande ville. Paul est devenu mil-
lionnaire, parce que le mètre carré de terrain, qui valait
un franc autrefois, en vaut dix aujourd'hui (Barafort,
p. 97) l

82. — Toutefois, ces divergences entre les auteurs ne se
sont manifestées que dans l'interprétation des textes : si
les uns pensent que la chambre civile de la cour de cassation applique sagement aux partages d'ascendants les
règles du partage ordinaire, si les autres ne voient là
qu'une hérésie, tous conviennent de la nécessité d'une
intervention législative, et tous veulent que l'estimation
soit fixée à la date du contrat (1). C'est en ce sens qu'en
1868 M. Réquier formule son projet de codification du
partage d'ascendants (p. 462) ; de même la Commission
supérieure de l'enquête agricole (séance du 11 février
1869, *supra* n° 80). M. Barafort, bien qu'à s'en fier aux
considérations d'équité précitées (n° 81), il parut répu-
gner à cette conclusion, l'a cependant adoptée dans sa
brochure, publiée en 1870 (p. 144 et 170).

Le 13 mai 1871, MM. Mortimer-Ternaux, Lucien Brun
et Baragnon présentèrent à l'Assemblée nationale un pro-

---

(1) Sauf M. Bonnet (n°s 643 à 645).

jet de loi, qui consacrait les solutions de l'enquête agricole, et dont nous avons déjà parlé (v. nos 57 et 157). L'Assemblée s'est dissoute sans statuer.

§ 2e. — DURÉE DE LA PRESCRIPTION.

83. — Des voies d'attaque, qui peuvent anéantir ou modifier le partage, les unes, (telles les actions en nullité pour vice d'attribution et en rescision pour lésion), sont réglementées, quant à leur prescription, par l'article 1304 et durent, par suite, dix ans ; d'autres, comme l'action en réduction, ne sont l'objet d'aucune disposition spéciale, et sont régies par l'article 2262 ; elles durent trente ans.

Ces longues périodes, empruntées à des législations anciennes, semblent surannées : les communications sont devenues si rapides, les moyens d'informations si prompts : « trente ans d'alors, a dit avec raison M. le conseiller d'état de Lavenay, c'est dix ans d'aujourd'hui (1) ». Ce qui montre, à notre époque, le peu d'utilité de ces délais, c'est qu'ils sont rarement mis à profit par les intéressés, si ce n'est malicieusement et dans l'espoir de frapper, à l'improviste, un adversaire qui, se croyant en sécurité, est resté désarmé. D'autre part, les transactions sur les biens fonds se multiplient et sont, pour le Fisc, une source féconde de produit ; elles doivent donc être encouragées ; d'où la nécessité de restreindre des entraves, qui nuisent à la transmission de la propriété ; ce que la loi Hollandaise a très sagement fait par son article 1170, en réduisant à trois ans la durée de l'action en nullité du partage d'ascendants.

84. — Les articles 155 et 157 du questionnaire de l'enquête agricole invitaient les populations rurales à « faire

(1) Enquête agricole : Documents généraux, 2e vol., p. 56.

OUVERTURE, CALCUL ET DURÉE DES ACTIONS.

connaître les points sur lesquels il paraîtrait y avoir lieu d'apporter des modifications dans la législation civile » ; on sait que de doléances nos agriculteurs firent entendre, au sujet de la prescription. Ce fut une véritable révélation, car les juristes novateurs, qui avaient discouru sur notre partage, n'avaient point entrevu les souffrances de la propriété, et n'avaient dès lors proposé aucune réforme à cet égard. Dans le Lot-et-Garonne (1), M. le premier-président Saint-Luc Courborieu émit l'avis que le délai de l'action devait être réduit à cinq ans, du jour du décès du père de famille, (et non du jour du partage, parce que ce serait exposer les enfants à subir une crainte respectueuse, ou les pousser à un procès qui compromettrait la dignité de l'ascendant). M. le président Bouet pensa que l'abréviation du délai de rescision serait en opposition avec le système général du code. M. de Forcade, président de l'enquête, dans ce département, traduisant le sentiment de la majorité des déposants, réclama contre l'excessive longueur de la prescription de l'article 1304, alors surtout qu'elle se combine avec des minorités, et il proposa d'en porter la durée à cinq ans et même à deux ans (2). A la Commission supérieure, présidée par M. Gressier, on fut d'accord sur l'opportunité de la réduction ; et, après un débat auquel prirent part MM. du Miral, de Lavenay, Suin, André (de la Charente) et Migneret, débat qui roula exclusivement sur l'assimilation à établir entre les deux modes de partage (testamentaire et entre-vifs), la Commission, par onze voix contre six, émit le vœu que le délai de l'action fut fixé à deux ans, pour

---

(1) V. ce que nous avons dit au sujet de l'enquête, dans ce département (n° 80).

(2) La Charente, la Gironde, l'Aude, l'Ardèche, le Tarn, se sont prononcés en ce sens.

EXPOSÉ DOCTRINAL.

les partages entre-vifs, et à cinq ans pour les partages testamentaires, à partir du décès.

Cette prescription devait-elle s'appliquer à la réduction du partage pour exagération du disponible, comme à sa rescision pour lésion et à sa nullité pour vice d'attribution ? Bien que M. Migneret n'eut posé la question qu'en ce qui touche la lésion, nous croyons que telle était la pensée commune des déposants et des membres de la Commission ; que, frappés de l'incertitude de la propriété, conférée aux enfants par une distribution entre-vifs, ils voulaient éteindre, à court délai, toutes les actions qui peuvent inquiéter les copartageants : « Qu'on mette deux ans dans le partage, disait le ministre-président de la Commission, parce qu'il n'y a pas seulement la lésion du quart à apprécier, mais les questions de quotité disponible qui sont plus délicates à soulever ». (V. Enq. agric., doc. gén. t. 2, p. 57).

85. — Les auteurs sont aussi partisans d'une réforme législative ; mais les uns, comme MM. Réquier (p. 458) et Bonnet (n° 648), veulent que les deux années ne datent que du décès, tandis que d'autres, comme M. Barafort (p. 154), en feraient remonter le point de départ au jour du contrat.

SECTION DEUXIÈME.

—

EXPOSÉ DOCTRINAL.

Nous abordons, au point de vue doctrinal, l'étude de l'ouverture, de la durée, du calcul et des fins de non-recevoir des actions en annulation ou en réduction pour lésion, atteinte à la légitime et vice d'attribution. Dans un premier paragraphe, nous énoncerons les principes de la

OUVERTURE, CALCUL ET DURÉE DES ACTIONS.

matière ; le second sera consacré à l'examen de quelques questions d'application ; le troisième traitera de la durée des actions ; le quatrième des fins de non-recevoir.

§ 1er. — OUVERTURE DES ACTIONS EN RESCISION,
EN ANNULATION ET EN RÉDUCTION
CONTRE LE PARTAGE D'ASCENDANTS ENTRE-VIFS.

86. — La fixation de l'époque à laquelle s'ouvrent les actions en annulation et en réduction contre le partage, et la détermination des éléments qui leur servent de base, sont des questions connexes, à un tel degré que la solution de l'une entraîne nécessairement celle de l'autre, et que, les étudier et les résoudre séparément, ce serait s'exposer à d'inévitables répétitions. Voilà pourquoi nous les avons réunies dans une même section. Elles sont connexes ; en effet : décide-t-on que les copartageants peuvent discuter la quotité et la nature des attributions, dès le jour de la donation ? Il faut aussi décider que les biens doivent être estimés, suivant leur état et leur valeur à cette date. Si l'on se prononce pour l'ajournement des actions au décès du donateur, c'est qu'on entend aussi reporter à cette date le calcul de la valeur des biens ; car on ne saurait imaginer une action s'ouvrant à une époque, et prenant son fondement sur une estimation, qui sera faite à une autre époque (*infra* n° 99).

87. — Posons sommairement les principes que nous adoptons, nous verrons ensuite ceux qu'on leur oppose. Remarquons qu'il ne s'agit point d'un partage, fait par les enfants entre eux et librement, à la suite d'une donation collective et indivise de l'ascendant, car nul ne conteste qu'en ce cas l'action en rescision, édictée par l'article 887, (la seule qui, parmi celles que nous étudions, puisse naître d'un tel partage), ne date du contrat

EXPOSÉ DOCTRINAL.

lui-même (1).

Voici notre système : lorsque le partage est fait par testament, comme ce genre de disposition ne saisit les enfants qu'après le décès de l'ascendant, leurs actions ne naissent, ne se calculent, et ne commencent aussi, et par suite, à se prescrire qu'au décès. Lorsqu'il s'agit d'un acte entre-vifs, les copartageants sont investis de leurs droits de propriété, à partir de l'acte, puisque, dans notre législation, la donation opère un dessaisissement actuel et irrévocable ; il en est autrement toutefois pour les actions en annulation et en réduction, parce qu'elles prennent leur source, non dans le droit de propriété concédé par l'ascendant, mais dans son hérédité. Nous distinguons donc deux périodes dans l'existence de la donation-partage : — l'une, durant laquelle c'est une libéralité ordinaire, toute spontanée et qui ne saurait, dès lors, motiver aucune action, soit au nom des enfants à l'encontre du donateur, soit entre eux ; parce qu'ils n'ont, vis-à-vis de l'ascendant et entre eux, d'autres droits que ceux qu'ils tiennent de cette libéralité ; — l'autre, durant laquelle la donation s'évanouit et devient un partage de succession, succession sur laquelle les enfants ont les droits que leur confère la loi, et dont ils peuvent, par suite, critiquer la répartition. Quant aux valeurs, qui serviront au calcul de la lésion, ce sont uniquement celles qui ont été comprises dans le partage, puisqu'il s'agit d'une réserve de partage (887-1079), et elles seront estimées au temps où l'acte devient un partage, c'est-à-dire au décès, puisque ainsi le

---

(1) Ainsi l'ont jugé la chambre civile, le 16 janvier 1867 (D. 67. 1. 153), la cour de Lyon, le 23 mai 1868 (D. 69. 2. 112), et celle de Bordeaux, le 8 mars 1870 (D. 71. 2. 202 et J. des ar. t. 45. 1870, p. 97), arrêt infirmant un jugement du tribunal de Barbezieux, du 21 avril 1869, et confirmé par l'arrêt de rejet de la chambre des requêtes du 24 juin 1872 (D. 72. 1. 472).

veut l'article 890. Celles sur lesquelles portera le calcul
de la réduction sont, outre les biens partagés, ceux qui
ont été donnés aux étrangers ou aux enfants, et ceux
enfin qui sont restés impartagés, puisque telle est la règle
de la réduction (art. 922).

Le contrat, disons-nous, est, durant la vie de l'ascendant, une donation, une pure libéralité, rien de plus :
etenim donari videtur quod, nullo jure cogente, conceditur.
C'est, en effet, bénévolement qu'il se dessaisit au profit de
ses enfants. Sans doute il a des devoirs à remplir vis-à-vis
d'eux ; il leur doit des aliments (art. 205, 207) ; mais ils
ne peuvent l'obliger à leur abandonner son patrimoine
(art. 204), et, s'il le fait, de quelque façon qu'il lui plaise,
et en faveur de qui que ce soit, sa volonté est à l'abri de
toute critique : il a usé d'un pouvoir absolu, et pour
l'exercice duquel il n'est justiciable que de sa conscience.
Or, pour élever une plainte, il faut être lésé dans son
droit ; l'enfant, qui n'en possède pas sur les biens de l'ascendant, ne saurait donc se dire lésé. Il n'a de grief ni
contre l'ascendant, qui ne lui doit rien, ni contre ses codonataires qui, comme lui, n'ont de titre que sur leur apportionnement. Mais, au décès, le contrat se transforme,
ce n'est plus une libéralité, c'est un partage de succession ; l'enfant n'est plus un simple donataire, soumis à
l'arbitraire de l'ascendant ; c'est un héritier copartagé qui
ne relève que de la loi, et qui est investi d'un nouvel apanage, l'égalité. C'est un héritier qui, en cette qualité, est
dorénavant recevable à discuter l'œuvre du père de famille, à revendiquer sa part en quotité, sa part dans chaque nature de biens, sa légitime enfin, si la volonté de
son auteur l'a réduit à ce *minimum* de l'hérédité. La quotité disponible a-t-elle été outrepassée ? La réduction y
pourvoira. L'un des lots est-il inégal aux autres, eu égard
à leur valeur ou à la nature des biens dont ils se composent ? La rescision et l'annulation amèneront un autre
partage et rétabliront l'équilibre.

EXPOSÉ DOCTRINAL.

La théorie, que nous exposons, a été imaginée, sauf quelques nuances de détail, par M. Genty (v. *supra* n° 79); et elle est suivie par MM. Demolombe (t. 6, n°s 132, 178, 220), Aubry et Rau (t. 6, § 734, note 16), Troplong (t. 4, n° 2331), Saint-Espès Lescot (t. 5, n°s 1845, 1855), Solon (des nullités, t. 2, n° 490), Massé et Vergé (t. 3, p. 316), Marcadé (Rev. crit., t. 1, 1851, p. 180), Devilleneuve (1850. 2. 305), Dalloz, renonçant ainsi à l'opinion qu'il avait primitivement acceptée (v. Disp. entre-vifs et test. n°s 4609, 4651), Lyon-Caen (thèse pour le doctorat), A. Trolley (*id.*); Pascalis (conclusions devant la cour de cassation, dans l'affaire Selva ci-après), Bertauld (questions, t. II, n° 111), Bonnet (n°s 628, 634), Barafort (p. 70). Elle est enfin adoptée par la jurisprudence, depuis l'arrêt rendu par la chambre civile, le 30 juin 1847 (affaire Selva: D. 47. 1. 193) (1), et particuliè-

---

(1) Citons aussi un arrêt du 24 juin 1868 (D. 68. 1. 289).

Voici l'arrêt Selva, rendu sous la présidence de M. Portalis, conformément aux conclusions de l'avocat général Pascalis, et sur le rapport du conseiller Bryon, après arrêt de partage du 30 novembre 1846 : « Attendu que l'action, accordée aux enfants par l'art. 1079 du c. civ., pour attaquer le partage, qui leur a été fait, sous la forme d'une donation entre-vifs par leur ascendant, est subordonnée, quant à son exercice, à la mort de celui-ci ; qu'il suit nécessairement de là que ce n'est également qu'à compter de la même époque que la prescription, contre cette action, a pu commencer à courir ; Attendu, dans l'espèce, qu'il résulte de l'arrêt attaqué (Montpellier 23 décembre 1843) que les défenderesses à la cassation, prétendant que leur mère, dans un acte notarié du 14 septembre 1830, ayant pour objet la distribution de ses biens à ses enfants, à dépassé, en faveur de leur frère, les limites de la faculté de disposer, qu'elle tenait de la loi, ont formé contre ce dernier une action en réduction ou en retranchement ; attendu, en conséquence, qu'en décidant que la prescription de cette action n'avait pu courir qu'à dater du décès de la mère commune, auteur du partage, auquel il s'agissait de porter atteinte, ce qui, dans les faits de la cause, rendait évidemment incomplète la prescription opposée, et, en ordonnant, par suite, l'estimation des biens de la succession de la veuve Selva, l'arrêt

14

rement par la cour de Bordeaux (v. arrêt du 30 juillet 1849 : D. 50. 2. 37, et J. des ar. t. 24, 1849, p. 418, maintenu, sur le pourvoi, par la chambre des requêtes, le 18 février 1851 : D. 51. 1. 294, et celui du 23 décembre 1851, t. 26, p. 536 ; v. aussi *infra* n⁰ˢ 122, 201).

88. — Cette théorie est loin de rallier tous les auteurs : on lui oppose cinq systèmes différents, que nous allons examiner :

89. — *Premier système.* — Dès son origine, la donation-partage est un partage de succession ; par suite, et du jour du contrat, le donataire est en possession des actions héréditaires, même de l'action en réduction.

Quelques auteurs, notamment M. Coin-Delisle (Rev. crit., t. VII, p. 16 (1)), quelques cours d'appel et la chambre des requêtes avaient embrassé cette doctrine (arrêts de cette chambre des 13 juillet 1836 : D. Rép. v⁰ Disp. entre-vifs et test., n⁰ 4646 ; et 4 février 1845 : D. 45. 1. 49 (2), — de Bordeaux, du 23 mai 1846 : D. 47. 2. 186 et J. des ar. t. 21, p. 343, — de Nîmes, du 10 avril 1847 : D. 48. 2. 102).

---

attaqué n'a violé ni les articles de la loi invoquée, ni aucune autre loi. . . . . »

On a souvent, et à juste titre, critiqué la faiblesse des motifs de cet arrêt (v. Laurent n⁰ 111, p. 143, à la note), en le comparant aux remarquables déductions de l'arrêt en sens contraire, précédemment rendu par la chambre des requêtes, au rapport du conseiller Lasagni, et que nous citons sous le n⁰ 89 à la note.

(1) V. aussi Troplong : Don. t. 2, n⁰ 964 et suiv.; Dubernet de Boscq : Rev. crit., t. XVIII, p. 342 ; Massé et Vergé sur Zachariæ, t. 3, p. 140 et supra n⁰ 79.

(2) Voici le texte de cet arrêt, rendu, dans l'affaire de Meillonas, sur le rapport de M. Lasagni : « Attendu que les dispositions des articles 1075, 1076, 1077 et 1079 forment, pour le partage d'ascendants, une législation toute spéciale et tout exceptionnelle, ayant pour but de faciliter les arrangements domestiques, de prévenir les contestations et d'assurer, avec stabilité, la paix et l'union des familles, but éminemment

EXPOSÉ DOCTRINAL.

Elle est abandonnée depuis longtemps (1). Nous nous bornerons à dire quelques mots d'une de ses particularités vraiment inacceptables; nous voulons parler de l'ouverture de l'action en réduction au jour du contrat ; et nous discuterons, sous le numéro suivant, les arguments qui lui sont communs avec le second système :

Il n'est pour tout homme qu'une succession, c'est celle qui s'ouvre par son décès (711-718), et la loi se réfère à cette succession unique, lorsqu'elle déclare, dans son article 920, que « les dispositions soit entre-vifs, soit à cause de mort, qui excèderont la quotité disponible, seront réductibles à cette quotité, lors de l'ouverture de la succession » ; et encore, lorsqu'elle ajoute, dans son article 922,

---

utile pour l'ordre social ; attendu que de la lettre, comme de l'esprit de ces articles, il résulte : 1° que, sauf la volonté et les stipulations contraires, le partage, régulièrement fait par acte entre-vifs, dessaisit immédiatement, intégralement et irrévocablement, l'ascendant partageant des biens y compris, pour en investir aussi immédiatement, intégralement et irrévocablement les descendants copartagés ; 2° qu'il fixe de la même manière, sur la tête de ces derniers, la propriété de ces biens, même à l'égard de la réserve et de la portion disponible, qui leur correspondent... ; 3° que le partage peut être attaqué, pour cause de lésion de plus du quart, et dans le cas où il en résulte que l'un des copartagés aurait un avantage plus grand que la loi ne le permet ; mais que, par cela même que cette lésion et cet avantage résultent du partage lui-même, il est au pouvoir de la partie lésée d'agir dès cette époque..... ».

(1) V. Genty, p. 255 ; Laurent, n° 152 ; Réquier, n° 232 ; Colmet de Santerre, t. IV, n° 247 bis XI ; Bonnet, n° 625 ; Barafort, p. 50 ; — les arrêts de la chambre civile des 30 juin 1847, précité sous le n° 87, 2 août 1848 et 6 février 1860 : D. 60. 1. 89 ; et de la chambre des requêtes du 18 février 1851 : D. 51. 1. 294 ; et enfin de la cour de Bordeaux des 23 décembre 1851 : J. des ar., t. 26, 1851, p. 536 ; 20 février 1862, t. 37, 1862, p. 85. — La validité de la démission de biens ne s'appréciait autrefois qu'à l'ouverture de la succession, même dans les coutumes qui regardaient la démission comme irrévocable, et qui lui appliquaient immédiatement les règles de succession (v. Denizart, v° démission ; Pothier : Introduc. au titre XVII de la cout. d'Orl. et supra n° 77).

OUVERTURE , CALCUL ET DURÉE DES ACTIONS.

« la réduction se détermine en formant une masse de tous les biens existants, au décès du donateur ou testateur...».
Donc l'action en réduction ne s'ouvre qu'au décès, et elle ne saurait appartenir à l'enfant, du vivant de l'ascendant. Il y a plus : pour qu'il y ait droit, il faut que l'enfant soit héritier, puisque c'est une action successorale (1).

L'esprit reste confondu en présence des résultats qu'entraînerait la réduction, pendant la vie de l'ascendant : le père de famille peut multiplier les partages, car il n'est assujetti à aucune restriction à cet égard ; or, avancer que les abandonnataires sont immédiatement investis de l'action en réduction, c'est dire que chacune de ces répartitions sera soumise, au point de vue du disponible, et isolément, à des appréciations, à des calculs particuliers sur le *quantum* de ce disponible et de la réserve. Tel partage sera réduit, tel autre sera maintenu ; celui-ci se plaindra d'une atteinte portée à sa légitime par un premier partage, alors que peut-être il est avantagé outre mesure par un second contrat, sans qu'on puisse rapprocher les deux apportionnements et établir une compensation. Et si, comme le prévoit l'article 1077, l'ascendant n'a pas donné tous ses biens, ou s'il en a acquis d'autres, dans l'intervalle du partage à son décès, il laissera ainsi une ou plusieurs successions, ouvertes pendant sa vie et une dernière, ouverte après sa mort. De telle sorte qu'il aura une ou plusieurs quotités disponibles, lui vivant, et une dernière à son décès ! On le voit, cette doctrine conduit à d'inextricables complications , à un intolérable chaos d'actions répétées accumulant les démêlés ! Heureusement cette multiplicité, ou ce fractionnement de disponibles et de réserves est condamné par les textes, suivant lesquels il n'est qu'une succession, celle qui s'ouvre

---

(1) Nous reviendrons sur ce dernier point (infra n° 114 et suiv.).

au décès, comme il n'est qu'une réserve, celle qui se calcule à cette époque (1). En pourrait-il être autrement ? Les éléments qui servent à déterminer le disponible, c'est-à-dire le nombre et la qualité des héritiers, les libéralités entre-vifs et testamentaires, l'importance des biens indivis dans le patrimoine de l'ascendant... tout cela n'est connu qu'au décès ; donc, au décès seulement, l'action prend naissance, se calcule et commence à se prescrire.

On s'est fondé sur l'article 3 de la loi du 16 juin 1824, d'après lequel le droit proportionnel de mutation des donations entre-vifs, portant partages par les ascendants, est réduit au même taux que le droit de mutation par décès. Mais cette loi, d'ordre purement fiscal, n'a eu d'autre but que celui de favoriser ce mode de transmission du patrimoine, sans prétendre le réglementer ; elle est donc sans portée dans le débat (*confer* Genty, p. 271).

90. — *Deuxième système.* — Le partage d'ascendants entre-vifs a tous les effets du partage de succession ; par suite, et du jour du contrat, le donataire est en possession des actions héréditaires, sauf l'action en réduction. Se sont prononcés en ce sens : MM. Duranton (t. 9, n° 646), Vazeille (Prescrip., 11, 563), Larombière (t. 4, p. 68), Coulon (Quest. de droit), Ancelot sur Grenier (n° 401, note A), Colmet de Santerre (t. 4, n° 247 *bis* 12), Baudry-Lacantinerie (Précis de droit civil, t. 2, n°ˢ 699 et 703), Derome (Rev. crit. 1866, t. 28, p. 124), Labbé (J. du Pal. 1863, p. 934, 937), Rolland de Villargues (Rép. du not. v° part. d'asc., n° 129), Paultre (Rev. du not., 1863, p. 821), Duvergier (notes sur Toullier, t. 3, n° 803), Bertauld (Quest. n° 90); et, parmi les cours, celle de Bordeaux par

---

(1) On remarquera peut-être qu'en ce qui concerne la lésion (n° 30) nous avons admis le calcul et l'action sur chaque contrat isolément : cette solution nous a paru imposée par les textes ; celle que nous repoussons ici est, au contraire, condamnée par les art. 711 et 718.

ses arrêts des 1er avril 1833 et 26 décembre 1845 (J. des ar., t. 20, p. 621).

Le contrat est, dit-on, un partage anticipé de succession, partage autorisé par la loi ; qu'on laisse à l'écart, et quant à présent, les donations préciputaires qu'il contient, pour ne les réviser qu'au décès, et lorsque la succession s'ouvrira véritablement ; mais rien ne s'oppose à ce qu'on rectifie immédiatement les lots, au point de vue de l'égalité. Pour soutenir cette thèse, on invoque l'ancien droit, l'intention du législateur et les textes.

L'ancien droit. — Boullenois (1) est d'avis que l'action en rescision pour lésion naît avec le contrat ; mais il ne donne cette solution qu'au cas de démission de biens, (laquelle diffère essentiellement du partage (v. n° 77)), et dans une espèce où l'abandonnement avait été fait indivisément par l'ascendant, avec partage opéré ensuite par les enfants (v. n° 67). Ajoutons que Ferrière ajourne formellement toute action jusqu'au décès (2).

L'intention du législateur. — Voici l'argument : A côté du partage d'ascendants, qui ne dessaisissait pas le père de famille, et qui n'était ainsi que notre partage testamentaire et, comme au temps des romains, qu'une disposition de dernière volonté (v. n° 2), l'ancien droit avait placé la démission de biens, dont nous venons de parler, qui revêtait le plus souvent la forme de la donation entre-vifs, était soumise à l'insinuation et transférait immédiatement la propriété. Lors de l'élaboration du code, ce mode de transmission était fort discrédité, parce qu'il ne conférait généralement qu'une propriété révocable (3) ; ce qui, pendant la vie de l'ascendant, rendait impossible toute aliénation et toute concession de droits réels par les abandon-

---

(1) Question VII, sur les démissions de biens.
(2) Dictionnaire, v° démission de biens.
(3) V. supra n° 77, et Genty, p. 42 et suiv.

nataires, sans cesse menacés d'éviction. Aussi, et sur l'avis unanime des rédacteurs du code, la démission fut-elle bannie de notre législation. «La révocation, dit Bigot-Préameneu, dans son exposé des motifs de la loi des donations, n'avait presque jamais lieu sans des procès, qui empoisonnaient le reste de la vie de celui qui s'était démis..... On a supprimé cette espèce de disposition». Les tribuns Jaubert et Favard le déclarent de même. Or, si le législateur a fait disparaître la démission de biens, c'est qu'il a entendu que le copartageant donataire fut actuellement et irrévocablement saisi d'un droit absolu de propriété, et tel que le comporte le contrat dont l'ascendant a fait usage ; et, puisque ce contrat est un partage, que le droit à la rescision pour lésion est attaché par la loi à ce mode d'acquisition, le donataire lésé a donc l'action avant d'être héritier.

Il est bien certain, répondrons-nous, que l'ancienne démission a été supprimée; mais nous ne la faisons point revivre ; nous n'autorisons pas, en effet, la révocation arbitraire du donateur ; nous nous bornons à refuser au simple donataire, qui n'est pas encore héritier, un droit purement accessoire, l'action en rescision ; ce qui n'affecte en aucune façon sa propriété. Nous lui refusons ce droit, au nom de la morale et de la loi :

Au nom de la morale d'abord. Ne serait-ce pas une lutte impie que celle à laquelle se livreraient les enfants, sous les yeux de l'ascendant, et sur la donation qu'il vient de leur faire ! Ils ont déclaré dans le contrat, suivant une formule usitée et de bienséance, qu'ils acceptaient ses libéralités « avec reconnaissance » ; et voici que, se tournant aussitôt les uns contre les autres, ils soutiendraient que c'est là une œuvre partiale et inique ! Qui plus est, ils tiendraient ce langage, non seulement entre eux et devant la justice ; mais, foulant aux pieds les protestations écrites de leur gratitude, et le respect dont notre législation leur fait un devoir (art. 371), ils le tiendraient contre le donateur lui-même ; car, comme dans la plupart des partages d'ascendants, le père de famille, qui se dépouille de ses biens, se réserve soit des prestations en nature, soit une rente viagère, il faudra le mettre en cause, pour que la décision à intervenir lui soit opposable et dégage les donataires de leurs obligations. Et, à ce propos, voici le résultat, assurément inattendu de la part des plaignants, et qui toutefois se produira inévitablement : l'action de l'enfant, qui se dit lésé ou mal apportionné, vise à la nullité du partage et à une nouvelle distribution ; or l'ascendant, partie appelée ou intervenante, (ce qu'il aurait incontestablement la faculté de faire), l'ascendant arrêtera le téméraire, à la première phase de la procédure et aussitôt l'annulation prononcée : « Le partage est mal fait ; il est nul, dira-t-il ; vous l'avez soutenu ainsi, et la justice l'a décidé ; j'y consens ; mais, dès lors, l'acte est également nul en tant que donation..... je reprends ma propriété ». Et l'affaire se terminera par la déconvenue des donataires (1).

Suivant M. Labbé (*loc. cit.*), pour que le partage fait par l'ascendant, donne à la famille les garanties de paix et de concorde, qui ont été le vœu du législateur, il faut que le père s'appuie sur des données certaines ; or, il n'y a de certain que l'état et la valeur des biens, au jour où il procède à la distribution ; donc le calcul se fait et l'action naît, à cette époque. Pour avoir quelque portée, cet argument devrait puiser sa source dans les travaux d'élaboration de nos textes, et M. Labbé ne tente point d'y faire appel. Recherchant, à notre tour, l'intention du législateur, nous dirons que si, dans son article 1079, il s'est borné à énoncer l'action en rescision pour lésion et à l'appliquer au partage d'ascendants, sans formuler au-

---

(1) Confer : M. Réquier (v. Rev. prat., t. 22, p. 353 et son traité p. 367 et 423), et infra nos 91, 122 et 144.

EXPOSÉ DOCTRINAL.

cune règle particulière, ni quant à son origine, ni quant à sa durée, c'est qu'il entend la soumettre aux règles générales déjà posées, en matière de partage (art 887 et suiv.); car, où la loi n'y déroge point, c'est qu'elle maintient ses principes.

Les textes. — L'article 1075 dispose que : « les père et mère et autres ascendants pourront faire, entre leurs enfants et descendants, la distribution et le partage de leurs biens ». Cette expression *le partage* ne permet pas, dit-on, de voir dans notre contrat, d'abord une donation jusqu'au décès, puis, et à cette dernière époque seulement, un allotissement; le contrat est uniquement, et à l'instant même où il est fait, un partage. Donc les actions, attachées au partage de succession, sont aussi, et à l'instant, ouvertes. Et l'article 1076, en ajoutant que « ces partages pourront être faits par actes entre-vifs ou testamentaires », sans établir aucune différence entre ces deux modes, montre qu'il assimile l'apportionnement, réalisé du vivant de l'ascendant, à celui qui ne le sera qu'à sa mort. L'un et l'autre sont de véritables répartitions dont les effets dateront, pour l'un du décès, puisqu'il s'agit d'un acte qui ne dessaisit son auteur qu'à ce moment, pour l'autre du jour du contrat, puisqu'il s'agit d'une donation emportant dessaisissement immédiat.

Dans ce système, on ajourne la réduction au décès et on accueille la rescision dès le contrat; pourquoi cette distinction? Si le partage est une opération de succession, toutes les actions successorales, même la réduction sont ouvertes; différer l'une, et non l'autre, c'est une contradiction, qu'on ne commet pas du moins dans le premier système; ou mieux c'est reconnaître que le contrat n'est point assimilable au partage de succession, et qu'ainsi les actions successorales ne sont pas encore nées.

Qu'on ne dise pas que les articles 1075 et suivants sont inutiles, dans notre théorie; qu'elle réduit le partage d'ascendants à un simple avancement d'hoirie. Les articles 1075 et 1076, en conférant à l'ascendant le pouvoir de faire un partage par donation, l'investissent d'une faculté nouvelle, en dehors de celle que lui accordait la loi des donations : 1° puisqu'il ne pourrait faire à ses enfants que des libéralités isolées, ne créant entre eux, même dans l'avenir et après son décès, aucune des obligations du partage, spécialement quant à la garantie des lots ; ce qui sera une des propriétés de notre contrat ; 2° puisque l'ascendant n'avait le pouvoir, (sauf le cas d'institution contractuelle, art. 1082), de faire aucune stipulation, en vue de sa succession, et que nos articles le lui accordent, à la condition cependant de respecter les droits héréditaires de ses enfants.

Mais voici un argument de texte péremptoire : il ressort de l'article 1078 que, du vivant de l'ascendant, toute action est refusée même à l'enfant omis dans la distribution du patrimoine ; à plus forte raison en doit-il être de même pour l'enfant auquel une part a été faite, si minime qu'elle soit (1).

L'estimation au décès et l'ajournement des actions, jusqu'à cette époque, ont l'inconvénient de prolonger entre les copartageants l'indécision sur leur situation, d'entraver les développements de l'agriculture, comme ceux de l'industrie, et de paralyser les améliorations qu'ils réaliseraient, s'ils étaient assurés de l'avenir..... Ces dangers, fussent-ils aussi grands que le prétend M. Labbé, (*supra* n° 81), ils seraient compensés par les avantages que nous avons indiqués (v. n° *eod.*); au surplus ils sont inhérents à l'institution ; qu'on fasse des vœux, comme MM. Réquier, Barafort et Bonnet, pour une loi nouvelle ; mais

_____

(1) En ce sens : Demolombe, t. XXIII, p. 234, n° 220. Contra Laurent, t. XV, n° 111.

qu'on ne dénature pas la loi actuelle, sous prétexte d'interprétation et d'équité.

91. — *Troisième système.* — L'action en rescision naît et se calcule à l'époque de l'acte, mais elle ne s'exerce qu'au décès, et par le copartageant héritier.

L'auteur de ce système est M. Réquier (1). Il n'admet pas la nullité pour vice d'attribution ; car, pour lui, l'acceptation des enfants crée contre eux, et à cet égard, une fin de non-recevoir ; il n'accueille que la rescision pour lésion ; aussi bien dans la seconde que dans la première hypothèse de l'article 1079. Pour nous rendre un compte exact de sa doctrine, voyons comment il définit le contrat et l'action. « L'acte, dit-il (n° 93, p. 139), est un partage actuel de tout ou partie des biens présents de l'ascendant. Le père de famille ne se borne pas à indiquer la manière dont sa succession . sera distribuée, il se dessaisit des biens partagés, et il délivre à chacun de ses enfants la portion qu'il leur assigne ; ils deviennent propriétaires et ils peuvent aliéner, hypothéquer ; leur droit est tellement définitif qu'ils sont même dispensés du rapport à la succession. Ainsi non seulement le partage est fait et accepté, mais il est complétement exécuté. » Résumant sa théorie, sur ce point, dans une sorte de péroraison, M. Réquier s'écrie : « un acte, que les contractants eux-mêmes ont qualifié partage, qui produit contre eux tous les effets d'un partage ordinaire, cet acte n'est pas une donation, ce n'est pas non plus un partage éventuel, fait pour le règlement d'une succession future, c'est un partage de biens présents, dont l'existence remonte au jour même de sa date. Nier son existence, c'est dire qu'un homme qui

---

(1) V. la dissertation qu'il a publiée dans la Revue Historique de Droit français et étranger, année 1866, son Traité des partages d'ascendants, n°s 181, 234 et 235, p. 513, la Revue pratique, septembre 1868, et D. 1869, 2. 9, la note du même auteur.

OUVERTURE, CALCUL ET DURÉE DES ACTIONS.

parle et qui marche n'est pas encore né ». M. Réquier conclut donc (n° 181, p. 332) que le donataire, ou plutôt le copartageant « a certainement qualité pour discuter la validité de l'acte ». MM. Laurent (t. XV, n° 119 et suiv.), et Bonnet pensent de même : on ne saurait douter, d'après M. Bonnet (n° 527, p. 133), qu'en faisant la donation à ses enfants l'ascendant ne se soit surtout proposé de leur partager ses biens. C'est le partage actuel, définitif et irrévocable de ses biens présents qu'il a entendu faire ; et c'est pourquoi il attribue aux enfants les droits accessoires du partage (n° 526).

L'action existe dès le contrat, suivant MM. Réquier, Laurent et Bonnet, et maintenant sur quelles valeurs la calculent-ils, et à quelle époque le copartageant l'exercera-t-il ? « Par l'action en rescision, répond M. Réquier (n° 235), le demandeur soutient que l'acte est vicié dans son essence, en ce que la règle fondamentale de l'égalité n'a pas été observée ; il faut donc contrôler les opérations du partage. Pour cela on ne doit prendre en considération que les biens, compris dans le partage... Rien n'empêcherait, poursuit-il de vérifier, pendant la vie de l'ascendant, si le partage qu'il a fait contient une lésion de plus du quart. Ce n'est donc pas l'impossibilité de faire cette vérification, qui s'oppose à ce que l'action en rescision soit intentée avant le décès de l'ascendant. Il faut chercher ailleurs la cause qui en suspend l'exercice, jusqu'à cette époque. » La cause cherchée serait l'impossibilité, pour les enfants, d'atteindre, pendant la vie de l'ascendant, le but auquel tend l'action, c'est-à-dire, l'annulation de l'acte en son entier, parce que, anéanti comme partage, il se maintiendrait comme donation en avancement sur l'hoirie (p. 331) (1) ; Et M. Bonnet est encore

_____

(1) Se maintiendrait-il comme donation en avancement sur l'hoirie ? Nous ne le pensons pas : dans l'intention du père de famille, c'est un

EXPOSÉ DOCTRINAL.

du même avis (n° 628).

La doctrine de MM. Réquier et Bonnet est un expédient de conciliation entre deux opinions extrêmes : celle qui confère l'action et autorise le calcul, dès l'acte, et celle qui ajourne l'action et le calcul jusqu'au décès. Or cet expédient est inadmissible ; car, pour l'action, il n'est point de moyen terme entre être actuellement avec toute son énergie, et ne pas être. Si elle existe, au jour du contrat, elle peut s'exercer ; sinon, c'est qu'elle n'existe pas. Conçoit-on une *action* qui ne peut *agir*..... *telum sine ictu* ; et qui, contrairement à la signification si expressive de ce terme, serait inactive, en suspens, différée ? Et quelle étrangeté qu'une action, dont l'origine remonterait à l'acte, qui ne serait mise en mouvement qu'au décès, et qui se baserait alors sur une estimation rétrospective, reportée à l'époque de cet acte, sur des valeurs enfin qui ne sont plus ! Que de difficultés dans l'application de cette action, s'exerçant actuellement sur le passé ! Vingt ans, peut-être, se sont écoulés, depuis le contrat : où seront les témoins, où seront les experts qui éclaireront la justice ! Et pourquoi cet ajournement ? Parce que, si, durant la vie de l'ascendant, l'un des enfants faisait rescinder le partage, l'acte se maintiendrait comme donation ; de telle sorte que les enfants resteraient saisis de leurs lots, en qualité de donataires ! Recueillons cet aveu : reconnaître que l'action en rescision, qui est essentiellement une action de partage, ne peut frapper le contrat avant le décès, n'est-ce pas aussi et très-nettement reconnaître que, jusqu'à cet instant, le contrat n'est point un partage, mais une donation, ce que nous soutenons et ce qui est un démenti infligé par M. Réquier lui-

___

contrat, qui doit subsister ou tomber en entier, et il n'appartient pas aux enfants de le scinder durant l'existence de l'ascendant (v. n°ᵒˢ 90 et 122).

OUVERTURE, CALCUL ET DURÉE DES ACTIONS.

même à sa propre théorie (1).

M. Réquier ne veut point admettre que l'inefficacité de son action en rescision, pendant la vie de l'ascendant, en atteste l'inexistence. Pour démontrer qu'elle *est* bien réellement, il propose une espèce, où elle sera utilisée avant le décès du père de famille, et par voie d'exception ; « c'est le cas où l'un des enfants, assigné en garantie par son codonataire, voudra s'affranchir de cette obligation, en opposant la nullité du partage (p. 331)». Dans notre système, les enfants ne sont pas tenus à la garantie de partage avant le décès, puisqu'il n'y a partage qu'à ce moment (2) ; mais, le contrat dut-il recevoir cette qualification, dès le premier jour, comme le veut M. Réquier, constatons que l'espèce qu'il signale sera bien rare, si même elle n'est purement chimérique. Car, pour que l'un des enfants soit l'objet d'un recours en garantie, il faut que les lots de ses codonataires aient subi un amoindrissement, ou qu'ils en soient menacés ; or, s'il en est ainsi, il est peu probable que ces lots amoindris soient cependant restés plus considérables que le sien, et que de la comparaison ressorte la preuve d'une lésion à son préjudice.

M. Bonnet (n° 529, p. 136) se console de ce que l'action est tenue en échec, jusqu'à l'ouverture de la succession : « Il est vrai, dit-il, mais la rareté ou la fréquence des applications sont ici de peu d'importance ». La théorie de MM. Réquier, Laurent et Bonnet se perd donc dans des hypothèses vaines, et elle présente dès lors peu de dangers. Allons plus loin et montrons que, de l'aveu même de M. Réquier, l'action n'existe pas du vivant de

(1) Un arrêt de la cour de Poitiers du 5 mars 1862 (J. du Pal. 1863, p. 940) s'est cependant prononcé en ce sens.

(2) V., en ce sens, Genty (n° 36, p. 247) et Lyon-Caen (n° 60). — Contra Bertauld (quest. prat. et doctr., n° 90).

EXPOSÉ DOCTRINAL.

l'ascendant. En effet, il énonce (v. son Traité, n° 181, et particulièrement le sommaire) que, pour avoir l'action, il faut être héritier : l'action n'*est* donc pas avant l'ouverture de l'hérédité ! Et nous sommes d'accord ; mais quelle contradiction entre cette déclaration et tout le système, et comme elle l'anéantit !

La cour de cassation suit, avons-nous dit (n° 87), la doctrine que nous avons adoptée, quant à l'origine des actions ; et elle ne s'est pas déjugée par son arrêt de la chambre civile du 18 juin 1867 (D. 67. 1. 274), malgré l'interprétation que lui donnent MM. Bonnet (n° 532) et Bertauld (quest. prat. et doctr. n° 90) ; ou, si les termes de cet arrêt semblent incliner vers l'opinion que nous combattons (1), il ressort, du moins, des conclusions prises que le point de départ de l'action n'offrait aucun intérêt, que la question se posait, non pas spécialement, mais tout à fait incidemment, et de telle manière que la solution, quelle qu'elle fut, était sans influence sur le sort du litige. Voici d'ailleurs les faits : les époux Boisset avaient trois fils et une fille, la dame de Linars ; par acte du 7 août 1835 ils abandonnèrent leurs biens à leur fils aîné, sous diverses charges, puis survinrent les décès de Boisset père en 1836, de la dame de Linars en 1852, de la dame veuve Boisset en 1857, et enfin de Boisset aîné en 1861. Au mois de mars 1864, les deux frères Boisset survivants, agissant tant en leur nom personnel que comme héritiers de leur sœur, actionnèrent la veuve et les enfants de Boisset aîné, en rescision de l'acte de 1835, pour lésion. Entre autres moyens, les défendeurs prétendirent que l'action avait été exercée à tort au nom de la dame de Linars, parce qu'elle était décédée avant que la mort de sa mère n'eut ouvert l'action à son profit. Le 2 août

---

(1) Comme ceux de l'arrêt d'Agen, contre lequel le pourvoi était dirigé.

1865, la cour d'Agen décida « que les frères Boisset, rece-vables dans leur action en rescision, pour le lot qui leur est échu, ont le même droit, pour leur part dans la succes-sion de la dame de Linars ». Et, le 18 juin 1867, la cour de cassation jugea : « que, si les intimés ont le droit de demander la rescision, pour le lot qui leur est échu, on ne voit pas pourquoi ils ne l'auraient pas pour leur part dans celui de la dame de Linars ». Qu'importait que cette dame, décédée simple donataire de sa mère, eut, ou non, trans-mis l'action en rescision à ses frères, alors que ceux-ci l'avaient de leur chef, comme héritiers de leurs père et mère, et que l'action, d'où qu'elle vienne, et n'appartint-elle qu'à un seul héritier, en une seule qualité, cela suffi-sait pour rescinder le partage et le faire recommencer ? Aussi est-il manifeste que ni la cour d'Agen, ni la cour de cassation ne se sont sérieusement préoccupées de la ques-tion de savoir si la dame de Linars était morte, saisie de l'action : « on ne voit pas pourquoi », se contente de dire la chambre civile, les frères Boisset n'auraient pas l'ac-tion, comme héritiers de leur sœur... On ne fera pas, sans doute, aux jurisconsultes éminents, qui composent notre cour souveraine, l'injure de penser que, s'ils avaient porté leur attention sur ce point, ils l'auraient résolu d'une façon si sommaire et si peu concluante.

92. — *Quatrième système.* — L'action date du contrat, lorsque, avant d'opérer le partage, le père de famille a commencé par donner ses biens indivisément à ses en-fants ; elle date du décès dans le cas inverse.

Cette distinction a été proposée par M. Dubernet de Boscq (Rev. crit. de jurisp. 1859, t. 15, p. 251 et 481 ; et 1861, t. 18, p. 33 et 336); mais elle ne peut se soutenir. En fait, il n'existe pas de différence appréciable entre les deux espèces, imaginées par M. Dubernet, ou plutôt ces différences ne sont que des accidents de rédaction, ainsi que le fait observer M. Labbé (J. du Pal. 1863, p. 934, 937); car donner les biens en masse, puis les partager, 'ou procéder immédiatement au lotissement, cela ne fait qu'un. Vainement M. Dubernet prétend-il que, dans la première hypothèse, celle de la donation indivise, précédant le partage, les enfants ont acquis, préalablement à la répartition, un droit qui leur permet de réclamer, dans les apportionnements, un lot proportionnel à leur part virile ; et qui, de plus, les autorise à se plaindre d'une lésion, sans attendre le décès de l'ascendant ; alors que, dans la seconde hypothèse, celle du partage immédiat, l'acte ne contient que des donations juxtaposées, que le droit de l'enfant n'a d'autre fondement que la volonté bienveillante et libre du donateur ; que, partant, le donataire est irrecevable à prétendre qu'il n'a pas obtenu, dans son lot, l'équivalent d'un droit préexistant ; et que cette situation exclusive de toute demande en rescision ne change qu'à la mort de l'ascendant... — La donation, faite sous la réserve et la condition d'un partage, opéré ensuite, se confond avec ce partage, et forme avec lui un acte indivisible, qui confère à l'enfant un droit, non à la masse indivise, mais uniquement à son attribution. Conséquemment, dans les deux cas prévus, l'enfant n'est toujours, pendant l'existence de l'ascendant, qu'un donataire, sans action contre ses codonataires. Au surplus la doctrine de M. Dubernet ne compte que des adversaires ; repoussée par M. Labbé, elle l'est aussi par M. Réquier (n° 235, p. 423), et par M. Genty (p. 225).

93. — *Cinquième système.* — L'action en rescision, ouverte en thèse générale, dès l'acte, est ajournée jusqu'au décès, lorsque l'ascendant s'est réservé l'usufruit des biens donnés. Cette doctrine s'induit d'un arrêt de la cour de Bordeaux, du 26 juillet 1838 (J. des ar. t. 13, p. 442).

La cour a été évidemment dominée par l'inconvénient d'une estimation, visant des biens qui ne sont pas encore en la possession des enfants, et de la dépréciation desquels, par suite, ils ne sauraient répondre. Mais on ne peut ainsi faire dépendre l'action d'une stipulation accessoire ; l'usufruit est sans influence sur son origine, comme sur le calcul de la lésion, auquel il est étranger. Au reste la cour de Bordeaux n'a pas persisté, car, par un autre arrêt du 23 décembre 1845 (t. 20, p. 621), elle a jugé que l'action n'est pas suspendue par la réserve d'usufruit. Remarquons, à ce propos, que si, dans l'opinion que nous avons suivie, l'action est ajournée jusqu'au décès, et si l'estimation des biens doit être faite d'après leur valeur à cette époque, et leur état lors de la donation, il va de soi que l'ascendant, qui s'est réservé la jouissance, est tenu des obligations de l'usufruitier ; de telle sorte que, s'il a commis des dégradations, compte en sera fait dans la succession, entre l'abandonnataire des biens dégradés et ses cohéritiers.

94. — La cour de Bordeaux n'a pas ici montré la sûreté de doctrine, dont elle a fait preuve sur d'autres points (v. n° 72) : Un premier arrêt du 4 janvier 1827 (J. des ar. t. 2, p.10), déclarait que l'action n'était acquise qu'au décès de l'ascendant ; ceux des 26 janvier 1841 (t. 16, p. 63), 23 décembre 1845 (t. 20, p. 621), et 23 mai 1846 (t. 21, p. 343), décident que « chaque copartageant a un droit actuel et immédiat, tel que celui qui résulterait d'un partage entre cohéritiers, après le décès de l'auteur commun ; que chacun a, par suite, dès le contrat, le droit d'exercer toutes les actions, qui en dérivent, comme il devient passible, dès ce moment, de toutes les prescriptions auxquelles ces actions sont soumises ». Et la cour ne différait alors l'action, jusqu'au décès, qu'au cas où le donateur s'était réservé l'usufruit des biens partagés (arrêt précité, du 26 juillet 1838 (n° 93). Elle allait plus loin que M. Réquier, et elle était, en cela, plus logique que lui, car en accordant l'action au donataire, dès le contrat, elle lui en laissait aussi et dès lors le libre exercice (*supra* n° 91). Enfin, faisant un pas de plus, dans la voie de l'assimilation de la donation-partage avec le partage de succession, la cour a ouvert l'action en réduction, à dater de

EXPOSÉ DOCTRINAL.

la donation (*supra* n° 89). Mais elle est revenue à sa première jurisprudence, par ses arrêts des 30 juillet 1849 (précité : D. 1851. 1. 294 et J. des ar. t. 24, p. 418), 23 décembre 1851 (J. des ar. t. 26, p. 536), 22 février 1858 (t. 33, p. 71), 24 janvier 1861 (t. 36, p. 56) (1).

Ainsi la cour accueillait la rescision, à l'ouverture de la succession seulement, en 1827 ; elle l'admettait aussitôt le contrat, de 1841 à 1849, époque à laquelle elle a repris sa première opinion, qu'elle n'a point abandonnée depuis. Faisons remarquer, pour expliquer ces variations, que, jusqu'en 1830, la question de l'origine des actions était peu connue ; qu'elle n'avait pas encore été élucidée par les travaux des Genty (dont la monographie n'a paru qu'en 1850), et des Demolombe (dont le traité des donations, *parte in qua,* n'a été édité qu'en 1866) ; que les meilleurs esprits hésitaient ; que Marcadé lui-même, l'inflexible polémiste, d'ordinaire si ferme dans ses affirmations, après s'être prononcé pour l'ouverture de l'action, à l'instant du contrat, revenait sur cette doctrine, dans un article publié par la Revue pratique de jurisprudence (année 1851, livraison de mai, p. 281), et dans la cinquième édition de son Explication du code civil (sous l'art. 1304, n° 877), et ne donnait plus l'action qu'après le décès ; qu'enfin les deux chambres de la cour suprême ont été longtemps en divergence sur ce point (2).

95. — Le système, que nous avons exposé et qui fixe l'ouverture de toutes les actions au décès de l'ascendant (*supra* n° 87), est en général d'une application facile. Il est toutefois trois espèces, fréquentes dans la pratique, et

(1) V. ci-après n° 201 et suiv.
(2) V. l'arrêt de la chambre des requêtes, du 4 février 1845 (D. 1845. 1. 49), se prononçant dans le sens de l'ouverture de l'action, lors de la donation ; et ceux de la chambre civile du 30 juin 1847, rendu après partage (D. 47. 1. 193), précité sous le numéro 87, et du 16 juillet 1849 (D. 49. 1. 237) l'ajournant au décès.

qui présentent quelques difficultés : nous voulons parler de la donation indivisément faite par l'ascendant et suivie de partage entre les enfants, — du partage dans lequel les père et mère ont confondu leurs biens en une seule masse et que, pour cela, on est convenu d'appeler *conjonctif*, — du partage dans lequel le survivant des père et mère a réparti, outre ses biens, ceux de son conjoint prédécédé, et qui a reçu la dénomination de partage *cumulatif*. Examinons ces trois cas particuliers :

96. — I. - Donation indivise par l'ascendant et partage par les enfants.

Voici l'espèce : L'ascendant fait à ses enfants indivisément l'abandon de ses biens ; puis, et dans le même acte, ou par contrat séparé, les donataires font entre eux un partage inégal, soit en nature, soit en valeur ; l'action des copartageants lésés naît-elle, se calcule-t-elle et commence-t-elle dès lors à se prescrire aussitôt le partage, ou seulement après le décès de l'ascendant ? Cette question semble sortir de notre sujet, puisque nous ne traitons que des partages d'ascendants et qu'il s'agit d'un apportionnement, fait par les enfants eux-mêmes ; mais on verra bientôt qu'elle s'y rattache étroitement.

La plupart des auteurs se préoccupent exclusivement du point de savoir si les deux conventions (la donation indivise et le partage) sont distinctes : si elles sont séparées, que l'ascendant n'ait point nommément figuré dans le partage, qu'il n'ait pas d'ailleurs fait du mode de composition des lots et de leurs attributions une condition de sa donation, tout est examiné : le partage est l'œuvre des donataires ; et, par suite, l'action des mécontents naît, se calcule et commence à se prescrire à la date du partage (1) ; et la jurisprudence se prononce en ce

---

(1) V. Demolombe t. 6, n° 53 ; Réquier n° 112 ; Lyon-Caen p. 170 ; Barafort p. 83 et suiv..

EXPOSÉ DOCTRINAL.

sens (1).

Assurément deux actes séparés et l'absence de toutes conditions de partage, assignées aux donataires, ce sont là des garanties qui font présumer l'indépendance des enfants. Mais souvent il arrive que ces deux contrats ne sont que de pure forme, qu'ils ont été préparés simultanément, sur l'indication de l'ascendant et qu'ils ont été passés sans désemparer, *uno tractu temporis* (2) ; de telle sorte que ce n'est là qu'une supercherie. Lorsqu'il en est ainsi, peu importent les dénominations employées, et les deux contrats ; ils n'en forment qu'un ; et ils constituent le partage d'ascendant : *non sermoni res, sed rei sermo subjicitur* (v. *supra* n° 67). Au juge il appartient de discerner la vérité, de reconnaître le rôle du donateur, de dire s'il est resté spectateur passif de la répartition, et, en ce cas, d'ouvrir immédiatement l'action en rescision (art. 1304) (3). Si, au contraire, il a pris part au lotissement, les actions sont ajournées à son décès (4). On comprend combien difficiles et laborieuses seront les investigations de la justice. Ce n'est point cependant qu'il y ait là une énigme, qui défie ses lumières et sa sagacité ; il est même rare que les circonstances ne trahissent pas l'intervention de l'ascendant, quelque effort qu'on ait fait pour la dissimuler : l'un des enfants est attributaire de tous les immeubles ; or le père de famille avait pour lui une prédi-

---

(1) V. Colmar 10 mai 1865 (D. 70. 5. 261) ; Riom 4 août 1866 (D. 66. 2. 153 et la note de l'arrêtiste) ; cass. ch. civ. 16 janvier 1867 (D. 67. 1. 153) ; Lyon 23 mai 1868 (D. 69. 2. 112) ; Bordeaux 8 mars 1870 (D. 71. 2. 202), et cass. ch. des req. 24 juin 1872 (D. 72. 1. 472).

(2) On remarquera, à cet égard, que, ces actes n'étant point des procès-verbaux, ne nécessitent pas la mention de l'heure de la passation.

(3) Quant à l'action en nullité, pour inégalité des lots en nature, elle n'existe pas, au cas de partage fait par les enfants (v. supra n° 67).

(4) V. Colmar 21 février 1855 (D. 70. 5. 262) et la note de M. Dalloz, D. 66. 2. 153.

lection, qui s'est révélée par un avantage hors part, contenu dans la donation indivise ; il a été convenu, dans cet
acte préliminaire, que l'ascendant habiterait avec celui
qui serait apportionné en immeubles. Le partage a été
fait ensuite ; et il se trouve que c'est l'enfant préféré qui
prendra les immeubles pour son lot ; le mobilier est dévolu aux autres, qui sont rejetés hors du cercle de la
famille... et ils n'avaient aucun intérêt à un tel lotissement ; leurs penchants et leurs aptitudes les portaient
vers les travaux agricoles... N'est-il pas évident que c'est
l'ascendant qui a préparé et imposé ce partage, quoi qu'il
soit resté dans l'ombre ; qu'il n'a abandonné ses biens
qu'à la condition d'en faire la distribution, à son gré, et
qu'il l'a faite ? La nullité ne pourra donc en être demandée qu'après le décès.

Supposons l'espèce inverse : les lotissements, faits entre
les enfants, sont en harmonie avec leurs convenances
individuelles : celui-ci est commerçant et est apportionné
en valeurs mobilières, aisément réalisables, et qui seront,
pour son industrie, un élément de succès et de prospérité ; — cet autre est agriculteur et a été loti en fonds
ruraux. Enfin le partage a été fait par acte distinct de la
donation ; ou, mieux encore, un ou plusieurs jours se
sont écoulés entre les deux actes... Ce sont là autant d'in-
dices révélateurs de la parfaite liberté des copartageants,
et qui rendraient l'enfant non recevable à prétendre que
son lot lui a été imposé. Par suite l'action en nullité,
pour vice d'attribution, serait sans fondement et, quant à
la rescision, elle pourrait être demandée aussitôt le contrat (1).

---

(1) Cette théorie ne contredit pas ce que nous avons avancé (supra
no 67) ; nous avons dit que la donation-partage, faite à la convenance
des enfants, ne met pas obstacle à leur action en annulation pour inégalité en nature ; nous disons ici que ces convenances peuvent être pri-

Ajoutons une dernière observation : l'existence de deux contrats crée une présomption, en faveur de l'indépendance des enfants ; aussi incombe-t-il au lésé de démontrer que le partage a été fait par l'ascendant, qui a frauduleusement dissimulé sa participation.

97. — II. *Partages conjonctifs*. — Les père et mère confondent leurs biens en une seule masse et les partagent entre leurs enfants ; l'un des donateurs décède. — Question : les actions, en ce qui concerne son patrimoine, s'ouvrent-elles à son décès, ou sont-elles différées, jusqu'à la mort du survivant ?

Lorsque les biens de chaque époux ont été désignés séparément, et qu'ils sont entrés pour moitié dans chacun des lots, de sorte que de ces lots on puisse retrancher les biens de l'époux prédécédé, sans détruire l'équilibre du partage, et qu'enfin l'opération soit divisible, les actions sur la succession du prémourant s'ouvrent à son décès. Cette solution nous paraît incontestable (1). Au reste, dans cette espèce, il n'y a point partage conjonctif, il y a plutôt deux partages simultanés. Mais, lorsque les biens des deux époux ont été confondus, sans distinction d'origine, de sorte qu'on ne puisse distraire de chaque lot les biens du prédécédé, sans détruire l'ensemble du partage, les actions s'ouvrent-elles aussi au décès du prémourant ? On se prononce universellement pour la négative, et on ajourne les actions jusqu'au dernier décès. « Les enfants, dit M. Réquier (n° 240, p. 432), ne pourraient attaquer le partage des biens du prédécédé, sans attaquer à la fois celui des biens du survivant ; or toute action con-

---

ses en considération pour vérifier si le partage, distinct de la donation, est l'œuvre de l'ascendant ou celle des enfants : les deux espèces et la question posée sont bien différentes.

(1) Toutefois les auteurs que nous allons citer sont d'avis contraire, même en ce cas ; et il en est ainsi de la jurisprudence (v. Toulouse, 22 mai 1863, D. 63. 2. 78).

OUVERTURE, CALCUL ET DURÉE DES ACTIONS.

tre ce dernier acte leur est interdite, pendant la vie de celui qui l'a fait » ; et M. Demolombe (t. 6, n° 227) affirme que cette solution est « la conséquence logique de l'unité et, par suite, de l'*indivisibilité* de ce partage.... qu'elle est réclamée par d'autres motifs très-puissants encore ; soit parce que ces sortes d'actes imposent presque toujours aux enfants certaines charges, au profit des père et mère donateurs, et que les enfants ne pourraient en demander la nullité, relativement aux biens du prédécédé, sans s'exposer, de la part du survivant, à une action en révocation, pour cause d'inexécution des conditions ; soit, dans tous les cas, parce qu'ils ne pourraient pas attaquer ces actes de son vivant, sans manquer, dit la cour de cassation, au respect qu'ils lui doivent ». MM. Genty, Aubry et Rau (4e édition, t. 8, p. 43, § 734) sont de cet avis. En ce sens se sont prononcées, outre la cour de cassation, par ses arrêts des 11 juin 1872 (D. 72. 1. 452), 9 juillet 1872 (D. 73. 1. 72), 27 juillet 1874 (D. 75. 1. 366), 8 mars 1875 (D. 75. 1. 278), 26 décembre 1876 (D. 77. 1. 171), la cour de Toulouse, par son arrêt du 26 juillet 1878 (D. 79. 2. 177), et la cour de Bordeaux, ainsi que nous le verrons ci-après (1).

Nous essayerons de soutenir une théorie contraire : soit que l'indivisibilité ait été formellement stipulée, soit qu'on la fasse résulter de cette circonstance que les biens ont été donnés indistinctement, sans indication d'origine, nous pensons qu'au premier décès le débat est ouvert sur la succession (v. *supra* n° 33).

Qu'avons-nous dit jusqu'ici, suivant en cela la doctrine la plus accréditée, et qui est adoptée notamment par les auteurs que nous nous proposons de réfuter ? Que les actions, en nullité pour vice d'attribution, en rescision pour

---

(1) V. cependant, en sens opposé, M. Laurent (t. 15, nos 118 et 154) et Agen, 17 novembre 1856 (D. 56. 2. 297).

EXPOSÉ DOCTRINAL.

lésion, en réduction pour atteinte à la réserve, sont des actions de succession, ajournées conséquemment au décès de l'ascendant ; mais qui appartiennent à ce moment au donataire héritier. Or ici ces actions n'existeraient point au décès, l'héritier devrait attendre qu'une seconde succession s'ouvrit, succession qui lui rendrait sá liberté. Quel est donc l'obstacle qui paralyse son droit ? La loi ? Dès l'instant même du décès elle le saisit de la succession (724) ; elle l'investit de sa part dans les meubles et dans les immeubles (826-832) ; elle le nantit de sa réserve et de sa portion dans les biens distribués (887, 913, 920, 922, 1079). La convention ? Si l'on allègue que cet ajournement de l'action a été explicitement ou implicitement imposé par les ascendants, et qu'il a été accepté par les enfants, que la convention ainsi faite est un tout indivisible, et qui doit s'exécuter en son entier, nous répondrons : comme donataire l'enfant a accepté la libéralité, mais cette acceptation est sans force contre l'héritier. Aucune stipulation sur la succession future n'a pu différer son action, aliéner son indépendance, pour un temps, si limité qu'il soit ; aucune clause n'a pu surtout, pour une durée, si courte qu'elle soit, le priver de sa réserve. Ce sont là des droits inaliénables, du vivant de l'ascendant ; le survivant en eut-il fait la condition expresse de sa donation, elle serait sans valeur. Ainsi le prescrit l'article 900, combiné avec les articles 791, 1130, 1600 et 2045 du Code, qui prohibent toute renonciation anticipée à l'hérédité. Sans doute la loi fait, en ce qui touche les donations-partages, une exception à son interdiction de pactiser sur successions futures ; mais cette exception a ses limites : si ce contrat peut être valablement consenti, c'est à la condition qu'il ne contiendra ni répartition inégale en nature, ni lésion, ni atteinte à la réserve. Ainsi l'entend elle-même la jurisprudence qui, après la mort de l'ascendant, accueille l'action contre le partage, sans tenir compte de l'adhésion du plaignant à ce même partage

(v. *supra* n° 66); et qui, par là, discerne ce qui pouvait être
valablement convenu de ce qui l'a été illégalement; pourquoi donc n'est-elle plus avec nous ? Quant à l'omission
de la provenance des biens, fait sur lequel on veut fonder
une sorte d'obstacle matériel à l'action, ce n'est qu'un
fantôme, car il est toujours possible de distinguer les
deux patrimoines (1). Cela nécessitera peut-être une procédure longue et coûteuse; disons même qu'elle troublera
l'économie du partage, qu'elle rendra la donation du survivant inexécutable, en anéantissant certains lots, exclusivement composés des biens du prédécédé ; ajoutons que
vraisemblablement les apportionnements n'avaient été
faits de la sorte que pour éviter des morcellements préjudiciables à l'administration et à la culture des biens : et
encore que le plaignant s'exposera au ressentiment du
survivant ; que cette situation sera pour lui pleine de
périls, (sans que toutefois, quoi qu'en dise M. Demolombe, il encoure la révocation pour inexécution de conventions illicitement formées - 900, 1131). Mais, quelque
graves que soient ces considérations, elles ne suspendent
point le droit du lésé : à lui de décider s'il a plus d'intérêt
à se taire et à attendre.

Remarquons, au surplus, que cette unité, cette *indivisibilité* de fait qu'on invoque n'existent pas davantage pour
les ascendants que pour les enfants. Si, par exemple,
le dernier vivant des donateurs conjoints avait à se plaindre de l'inexécution des charges, dont il a grevé sa donation, il ne pourrait exercer l'action révocatoire qu'en ce
qui touche ses biens personnels, qu'il faudrait distraire
des apportionnements (2). Pourquoi l'enfant lésé n'aurait-

---

(1) La cour de Bordeaux l'avait fort bien jugé, en matière de partages cumulatifs, par son arrêt du 28 avril 1875 (J. des ar. t. 50. 1875,
p. 173), cassé le 26 décembre 1876 (D. 77. 1. 171).

(2) V., en ce sens : Genty p. 281 ; Coulon quest. de droit, 1853, p. 345,
et Laurent, t. XV, n° 74 ; — et en sens contraire : Demolombe, n° 126 ;
Bordeaux, 5 juin 1850 (D. 52. 2. 132).

EXPOSÉ DOCTRINAL.

il pas une faculté analogue, en ce qui concerne les biens de l'ascendant décédé ?

La jurisprudence s'est, depuis longtemps, prononcée contre la théorie que nous présentons ; la cour de Bordeaux a constamment décidé que les actions ne s'ouvrent qu'au dernier décès, par ses arrêts des 23 décembre 1851 (J. des ar. t. 26, p. 536), 22 février 1858 (t. 33, p. 71), 24 janvier 1861 (t. 36, p. 56) et 20 février 1862 (t. 37, p. 85). « Attendu, lisons-nous dans l'arrêt du 22 février 1858, que, lorsque le partage est fait cumulativement par les père et mère, les enfants ne peuvent l'attaquer qu'après le décès de l'un et de l'autre, puisqu'ils ne sauraient le renverser du chef de celui qui prédécède, sans le faire tomber en même temps du chef de celui qui survit ; que de ces principes, fondés sur la morale et sur la loi, consacrés d'ailleurs par la jurisprudence, il résulte que Marie Poitevin ne pouvait, tant qu'à vécu sa mère, critiquer le partage, fait, le 30 décembre 1834, par les époux Poitevin entre leurs deux filles ; que, ce partage étant évidemment l'œuvre d'une seule et même pensée, censurer l'ouvrage du père, c'était censurer l'ouvrage de la mère survivante ; qu'ainsi le silence gardé par Marie Poitevin, lui était commandé par le respect filial ». Comme on le voit, la cour affirme la thèse de l'ajournement, sans motiver sa doctrine, autrement que par des raisons de fait ; il est difficile de discuter une telle décision. La cour a même jugé par cet arrêt que, lorsque les ascendants donateurs sont mariés sous le régime de la communauté universelle, ce qui rend très faciles la distinction et la division des patrimoines, les actions ne s'ouvrent encore qu'au dernier décès (1).

98. — III. *Partages cumulatifs*. — L'un des conjoints est

(1) Il est vrai qu'elle a jugé en sens contraire par son arrêt du 1er mai 1855 (t. 30, p. 233).

décédé ; le survivant, réunissant les biens de la succession et les siens, en fait le partage entre ses enfants (1) ;
question : les actions, en ce qui touche la succession,
sont-elles recevables avant le décès du survivant ? (v. *supra* n. 34).

Point de difficulté, pas plus que dans la précédente
hypothèse, quand les biens de chaque ascendant ont été
isolés et répartis séparément : les actions existent dès le
premier décès, en ce qui concerne la succession ouverte
(2). Lorsque les biens ont été confondus, nous pensons
que les enfants seraient irrecevables à agir avant le décès
du survivant ; parce qu'il ressort d'un tel contrat qu'ils
ont pris l'engagement de différer leur action et que, maîtres de leurs droits, puisqu'ils sont héritiers, ils se sont
valablement obligés. Qu'on remarque d'ailleurs qu'il
n'existe aucune analogie entre ce cas et celui que nous
avons précédemment examiné : il s'agissait d'une convention d'indivisibilité expresse ou tacite, acceptée par
des enfants sans qualité pour la consentir ; il s'agit, au
contraire, dans ce paragraphe, d'héritiers nantis de leurs
droits, qui peuvent dès lors les répudier et *a fortiori* les
ajourner à leur gré (art. 1218) (3). Ainsi l'a jugé la
chambre civile, les 19 décembre 1859 (D. 59. 1. 494), 29
janvier 1866 (Journ. Le Droit des 29 et 30 janvier 1866),
26 décembre 1876 (D. 77. 1. 171) (4) ; et de même la cour
d'Orléans, le 29 juillet 1880 (D. 81. 2. 161).

M. Demolombe (n° 227) est d'avis que, dans cette

---

(1) Il était admis, dans le ressort de plusieurs Parlements, notamment dans celui du Duché de Bourgogne, que le prémourant des époux
pouvait conférer au survivant le pouvoir de partager ses biens entre ses
enfants.

(2) En ce sens : Agen 20 avril 1864 (D. 64. 2. 109) et 11 janvier 1865
(D. 65. 2. 31).

(3) Contra Laurent, t. XV, n° 130.

(4) Ce dernier arrêt a cassé celui de Bordeaux du 28 avril 1875 (J. des
ar. t. 50, p. 172).

EXPOSÉ DOCTRINAL.

espèce, comme dans la précédente, les actions ne s'ouvrent qu'au dernier décès. Il indique, sans s'y arrêter, l'argument que nous venons de rapporter, et il base sa décision sur la déférence due à l'ascendant survivant ; c'est parce que l'action immédiate serait une violation du respect paternel (art. 371) qu'il ajourne l'attaque. N'est-ce point une erreur ? Revendiquer un droit successoral, dont l'enfant est le maître, mais que, vis-à-vis de ses cohéritiers, et en présence de l'ascendant survivant, il a consenti à différer, ce ne serait pas violer la loi du respect, qui ne régit, au reste, que la personne et non ses biens ou ses droits, mais ce serait manquer à un engagement valablement pris ; et c'est pour cela que l'enfant doit attendre.

Considérant enfin la mise à exécution des actions, à la suite du décès du survivant, M. Demolombe (n° 229) distingue entre la nullité pour vice d'attribution, et la rescision pour lésion. Suivant l'éminent professeur, la lésion en valeur s'appréciera sur la masse totale des deux successions, parce que le déficit sur l'une d'elles se compense avec l'excédant recueilli sur l'autre, conformément à l'article 891 (1). Il en est autrement, pense-t-il, pour la lésion en nature, car, l'article 891 lui étant inapplicable, le partage cumulatif n'a pu détruire le droit de l'enfant d'exiger sa part des biens de chaque succession.

De cette argumentation il ressort que l'acceptation du partage cumulatif n'impliquera pas renonciation, pour l'enfant, à réclamer sa part en nature sur la succession du prédécédé, ou que cette renonciation sera sans efficacité. Hé quoi ! celui qui est investi d'une succession n'a pu valablement abandonner son droit en nature dans cette succession ouverte ; et M. Demolombe, qui le veut ainsi, est cependant d'avis (n°s 225 à 227) que, lorsque le

_____

(1) V. n° 30 l'examen d'une théorie semblable.

partage est fait par les père et mère conjointement, le même abandon s'induit du contrat, et rend l'enfant irrecevable à réclamer sa portion en nature dans la succession du prédécédé, jusqu'à la mort du dernier vivant ! L'enfant ne saurait renoncer définitivement à un droit, dont il est investi par le décès de l'un de ses auteurs, et cependant il pourrait abandonner, au moins temporairement, ce même droit, avant d'en être nanti, c'est-à-dire du vivant des deux ascendants ! Pour être logique, après avoir enseigné que l'enfant peut, dans la donation-partage, faite par ses père et mère vivants, s'interdire la faculté de réclamer sa part en nature dans la première succession, jusqu'à l'ouverture de la seconde, M. Demolombe devrait enseigner, à plus forte raison, que l'enfant peut s'interdire la faculté de demander sa part en nature dans une succession ouverte.

§ 2e. — ÉLÉMENTS DE CALCUL
DES ACTIONS CONTRE LE PARTAGE D'ASCENDANTS
ENTRE-VIFS.
IMPENSES. - AMÉLIORATIONS. - DÉGRADATIONS.

99. — L'époque de l'ouverture des actions étant connue, sur quelles estimations va porter le calcul ? Nous avons peu à dire sur ce sujet, qui a été implicitement traité dans le paragraphe précédent : déterminer, en effet, l'époque à laquelle naît une action, c'est par là même, faire connaître la date à laquelle doivent être considérées les valeurs, objet de cette action ; car il y a nécessairement concordance entre l'origine d'un droit et son application (*supra* n° 86).

Lorsque le partage est fait par testament, il n'a d'existence qu'au décès de l'ascendant ; c'est donc à ce moment qu'il faut estimer les lots, pour les comparer. Est-il fait par acte entre-vifs ? La règle est la même, non qu'elle soit expressément contenue dans nos textes sur les partages d'ascendants; mais son omission, dans notre matière, implique un renvoi aux partages ordinaires de succession (*supra* n° 58); c'est là que nous la prenons, pour la faire servir au calcul de la lésion, à celui de la réduction, à l'appréciation de l'égalité dans la répartition des diverses natures de biens.

100. — I. En ce qui concerne la lésion, l'article 890, au titre des successions, prescrit l'estimation, d'après la valeur des objets à l'époque du *partage*; or, ainsi que nous l'avons vu (*supra* n° 87), le contrat ne devient un *partage* qu'au décès; c'est donc à cet instant que se place l'évaluation.

Nul doute, à cet égard, pour les immeubles (1); en est-il de même pour les meubles, et n'est-ce pas leur valeur à l'époque de la donation qu'il faut considérer, comme en matière de rapports (art. 868)? MM. Genty (n° 53, p. 318) et Demolombe (n° 222, p. 245) sont de cet avis, et c'est aussi le nôtre. Le système contraire, adopté par MM. Aubry et Rau (t. 8, p. 39, § 734, texte et note 13), Bonnet (n° 649) et Lyon-Caen (thèse), a le tort d'appliquer au calcul de la lésion les principes de la réduction, qui ne distingue point les meubles des immeubles et, pour les uns comme pour les autres, fixe l'estimation au décès (art. 922). Or la situation des copartageants, en ce qui touche la lésion, est sans analogie avec celle des donataires, passibles de la réduction, et elle présente, au contraire, la plus grande affinité avec celle des héritiers soumis au rapport (2). En effet: le vœu de la loi et l'intention commune des parties sont que les attributions ne

_____

(1) V., en ce sens, et comme dernier monument d'une jurisprudence, depuis longtemps fixée, l'arrêt de la chambre des requêtes du 16 décembre 1878 (D. 79. 1. 223), et aussi les arrêts de la cour de Bordeaux, cités infra n° 201 et suiv.

(2) V. infra n° 122.

se maintiennent au-delà du décès, et ne soient dispensées du rapport qu'à la condition de prendre alors la qualification de partage : si ce titre leur fait défaut, la dispense s'évanouit et la donation devient un simple avancement d'hoirie. Voilà pourquoi, spécialement en ce qui concerne les meubles, nous lui appliquons les règles du rapport.

Mais, a-t-on objecté, vous calculez la lésion, comme si le partage était dès à présent annulé, et comme si les apportionnements étaient déjà voués au rapport ; cependant le partage existe, puisque nous n'en sommes encore qu'à l'étude de la question de lésion, et « il est par trop singulier, affirment MM. Lyon-Caen et Bonnet (n° 649), d'appliquer les règles du rapport à un cas où le rapport n'a précisément pas lieu ». Nous opérons comme si le contrat devait être rescindé et les biens restitués à la masse ; parce que ce sont les tendances d'une action, qui en fixent les bases et le mode de calcul (1) : celle-ci tend à la rescision et au rapport ; donc l'estimation s'effectue suivant les règles du rapport. Ainsi en est-il de l'action en réduction et de l'action en nullité, qui demandent compte aux copartageants de la nature et de la valeur des biens au décès (826-922), comme si la nullité ou la réduction devaient être prononcées, ce qui est tout aussi incertain, à l'instant où s'engage la procédure.

Contrairement à l'opinion que nous soutenons, la chambre des requêtes a jugé, le 16 décembre 1878 (D. 79. 1. 223), que les meubles doivent, comme les immeubles, être estimés d'après leur valeur, lors du décès du donateur. Dans l'espèce, l'ascendant s'était réservé la jouissance du mobilier. Cette circonstance, indifférente, en réalité, et qui cependant avait motivé l'arrêt attaqué,

---

(1) C'est en ce sens qu'a été formulé ce principe : qui actionem habet ad rem persequendam ipsam rem habere videtur.

EXPOSÉ DOCTRINAL.

rendu par la cour de Lyon (1), a pu aussi impressionner la cour suprême. Toutefois, elle a décidé la question, sans viser cette particularité : « Attendu, a-t-elle dit, que l'estimation des biens, compris dans un partage d'ascendant, doit avoir lieu d'après leur état, au moment du partage et leur valeur, au moment du décès de l'ascendant ; que cette règle est générale et absolue, et que la cour d'appel de Lyon s'y est justement conformée, dans l'estimation qu'elle a faite du mobilier ». Mais il nous sera permis de regretter que la cour se soit bornée à une simple affirmation, sans invoquer aucune raison de droit, pour repousser les principes du rapport.

101. — Dans l'intervalle qui s'est écoulé, depuis le contrat jusqu'au décès, des améliorations et des réparations ont été faites au fonds, ou, à l'inverse, il a été commis des dégradations : se bornera-t-on à constater la valeur au décès, sans indemniser le donataire, ou sans rien exiger de lui ?

L'obligation de l'égalité au décès, obligation qui est la base de l'action du copartageant lésé, serait illusoire, si le copartageant avantagé avait eu la faculté d'user et d'abuser de son lot, sans être tenu à aucun dédommagement et réciproquement, si les améliorations ne restaient son profit exclusif, ou s'il n'était couvert de ses dépenses de conservation. Il y a donc lieu de faire ce compte, lors de l'estimation des lots. Pour cela quelles règles suivrons-nous ? L'article 890, qui régit la lésion, n'en trace aucune. Ferons-nous appel aux principes, qui gouvernent l'annulation des contrats (art.1183)? Ils sont fort rigoureux, pour le détenteur dépossédé, et d'ailleurs le contrat, s'il tombe comme partage, n'est point résolu *in præteritum*, en tant que donation (*supra* n° 100). Emprunterons-nous encore les textes du rapport ? Il le faut bien,

----

(1) V. supra n° 93 une question analogue.

puisqu'il n'existe pas de réglementation, propre à notre espèce, et qu'au surplus l'analogie est incontestable entre la situation du donataire en avancement d'hoirie et celle du copartageant, obligés l'un et l'autre de rétablir, au décès, l'intégrité de leurs donations, pour reconstituer l'égalité héréditaire. Faisons observer, à ce sujet, que, pour se conformer à nos textes sur les rapports (861 et suiv.), il serait nécessaire d'estimer d'abord le fonds rapporté, puis les améliorations à déduire de cette estimation, ou les détériorations à ajouter ; or, afin d'éviter ces complications et ces circuits d'évaluations, la jurisprudence a fort judicieusement emprunté la formule d'estimation de l'article 922, faite pour le calcul de la réduction. Elle prescrit donc aux experts d'estimer les biens, « d'après leur état, à l'époque de la donation, et leur valeur, au temps du décès du donateur » (1). De cette façon la loi des rapports est exécutée, sinon à la lettre, du moins dans son esprit.

102. — *Partages conjonctifs.* — Au cas de partage, fait conjointement par les père et mère, chaque succession doit être considérée isolément et l'estimation des biens, qui en dépendent, est faite en se référant à l'époque du décès. C'est une conséquence de notre théorie sur l'ouverture des actions (*supra* n° 97). La cour de Bordeaux s'est prononcée en ce sens, le 19 août 1869 (t. 45, p. 153 et t. 48, p. 307) ; ce qui est contradictoire avec les solutions qu'elle a précédemment adoptées, en ce qui touche la prescription, qu'elle fait courir, en ce cas, à dater du dernier décès seulement, par ses arrêts des 23 décembre 1851 (t. 26, p. 536), 22 février 1858 (t. 33, p. 71), 24 janvier 1861 (t. 36, p. 56) (2). Il est évident que, si l'action

---

(1) V. la formule insérée dans l'arrêt sus-relaté de la chambre des requêtes, du 16 décembre 1878 (D. 79. 1. 223, supra n° 100).

(2) V. infra n° 202 et suiv.

ne naissait et ne commençait à se prescrire qu'au dernier décès, elle ne devrait aussi se calculer qu'à cette époque (*supra* n° 86).

103. — *Partages cumulatifs.* — Nous décidons autrement pour le partage, fait par le survivant des père et mère, et comprenant ses biens, cumulativement avec ceux de son conjoint prédécédé : l'estimation des deux successions a lieu, suivant la valeur à une date unique, celle du décès du survivant, car le partage implique ici la convention de reporter l'estimation de la première succession, jusqu'à cette époque ; et une telle convention, bien qu'elle soit en désaccord avec les dispositions de la loi, n'est cependant pas prohibée (1). Ainsi l'a jugé la chambre civile par son arrêt du 26 décembre 1876 (D. 77. 1. 171), cassant celui de la cour de Bordeaux du 28 avril 1875 (t. 50, p. 173). Toutefois nous ne saurions accepter la raison donnée à l'appui de cette décision : elle est fondée sur l'indivisibilité *de fait* du partage cumulatif ; or, nous l'avons vu *(supra* n° 97), ce n'est là qu'un fantôme. La cour de Bordeaux avait très exactement apprécié ce point : « attendu, disait-elle, que s'il y a partage unique, on ne peut nier qu'il existe deux successions distinctes... qu'une prétendue confusion des biens paternels et maternels n'autoriserait, en aucune façon, une dérogation à la règle ; que cette confusion existât-elle... cette circonstance ne modifierait nullement les conditions légales de l'estimation ; qu'elle imposerait seulement l'obligation de faire la recherche et la distinction des biens de chaque ascendant, préalablement à toute évaluation... ». C'était fort bien pensé, quant à l'indivisibilité *de fait*, opposée par le défendeur ; mais il ne fallait pas méconnaître *l'indivisibilité conventionnelle*, résultant du contrat ; et en cas-

---

(1) V. la théorie exposée supra n° 98.

OUVERTURE, CALCUL ET DURÉE DES ACTIONS.

sant l'arrêt, la cour suprême aurait dû se fonder sur ce dernier motif.

104. — II. En ce qui concerne la réduction, l'estimation des meubles et des immeubles, donnés en partage, se fait suivant la valeur au décès de l'ascendant ; estimation à laquelle on joint celle de tous les autres biens, donnés ou restés indivis dans la succession ; conformément aux articles 920 et 922, et, puisque « la réduction se détermine, en formant une masse de tous les biens existants au décès du donateur ou testateur », et auxquels on « réunit fictivement ceux dont il a été disposé par donations entrevifs... » (1).

105. — *Partages conjonctifs*. — Au cas de partage, fait conjointement par les père et mère, l'estimation, au point de vue de la réduction, se fait séparément pour la succession de chacun d'eux, et à la date des décès (v. *supra* n° 102). La cour de Bordeaux s'est prononcée en ce sens, le 25 juin 1873 (t. 48, p. 307), ce qui, comme nous l'avons fait remarquer pour la rescision *(loc. cit.)*, est contradictoire avec sa jurisprudence, sur l'origine des actions et le commencement de la prescription, qu'elle fixe au dernier décès (2).

106. — *Partages cumulatifs*. — Le calcul s'opère-t-il de la même façon, dans l'hypothèse d'un partage fait par le survivant des père et mère et qui comprend, outre ses biens, ceux du prédécédé ? Non : un tel contrat implique, de la part des copartageants, la volonté, d'ailleurs très-licite, de reporter l'estimation des deux successions à la

---

(1) On sait que cette adjonction des biens étrangers au partage est contestée et que, suivant quelques auteurs, les biens qu'il comprend formeraient une succession particulière, au point de vue notamment de la réduction (v. Laurent n° 155, Bonnet n° 234 et suiv., supra n° 89, et l'arrêt de la chambre des requêtes du 4 février 1845, D. 1845. 1. 49, affaire de Meillonas).

(2) V. notamment l'arrêt du 20 février 1862 (t. 37, p. 85).

EXPOSÉ DOCTRINAL.

date du dernier décès (v. *supra* n° 103). Ainsi l'a jugé la
chambre civile par ses arrêts des 15 mai 1876 (D. 76. 1.
322), et 26 décembre 1876 (D. 77. 1. 171) (1).

107. — Notons une étrangeté du système de MM. Genty
et Demolombe, sur lequel nous nous sommes expliqué en
examinant la nature des actions ouvertes par l'article
1079 (*supra* n°ˢ 44, 45 et suiv): La première hypothèse,
prévue par cet article, est une rescision du partage en son
entier, et pour cause de lésion ; la seconde est un cas de
violation de la réserve , par suite, et suivant nous, un cas
de réduction ; MM. Genty (n° 50) et Demolombe (n° 189)
pensent néanmoins que la sanction est, encore ici, la rescision totale. Cela rappelé, pour apprécier, dans la première espèce, s'il y a lésion, il faut, suivant ces auteurs
(et nous sommes de leur avis (*supra* n° 100)), prendre la
valeur des meubles au moment du contrat, et celle des
immeubles à l'instant du décès ; mais, dans la seconde
espèce, le vice étant une violation de la réserve, ils doivent conséquemment, et pour ce cas, estimer les meubles,
comme les immeubles, à l'époque du décès, car l'article
922 le leur prescrit ; or comment concilier cette date de
calcul des valeurs mobilières avec la rescision ? Conçoit-
on une supputation, faite d'après les principes de la réduction , et conduisant à une rescision ! Quelle anomalie !

108. — III. Quant à la nullité, pour inégalité dans la
répartition des diverses natures de biens, il importerait
peu, en général, que, pour l'apprécier, on se plaçât au
temps de l'acte ou à celui du décès ; car, si la valeur des
biens est variable, leur nature ne change guère. Cepen-

---

(1) Ce dernier arrêt casse la décision contraire de la cour de Bordeaux, du 28 avril 1875 (t. 50, p. 173). V. supra n° 103 et infra n° 195.
V. aussi Massé et Vergé, t. 3, § 511, p. 316, et Demolombe, n° 227 et
suiv.

dant, s'ils éprouvaient une modification , durant cette période ; si, par exemple, un meuble devenait accidentellement immeuble, sans le fait du donataire ; si encore, par suite d'une inondation, d'un incendie, ou par l'effet de la vétusté, un bâtiment était détruit, s'il tombait en ruines, de sorte que les éléments, sur lesquels l'ascendant a opéré, eussent changé de nature, c'est toujours celle des biens au décès, qu'il faudrait considérer, pour apprécier le fondement de l'action en nullité, puisqu'elle naît dans la succession.

Rappelons que le copartageant avantagé ne saurait éviter l'annulation, pour inégalité en nature, par des offres telles que celles qu'autorise l'article 891, pour l'inégalité en valeur ; que le lésé a droit aux biens mêmes de l'hérédité ; et qu'enfin on ne peut établir aucune compensation à cet égard, entre les deux successions des père et mère donateurs (1).

109. — Nous bornons là nos explications sur le calcul de nos actions ; nous nous occuperons, dans un chapitre spécial *(infra* n° 121 et suiv.), des effets de la rescision, de la réduction et de la nullité du partage ; et nous examinerons alors les questions auxquelles donnent lieu les impenses et la réalisation des rapports.

§ 3ᵉ. — DURÉE DES ACTIONS.

110. — Lorsque le partage est fait par testament, la durée des actions est de trente ans, puisque aucun texte ne la limite à un moindre délai (art. 2262) ; lorsque l'ascendant a réparti ses biens par acte entre-vifs, soit qu'il ait fait lui-même le lotissement, soit qu'il ait fait à ses enfants un abandon indivis et qu'ils se soient ensuite

---

(1) V., en ce sens, M. Demolombe, nᵒˢ 206 et 229 et supra nᵒˢ 71 et 98.

apportionnés, comme il s'agit d'un contrat, et que la loi a édicté une prescription de dix ans pour l'annulation des contrats (art. 1304), l'action est restreinte à ce délai (1). N'y a-t-il pas toutefois de distinguer entre les divers griefs qui s'élèveront contre le partage ? La prescription, qui atteint la lésion de plus du quart et la nullité pour vice d'attribution en nature, est-elle celle qui frappe la réduction pour avantage excessif ?

111. — I. *Nullité pour vice d'attribution.* — Point de doute, puisque d'après l'article 1304, « dans tous les cas où l'action en nullité ou en rescision d'une convention n'est pas limitée à un moindre temps par une loi particulière, cette action dure dix ans ».

112. — II. *Rescision pour lésion.* — Même solution.

113. — III. *Réduction pour avantage excessif.* — Le doute commence avec la seconde espèce de l'article 1079. Nous avons dit *(supra* n° 44 et suiv.) que, d'après les uns, il s'agit encore d'une rescision totale, prescriptible dès lors aussi par un laps de temps de dix ans ; d'autres, et nous sommes de ce nombre, y voient une violation de la réserve, et en concluent que la sanction est dans la réduction du lot avantagé ; or la réduction n'étant pas prévue par l'article 1304, sa prescription est de trente ans (2262).

MM. Massé et Vergé (t. 3, § 511, note 9) et Réquier (n° 239) reconnaissent dans notre seconde hypothèse, un cas de réduction, et ils veulent cependant que la prescription soit de dix ans (2). Sans doute, dit M. Réquier, s'il s'agissait d'une demande en réduction, semblable à celles

_____

(1) En ce sens : Bordeaux, 23 mai 1846 (t. 21, p. 343), et infra n° 209.

(2) V., en ce sens, les arrêts de la chambre civile du 28 février 1855 (D. 55. 1. 81) et de la chambre des requêtes du 1er mai 1861 (D. 61. 1. 323).

qui sont formées en vertu de l'article 920, il serait impossible de lui appliquer l'article 1304. L'héritier à réserve, qui demande la réduction d'une donation à laquelle il est complétement étranger, ne peut être assimilé à une partie contractante, qui demande la rescision de sa propre convention. Son action, qui a pour unique but de faire rentrer dans la masse de la succession les biens, qui en ont été distraits par des libéralités illégales, est une véritable pétition d'hérédité, qui ne peut se prescrire que par trente ans. Mais l'action, autorisée par le deuxième alinéa de l'article 1079, n'est pas une demande ordinaire en réduction. C'est une action *sui generis*... elle tend, d'une part, à faire annuler par voie de retranchement la libéralité excessive, que l'ascendant a déguisée sous l'apparence d'un lotissement, et, de l'autre, à faire rectifier le partage, en ajoutant au lot des enfants lésés ce qui aura été retranché du lot de l'enfant avantagé. C'est en ce sens qu'on peut dire qu'il y a rescision partielle du contrat... L'action est d'ailleurs intentée par l'une des parties contractantes, qui attaque sa propre convention et en demande le changement partiel. Ce n'est donc pas forcer le sens de l'article 1304 que de l'appliquer à cette action.

L'argumentation de M. Réquier peut se résumer en deux aphorismes : — le partage réductible est un contrat, donc la prescription des contrats lui est applicable ; — la réduction du lot avantagé est une rescision partielle, c'est donc la prescription de la rescision qui lui convient.

Le partage réductible est un contrat : Nous répondrons à ce premier argument que, même pour les contrats, l'article 1304 a limité la prescription, qu'il édicte, à *la nullité* et à *la rescision*, et que nous ne sommes pas autorisé à y joindre *la réduction*. La distinction, faite ou sous-entendue ici par le législateur, est, au surplus, facile à justifier : La nullité et la rescision prennent naissance dans le partage,

dans la masse contractuelle ; elles se calculent et s'exercent sur le lotissement et ne s'étendent pas au-delà ; dès
lors l'étude de ces deux actions est aisée pour le contractant et n'exige point un long temps. — L'action du réservataire lésé, au contraire, ne procède pas du partage
seulement ; elle se calcule et s'exerce aussi sur les biens,
qui sont restés en la possession de l'ascendant, et sur tous
ceux qu'il a donnés. C'est, en un mot, la masse du disponible et de la réserve qui est l'objectif de l'action ; or
cette masse est moins connue du légitimaire que celle du
partage et, pour son examen, un terme plus éloigné est
nécessaire.

La réduction du lot avantagé est une rescision : Il y aurait
donc deux sortes de réductions ; l'une pour les donations
auxquelles le légitimaire est étranger, l'autre pour les
donations-partages. La première serait la réduction proprement dite, la seconde serait une rescision hybride,
dégénérant en réduction. Nous ne voyons rien de semblable dans la loi ; et nous ne connaissons qu'une seule
action en réduction, celle qui est régie par les articles
920 et suivants, quel que soit l'acte qui contienne l'excès.

« L'opinion contraire à celle que professe M. Réquier
conduirait, dit-il, à ce singulier résultat que l'enfant, qui
aurait éprouvé une lésion de plus du quart, n'aurait que
dix ans pour réclamer, tandis qu'on accorderait trente
ans à celui qui aurait éprouvé une lésion moins considérable. On ne peut admettre que le législateur, continue-t-
il, ait entendu établir une différence si peu rationnelle
entre deux actions, accordées par le même article, contre
le même acte, et pour la réparation d'un préjudice de
même nature ». La lésion de la réserve est-elle toujours
moins considérable que la lésion de partage, comme l'affirme M. Réquier ? C'est une erreur, et, pour s'en con-
vaincre, on peut se reporter à ce que nous avons expliqué
(*supra* nos 47, 49) ; mais en serait-il ainsi ; y aurait-il vraiment une choquante anomalie dans la concession d'un

délai de trente ans, pour l'exercice de l'action la moins importante, quant à son résultat, alors que l'autre ne jouirait que d'un délai de dix ans ? Ne sait-on pas que, sous l'inspiration d'un sentiment très-respectable, le législateur se montre libéral pour le réservataire, trompé dans ses espérances, tandis qu'il est parcimonieux pour le contractant, déçu dans ses calculs ; qu'il arrête l'un par une courte prescription (1304, 1676, 1854), alors qu'il accorde à l'autre un long terme (920, 2262). De plus, et comme le fait observer M. Laurent (t. XV, n° 150), « les actions en nullité réagissent contre les tiers, et jettent le trouble dans les relations civiles..... Cette raison n'existe plus, lorsqu'on attaque le partage, sans en demander la rescision ; l'action est une action ordinaire ; il est donc très-logique qu'elle reste sous l'empire du droit commun » (1).

§ 4e. — FINS DE NON-RECEVOIR.

114. — Dans ce paragraphe nous répondons à cette question : quels sont les faits accomplis par le copartageant, et qui s'opposent à ce qu'il critique le lotissement ? Tout d'abord est-il indifférent que le fait soit antérieur ou postérieur au décès de l'ascendant ?

C'est dans la succession que l'enfant puise son droit à l'égalité, et par conséquent son action contre le partage, si cette égalité a été méconnue (*supra* n° 87). Il suit de là que toute transaction, toute ratification expresse ou tacite (1338), du vivant de l'ascendant, est nulle, comme pacte sur une succession non ouverte (791-1130), et qu'elle ne

---

(1) En ce sens : Demolombe (n° 231 bis), Aubry et Rau (t. 6, p. 212, note 39, § 734), Réquier (n° 239, p. 430), Montpellier 23 décembre 1846 (D. 47. 2. 185). — Contra : cass. 4 février 1848 (D. 45. 1. 51), 1er mai 1861 (D. 61. 1. 323). Confer Dalloz, v° Disp. entre-vifs et test. n° 4645.

saurait dès lors valoir, comme fin de non-recevoir, contre l'action du copartageant lésé, intentée après le décès. Quelle que soit d'ailleurs sa plainte, qu'elle soit basée sur une lésion de plus du quart, sur un vice d'attribution ou sur un avantage excessif. Que d'abus, s'il en était autrement ! Le père de famille qui vient de distribuer ses biens, et qui prévoit une attaque contre son œuvre, ne manquerait pas, aussitôt le contrat, et alors que les copartageants sont encore sous sa dépendance, de le leur faire ratifier par un second contrat, ou par un acte d'exécution (1).

115· — M. Genty, si heureusement inspiré dans sa distinction des deux natures successives du contrat (v. *supra* nᵒˢ 79,87), s'est cependant mépris sur quelques-unes des conséquences qu'il convient d'en tirer : il admet la ratification pendant la vie de l'ascendant ; car, dit-il, dès qu'il est permis de faire valablement un acte, il est également permis de le ratifier, lorsqu'il renferme quelque vice. Il veut seulement qu'on emploie les formes du premier contrat, et que l'ascendant figure dans le traité (nᵒ 36, p. 268). Il est clair que, de cette façon, on pourra modifier la répartition primitive, et même faire un autre partage, annulant l'ancien, mais quant à faire un acte confirmatif d'un partage illégal, relatant les vices du lotissement, et contenant valablement une renonciation du copartageant lésé à se prévaloir de ces irrégularités, nous le contestons ; parce que, c'est M. Genty lui-même qui le proclame, «le droit d'attaque dépend de la qualité d'héritier ; d'où il suit que la renonciation à l'action en nullité, en

---

(1) V., en ce sens, Delvincourt, t. II, p. 150; Duranton, t. IX, nᵒ 645; Troplong, t. IV, nᵒ 2336; Aubry et Rau, t. 6, p. 237 ; Demolombe, nᵒ 223; Bonnet nᵒ 655 ; Réquier, nᵒ 243. Contra Laurent, t. XV, nᵒ 135.

d'autres termes, la ratification ne peut avoir lieu avant l'ouverture de la succession' *(loc. cit.)»*.

M. Genty objecte que le partage n'étant autre chose qu'un pacte sur succession future, exceptionnellement autorisé, sa ratification doit l'être aussi. C'est, en ce point, que notre auteur oublie les conséquences de sa théorie : si, en effet, l'acte n'est un partage qu'au décès et si, jusque là, ce n'est qu'une donation, il ne faut pas ensuite dire, sous peine de contradiction, que, pendant la vie de l'ascendant, c'est un pacte de succession. Voici le langage qu'on doit tenir: pendant la vie de l'ascendant les enfants ont la propriété des lots ; ils peuvent traiter, transiger sur les difficultés que soulève cette propriété, par exemple sur un droit de mitoyenneté ou de servitude, et cette convention leur est opposable en tous temps. Mais il est un autre droit, dont la donation ne les a point mis en possession, que la loi seule leur conférera avec la succession, et même à la condition formelle d'être héritiers (v. *supra* nos 39, 87), c'est le droit à l'égalité, qui est précisément le fondement de nos actions ; droit essentiellement héréditaire, et dont aucun texte ne permet à l'enfant de disposer, avant d'en être investi, droit enfin auquel s'applique, dans toute son énergie, la prohibition des articles 791 et 1130 (1).

116. — Comme les auteurs, la jurisprudence décide que la ratification expresse ou tacite, antérieure au décès, est sans valeur (2) ; mais les motifs qu'elle donne sont-ils vraiment juridiques ? Nous lisons dans l'arrêt du 6 février

---

(1) Confer : Réquier, n° 244 et Bonnet n° 656.

(2) V. les arrêts de la chambre civile des 4 décembre 1850 (D. 50. 1. 337), 6 février 1860 (D. 60. 1. 89), 29 août 1864 (D. 64. 1. 345), 14 mars et 28 novembre 1866 (D. 66. 1. 173 et 469), 18 juin 1867 (D. 67. 1. 274), 11 juin 1872 (D. 72. 1. 452), 9 juillet 1872 (D. 73. 1. 72) et 8 mars 1875 (D. 75. 1. 278). Adde : Toulouse 26 juillet 1878 (D. 79. 2. 177), Orléans 29 juillet 1880 (D. 81. 2. 161).

1860, rendu par la chambre civile, sous la présidence de
M. Troplong, et au rapport de M. le conseiller Glandaz :
« que les causes de nullité ou de rescision de l'acte ne
peuvent être vérifiées qu'au décès de l'ascendant ; que
c'est seulement alors qu'il est possible de reconnaître si,
eu égard à l'ensemble et à la nature des biens, dont se
compose la succession, les règles du partage ont été ou
non respectées ; que si les enfants ne peuvent pas attaquer le partage, pendant la vie de l'ascendant, leur action
doit, jusqu'à son décès, par une juste réciprocité, demeu-
rer intacte dans leurs mains, nonobstant toute ratification
expresse ou tacite, ou même sous forme de transaction
qu'ils auraient pu faire de son vivant ; que ces actes sont
présumés n'avoir pas été consentis par les enfants dans
toute la plénitude de leur liberté, et ne sauraient entraîner, de leur part, renonciation à des droits, dont il leur
est impossible, d'ailleurs, pendant la vie de l'ascendant, de
connaître l'étendue ou même l'existence ». « Attendu, en
fait, dit encore la chambre civile, le 18 juin 1867, que l'arrêt attaqué déclare que les héritiers réservataires, résidant
loin des biens partagés, et ignorant les vices de l'acte en
question, n'avaient été éclairés sur la lésion considérable,
qu'il leur causait, que par un acte de vente, consenti pos-
térieurement au décès des donateurs ; que c'est donc avec
raison que la fin de non-recevoir, tirée de l'exécution, a
été rejetée... ».

Or, il y a là quelques affirmations contestables : la nullité pour vice d'attribution et la rescision pour lésion dépendent uniquement de l'examen des lotissements, sans
qu'on ait à se préoccuper des fonds et valeurs, qui pourront être indivis dans la succession ! Réunir ces deux
masses, c'est confondre le calcul de la rescision (art. 890),
avec celui de la réduction (art. 922) (1). Ajoutons à cela :

---

(1) V. supra nᵒˢ 89, 104.

OUVERTURE, CALCUL ET DURÉE DES ACTIONS.

la crainte révérentielle érigée en cause formelle de nullité, contrairement à l'article 1114 (1); l'ignorance des
vices du contrat, invoquée comme une sorte de proroga-
tion de l'action ou de suspension de la prescription. Ces
motifs surprennent d'autant plus que, par son arrêt du
30 juin 1847 (D. 47. 1. 193), la chambre civile a très-nettement jugé que les actions ne s'exercent qu'au décès;
c'est-à-dire que ce sont des actions successorales; la cour
n'avait qu'à déduire la conséquence de cette règle, au
point de vue de la ratification, en décidant qu'on ne renonce pas à une succession non ouverte.

La cour de Bordeaux rejette toute fin de non-recevoir,
basée sur des actes antérieurs au décès (2); mais les raisons sur lesquelles elle se fonde sont aussi défectueuses.
Nous lisons dans son arrêt du 8 juin 1870 : « En ce qui
touche la fin de non-recevoir, tirée de ce que les époux
Baylac auraient exécuté et ratifié l'acte de donation-partage attaqué par eux : attendu que les faits, auxquels les
appelants prétendent donner ce caractère, ont eu lieu du
vivant de l'ascendant donateur, par conséquent à une
époque où la crainte révérentielle, inspirée par celui-ci,
ne laissait pas aux copartageants la plénitude de libre
volonté, sans laquelle il ne saurait y avoir de ratification ». La crainte révérentielle, avons-nous dit *(supra*
n° 66), n'est pas une cause de nullité du contrat; l'inefficacité de la ratification vient de ce qu'avant le décès l'enfant ne peut engager ni compromettre les droits que ce
décès lui conférera (art. 1130).

---

(1) V. supra n° 66.
(2) Elle l'a décidé en matière de partage, fait par un seul ascendant
(arrêts des 30 juillet 1849, J. des ar. t. 24, p. 418 — confirmé par arrêt
de la chambre des requêtes du 18 février 1851, D. 51. 1. 294; — 13 juin
1860, J. des ar. t. 35, p. 248 ; 30 juin 1864, t. 39, p. 369 ; 8 juin 1870 —
maintenu, sur le pourvoi, par la chambre civile, le 8 avril 1873, D. 73.
1. 196).

La jurisprudence n'accorde donc aucune valeur à la ratification prématurée ; une seule cour a résisté, jusqu'en 1858, au mouvement général qu'ont déterminé M. Genty, et la chambre civile, par son arrêt du 30 juin 1847 (D. 47. 1. 193 et *supra* n° 87), c'est la cour d'Agen (1).

117. — Si la ratification avant le décès n'entrave pas la plainte du lésé, ce n'est point qu'elle soit dépourvue de toute efficacité. Voici un héritier qui a fait deux actes de ce genre, l'un avant, l'autre après la mort de l'ascendant. Pour apprécier la portée du second acte, on se demandera s'il a été bien compris par son auteur, s'il en a aperçu et accepté les conséquences. Or, pour résoudre cette question de volonté et d'intention, l'acte qu'il a fait antérieurement à l'ouverture de la succession sera utilement consulté (2). « Attendu, dit le tribunal d'Albi, dans son jugement du 24 juillet 1877, confirmé avec adoption de motifs, par l'arrêt de Toulouse du 26 juillet 1878 (D. 79. 2. 177), que, si les actes faits par les donataires, du vivant des ascendants donateurs, sont insuffisants pour la ratification des vices du partage effectué, il est certain qu'ils peuvent être pris en considération, pour démontrer que

---

(1) Relevons, à ce propos, l'opposition qui existe entre deux arrêts, rendus par la première chambre de cette cour, sous la présidence de M. Sorbier : l'un, du 2 juin 1858, décide que l'action en rescision est couverte par une ratification, du vivant de l'ascendant donateur, et l'autre, du 21 du même mois, décide que la lésion s'estime d'après la valeur au décès de l'ascendant..... ! D'un côté, l'action s'ouvrirait avant le décès, puisqu'on peut y renoncer avant cette époque ; et, d'un autre côté, elle ne s'exercerait qu'au décès, puisqu'elle ne peut se calculer qu'à ce moment ! V. ces arrêts : D. 58. 2. 197. et 216. Notons cependant qu'à la lecture de l'arrêt du 2 juin, on reste convaincu que la cour n'a pas entendu émettre une solution de principe.

(2) V., en ce sens : M. Bonnet, n° 656 ; chambre civile, 29 août 1864 (D. 64. 1. 345) et 30 juin 1868 (D. 68. 1. 327); chambre des requêtes, 13 juillet 1869 (D. 71. 1. 171).

celui des cohéritiers, qui se déclare lésé, connaissait l'ir-
régularité de ces actes ; qu'Isidore Mader qui allègue
avoir cédé, en 1858, 1859, 1860, à une violence morale,
pouvait agir immédiatement après le décès de sa mère ;
qu'il ne pouvait se méprendre sur le défaut d'un lotissement suffisant en immeubles... qu'il pouvait encore envisager les conséquences des actes, réglant sa part dans les
hérédités de ses père et mère, calculer l'importance de la
lésion... que, dans ces circonstances, il n'est pas possible
de repousser une fin de non-recevoir qu'il a créée lui-
même, en percevant, après le décès de sa mère, des sommes d'argent, qui ne lui étaient dues qu'en exécution des
actes, qu'il veut aujourd'hui faire annuler ».

118. — La ratification antérieure au décès est nulle ; il
en est autrement de celle qui est postérieure.

L'article 1338 dispose que la ratification d'un acte annulable s'opère de deux façons : elle est expresse, lorsqu'il
est fait un second acte, relatant la cause d'annulation du
premier, et exprimant l'intention d'y renoncer ; elle est
tacite, lorsque l'acte annulable est exécuté *volontairement*.
On conçoit qu'il s'élève peu de doutes sur l'interprétation
de la ratification expresse, puisque le vice à purger y est
spécifié (1) ; mais, à l'inverse, la ratification tacite est un
fait dont les formes sont multiples et échappent à une
réglementation. Elle nécessite, quelque expérience et une
grande sagacité, pour constater la volonté de son auteur................. pour discerner s'il a *voulu* renoncer aux
actions, qui naissent du contrat, ou à l'une d'elles seulement. A cet égard il importe de remarquer que les causes
d'annulation n'apparaissent point avec une égale netteté,
et qu'il convient de tenir compte de leur diversité sous ce
rapport. Il est, par exemple, moins aisé de se fixer, au

---

(1) V. Notamment un arrêt de Poitiers du 21 décembre 1880 (D. 81
2. 172).

décès, sur la valeur des lots et de les comparer, au point de vue de la lésion, que d'apprécier l'inégalité des répartitions en nature. D'où il suit que le simple acte d'exécution suppose plutôt l'approbation de la composition des lots que celle de leur valeur, la renonciation à l'annulation pour vice d'attribution que l'abandon de la rescision ou de la réduction. Ainsi l'a jugé la chambre des requêtes, le 22 février 1854 (D. 54. 1. 239); et de même la cour de Bordeaux, les 23 mars 1853 (D. 53. 2. 223 et J. des ar. t. 28, p. 161), 9 juin 1863 (t. 38, p. 369), 16 août 1865 (t. 40, p. 417) (1).

Posons deux espèces et appliquons ces principes :

1° Un ascendant a deux enfants et des biens meubles et immeubles, aisément partageables en nature; il donne tous ses biens à l'un, et à l'autre une créance sur son frère, créance d'un chiffre insuffisant pour le couvrir de sa réserve, et pour représenter les trois quarts de la quotité, qui lui revient dans le partage. Cet acte contient, à son détriment, une lésion en nature et en quotité, et une atteinte à sa légitime. L'ascendant meurt, et l'enfant, loti en créance, reçoit la somme fixée; il en donne quittance. Cette quittance sera-t-elle une fin de non-recevoir contre toutes les actions du lésé ? Non. Qu'implique-t-elle ? Que l'enfant a eu la volonté d'accepter ce mode de lotissement et qu'il renonce à attaquer le partage, pour vice d'attribution; rien de plus. Il n'en ressort point qu'il se soit rendu compte des valeurs du partage et de la succession ; qu'il ait reconnu la suffisance de son apportionnement et l'intégrité de sa réserve. Il y a, au surplus, pour cette solution, une raison sans réplique, c'est que la créance a été fixée à la date du contrat, et que la lésion et la réduction s'estiment à la date du décès ; qu'on ne saurait dire

(1) V. infra n° 213 et suiv.

que l'acceptation d'une créance, cotée au moment de l'acte, équivaut à l'acceptation de la part à laquelle l'enfant peut prétendre dans la succession. (Bordeaux 21 novembre 1855, D. 56. 2. 113 et J. des ar. t. 30, p. 448).

2° De même, après le décès de l'ascendant, l'enfant prend possession de son lot, dont le donateur s'était réservé la jouissance : cette prise de possession est une acceptation de la nature du lotissement, parce que l'enfant n'a pu l'effectuer, sans se rendre compte des éléments qui composent son apportionnement, et sans révéler sa *volonté* de ratifier la distribution de chaque espèce de biens; mais, pour ce qui a trait à la quotité de son lot, à la lésion ou à la réduction, il en est tout autrement, car la prise de possession n'implique pas nécessairement une estimation préalable et comparative des apportionnements.

Remarquons, à ce propos, que, la lésion et la réduction étant l'une et l'autre affaire d'estimation, les mêmes actes et les mêmes faits leur seront le plus souvent applicables, à titre de fins de non-recevoir : l'enfant, qui connaît la valeur des biens, connaît aussi, et par là même, le préjudice qu'il souffre, et comme copartageant et comme réservataire (1).

119. — Le partage fait conjointement par les père et mère, et celui qu'a opéré le survivant des deux, répartissant cumulativement ses biens personnels et ceux de son conjoint, peuvent-ils être ratifiés avant le dernier décès ? Cette question est celle que nous avons déjà vue sous une autre forme, en nous occupant de l'origine des actions, de la prescription et de l'époque des estimations (n°⁵ 97, 98, 102, 103, 105, 106); la solution sera analogue à

(1) Confer : Aubry et Rau, t. 6, p. 242, note 36, § 734 ; Caen, 31 janvier 1848 (D. 48. 2. 154).

EXPOSÉ DOCTRINAL.

celle que nous avons précédemment proposée ; nous distinguons :

Le partage conjonctif dispose, en réalité, de deux patrimoines différents, patrimoines que la volonté des deux
donateurs n'a pu confondre, contrairement à celle de la
loi. Donc, au premier décès, s'ouvrent les actions des
copartageants sur cette première succession, et conséquemment aussi la prescription et les fins de non-recevoir, qui les éteignent ; car, si l'attaque est possible, la
renonciation à cette attaque l'est également et par réciprocité. Nous avons soutenu cette doctrine, repoussée par
les auteurs et par la jurisprudence (1) ; nous avons dit
que valider le pacte d'indivisibilité, contenu dans le partage conjonctif, ce serait valider les pactes sur successions futures ; nous n'y reviendrons pas.

Le partage cumulatif sous-entend, de la part des enfants
entre eux, et vis-à-vis de l'ascendant, en ce qui concerne
la succession de son conjoint, un ajournement de leurs
actions sur cette succession, jusqu'au dernier décès, et
une renonciation, par suite, à se prévaloir les uns contre
les autres de toutes ratifications antérieures à cette époque ; et cette convention est valable, puisqu'elle porte sur
des droits ouverts *(supra* n° 98).

La chambre civile s'est prononcée en ce sens par son
arrêt du 27 juillet 1874 (D. 75. 1. 366), cassant celui de la
cour d'Agen du 12 juillet 1871. Mais elle s'appuie sur ce
que « tous les biens avaient été confondus en une masse
unique ; que la lésion, dont les demandeurs prétendaient
que l'acte était entaché, ne pouvait se vérifier qu'au.

---

(1) V. Aubry et Rau, 4e édit. t. 8, p. 43, § 734 ; l'arrêt de la chambre
civile du 27 juillet 1874 (D. 75. 1. 366), ceux de Bordeaux du 6 mars
1855 (t. 30, p. 132, et infra n° 218) et de Poitiers du 21 décembre 1880 *
(D. 81. 2. 172). V. cependant, dans le sens de notre opinion, Laurent,
t. XV, n° 138.

OUVERTURE, CALCUL ET DURÉE DES ACTIONS.

jour où la succession de la mère donatrice viendrait à s'ouvrir, et par l'appréciation de la valeur totale de ces biens réunis ; que, dès lors, aucune action en nullité ou rescision n'avait pu être intentée par eux, de son vivant, ni conséquemment, durant le même intervalle, être atteinte par la prescription, ou couverte par une confirmation expresse ou tacite ». Or cette sorte d'indivisibilité *re*, qu'invoque la cour de cassation n'est qu'une chimère (v. *supra* n° 97). Ce qui est plus sérieux c'est le consentement, donné par les enfants, au calcul de leurs actions sur la masse des deux successions réunies, et partant à l'ajournement de ces actions, jusqu'au dernier décès. C'est une indivisibilité *contractu*, s'il nous est permis de transporter, dans cette matière, des termes impropres sans doute, mais qui rendent notre pensée plus saisissante.

La cour de Bordeaux suit la jurisprudence de la cour de cassation (v. son arrêt du 15 février 1865, t. 40, p. 102).

CHAPITRE CINQUIÈME

—

EFFETS DE L'ANNULATION, DE LA RESCISION
ET DE LA RÉDUCTION
DU PARTAGE D'ASCENDANTS ENTRE-VIFS.

—

120. — L'action de l'enfant lésé a triomphé : le partage est annulé, ou la réduction des lots avantagés est ordonnée ; quelles en sont les conséquences entre les copartageants et vis-à-vis des tiers ? Pour répondre à cette question, nous distinguons entre la rescision pour lésion, l'annulation pour vice d'attribution et la réduction, dont les causes, le mode de calcul et les effets, sont bien différents ; d'où les trois sections suivantes :

SOMMAIRE :

—

Effets de la rescision pour lésion.

121. — Du cas où le partage n'a pas encore été exécuté.
122. — Rejet des règles de l'annulation des contrats ordinaires ; — adoption de celles des rapports, pour la réglementation des restitutions à opérer. Points de ressemblance et de divergence entre le donataire en avancement d'hoirie, après le décès, et le copartageant après la rescision.
123. — Enoncé sommaire des principales règles du rapport.
124. — Les meubles : Il en est tenu compte par le donataire, même au cas de perte fortuite.

EFFETS DES ACTIONS

125. — Les immeubles existants, en la possession de l'enfant, sont remis en nature, nets de charges. Pour les immeubles aliénés, il est fait compte. Quant à ceux qui ont péri, il n'est rien dû.

126. — Les fruits : Ils sont dus à dater de la demande et non depuis le décès. Dérogation à la règle des rapports. La cour de Bordeaux ; ses variations sur cette question.

127. — Impenses : leur classification ; leur sort.

128. — Dégradations : le copartageant en doit compte.

129. — Rappel de la faculté reservée par l'article 891 au copartageant avantagé.

130. — Renvoi pour l'examen de la question de savoir ce que deviennent les avantages hors part, contenus dans la donation-partage rescindée.

Effets de l'annulation pour inégalité en nature.

131. — Indivision par l'effet de l'annulation pour inégalité en nature.

132. — Le copartageant avantagé ne peut éviter l'annulation, en complétant le lot du lésé en nature.

133. — Les meubles et les immeubles sont restitués en nature ; résolutions des aliénations. M. Bonnet ne résout que les aliénations mobilières.

134. — Au cas de perte accidentelle, le donataire doit la valeur des meubles et ne doit rien pour les immeubles.

135. — Les fruits sont dus à dater de la demande. Opinion de M. Genty.

136. — Impenses, améliorations et dégradations à calculer, comme au cas de rescision.

137. — Du cas où l'ascendant a donné ses biens à l'un de ses enfants, à la charge de payer aux autres une somme équivalente à la quotité leur revenant. Les sommes ne sont pas rapportables à la masse, comme le veut M. Demolombe ; il y a lieu à répétition de l'indû ; conséquences ; iniquité du système de M. Demolombe.

138. — Quel est le sort des libéralités hors partage dans les donations-partages rescindées ou annulées ? Question d'interprétation' de volonté. Examen des cas les plus ordinaires :

139. — I. Le bénéficiaire de la libéralité est un étranger : elle survit au partage. Doctrine de la cour de Rouen.

140. — II. Le bénéficiaire de la libéralité est un enfant copartageant ; deux cas : — si elle porte sur la différence entre les lots, elle tombe avec le partage ; — si elle porte sur un objet déterminé : question d'interprétation. Systéme trop absolu de M. Demolombe. La cour de Bordeaux.

141. — De la clause pénale.

RESCISION — ANNULATION — RÉDUCTION.

SECTION PREMIÈRE.

—

EFFETS DE LA RESCISION POUR LÉSION.

121. — Si le partage n'a pas été exécuté, au moment où la rescision est prononcée et qu'il n'y ait pas encore eu prise de possession par les copartageants, ils n'ont rien à restituer, puisqu'ils n'ont rien reçu ; ils sont en présence d'une succession ordinaire, qui sera distribuée comme le prescrit la loi. Mais, si le contrat a été exécuté, et que les copartageants soient nantis de leurs lots, chacun d'eux, aussi bien le plaignant que les autres, restituera et formera la masse qui sera répartie à nouveau, conformément au titre des successions.

122. — Quel est le caractère de cette restitution : le droit des copartageants est-il annulé, comme l'est celui du propriétaire, qui subit une éviction ; doivent-ils en nature les

meubles et les immeubles, le fonds et les fruits ; les principes de l'article 1183 leurs sont-ils applicables ; « les
choses sont-elles remises au même état que si le contrat
n'avait pas existé » ? Et les tiers auxquels les biens, compris dans le partage, ont été transmis, sont-ils soumis à
la maxime : *resoluto jure dantis, resolvitur jus accipientis ?*
Questions d'une haute gravité, et qui soulèvent des débats
aussi irritants que ceux auxquels donne lieu le partage
en lui-même.

Nous rejetons les principes trop absolus de l'annulation
des contrats, parce que celle de notre espèce est d'un
genre particulier, qu'une comparaison entre le partage
testamentaire et le partage entre-vifs fera ressortir. Le
partage testamentaire ne contient qu'une distribution de
la succession ; cette distribution est-elle annulée ? Tout
tombe ; les copartageants ont possédé sans titre, *ab
initio*, et leurs acquéreurs sont dans le même état ; les
principes de l'annulation leur sont applicables , sans
qu'on en puisse tempérer la rigueur. Ainsi le commande
l'unité de contexte du partage testamentaire (1). — Tout
autre est le partage entre-vifs ; il contient deux contrats :
une donation qui, quels que soient les différends surve-
nus après le décès de l'ascendant, n'en est pas moins valable jusque là , et un partage dont le sort, resté en suspens, est fixé au décès ; partage présomptif, (qu'on nous
permette cette expression), définitif, si les règles de la
répartition ont été respectées, annulable ou rescindable,
au cas contraire. Le partage est-il anéanti ? La donation
s'évanouit aussi, sans doute, puisqu'elle ne survit au
décès qu'à la condition d'être, à ce moment, un partage
de succession. Mais sa validité passée sauvegarde cependant les tiers et, dans une certaine mesure, les enfants.

---

(1) Confer : Genty, p. 320 ; Réquier, nos 192, 193 ; Bonnet, n° 676.

eux-mêmes. Ainsi le veut la dualité du partage entre-vifs (v. *supra* n° 87).

Après la rescision du partage entre-vifs, les enfants sont donc d'anciens donataires : quels donataires ? C'est ce qu'il faut définir, pour se fixer sur leur nouvelle situation et sur celle des tiers.

On dit communément que ce sont des donataires en avancement d'hoirie, dont le titre a subi la résolution toute spéciale des libéralités, faites aux enfants et rapportables à la succession ; et on part de cette assimilation, pour appliquer aux copartageants les règles des rapports (1). Nous sommes de cet avis ; disons cependant que les principes du rapport, si mitigés qu'ils soient, pour une résolution de contrat, nous paraissent encore excessifs pour nos partages. Le père de famille, qui n'a fait que de simples avancements d'hoirie, n'a entendu conférer à ses donataires qu'une propriété temporaire et jusqu'à son décès seulement ; de telle sorte que la résolution est prévue par les parties et qu'on peut dire qu'elle est conventionnelle autant que légale (843-1183). Aussi comprendrait-on que le donataire fut, dans cette hypothèse, tenu à un compte exact du dépôt, qui lui a été confié, et qu'il savait devoir rendre un jour. Et pourtant la loi est bienveillante, au point de ratifier même l'aliénation de l'immeuble donné (860) ! Combien dès lors elle devrait se montrer favorable pour le copartageant et pour ses ayants-droit : la résolution, ou, si l'on veut, la rescision n'est point ici convenue d'avance. Dans la pensée de l'ascendant, son décès, loin de résoudre son œuvre, devait la fortifier par l'adjonction de la qualité nouvelle de ses donataires. La rescision, qui atteint le partage, est, il est

_____

(1) V. Bonnet, n° 679 ; Demolombe, n° 235 ; Genty, n° 54 ; Réquier, n°ˢ 194, 200 et supra n° 100. M. Laurent (n° 129) applique les principes de l'annulation des contrats.

EFFETS DES ACTIONS.

vrai, la sanction d'une violation de la loi, mais le plus souvent les parties ont ignoré cette violation ; elles ne pouvaient même la prévoir, alors, par exemple, qu'elle résulte d'événements postérieurs au contrat, tels que la plus-value fortuite, ou l'amoindrissement accidentel de certains apportionnements. En tous cas l'ascendant seul est l'auteur de la lésion ; il serait inique de punir les enfants, pour une faute, qui lui est personnelle. La situation des copartageants, après la rescision, diffère donc de celle des héritiers dotés, et elle est plus digne d'intérêt.

Voici une autre différence entre eux : le père de famille, qui dote son enfant, lui confère le droit d'opter entre cet avantage et l'hérédité. Le donataire-copartageant avait aussi cette option (1) ; la rescision la lui enlève ; car, par cela même qu'il a défendu à une action héréditaire, il a accepté la qualité d'héritier, à laquelle il ne peut donc plus renoncer, pour s'en tenir à son lot. La sentence, qui a frappé le partage, a frappé du même coup la donation et l'a condamnée au rapport : « Prétendre, dit M. Dalloz, qu'il existe une donation, quand l'acte est annulé, en tant que partage, c'est vouloir que la forme survive, quand le fond est mis à néant » (2).

---

(1) Est-il certain qu'il l'eut avant la rescision ? On pourrait le contester : l'attribution, contenue dans la donation-partage, n'est point un avancement sur l'hoirie ; c'est un lot que l'ascendant assigne, dans l'hoirie même, à son héritier futur et qu'il lui livre par anticipation, lot que l'héritier ne devrait donc garder, au décès, qu'à la condition de garder aussi cette qualité. Mais la doctrine est contraire à cette solution : le donataire-copartageant est universellement admis à retenir son apportionnement, malgré sa renonciation à la succession (art. 845) (v. Genty, p. 288, 313, 315 ; Bonnet, n° 706 ; Demolombe, n°s 178, 238, 239 ; Laurent, t. XV, n° 92 ; Réquier, n°s 199 et 201 ; v. aussi les notes sous cass. ch. civ. 22 août 1877 (D. 77. 1. 481) et sous cass. ch. civ. 21 juin 1882 (D. 83. 1. 333).

(2) V. la note de M. Dalloz, sous l'arrêt de la chambre des requêtes du 25 février 1856 (D. 56. 1. 113), qui l'a ainsi décidé.

Concluons : il y a des dissemblances entre l'enfant doté et l'enfant copartageant ; mais il nous faut une règle, pour les restitutions à effectuer : nous rejetons celle de l'annulation, parce qu'elle est exorbitante ; nous adoptons celle des rapports, parce qu'elle est plus clémente, et plus en harmonie avec les adoucissements, que la loi apporte elle-même à l'exercice de l'action en rescision, notamment dans son article 891 (1).

123. — Ce point de jonction, pour ainsi dire, arrêté entre nos partages et les rapports, nous passerons rapidement sur des conséquences dont le développement comporterait une étude spéciale, et sortirait du cadre que nous nous sommes assigné.

124. — Les meubles ne sont pas dus en nature par le copartageant ; il tient compte de leur valeur, à l'époque du contrat (v. *supra* 100), même au cas de perte fortuite survenue depuis (art. 868).

125. — Il remet en nature les immeubles, qui sont restés en sa possession ; mais il les remet nets de toutes charges, créées par lui (art. 865, 2125) ; et, par une étrange anomalie, bien connue, les aliénations immobilières, qu'il a faites, sont respectées ; il n'est comptable que de leur valeur, au décès (art. 859, 860) (2). Quant aux immeubles, qui ont péri fortuitement, la masse subit cette perte sans répétition (art. 855).

126. — D'après l'article 856, les fruits seraient dus à la date du décès ; l'assimilation ci-dessus établie (n° 122) va-t-elle jusque là ? « ce serait souvent injuste, dit M. Bonnet ; le décès n'avertit pas nécessairement les détenteurs de leur indue possession ; la demande seule emporte avertissement suffisant, ou mise en demeure légale. Jusqu'à ce moment, la présomption de bonne foi est en faveur des

---

(1) M. Bonnet (n° 679) est de cet avis.
(2) V. M. Bonnet, n 700.

défendeurs, et cette présomption ne saurait fléchir que devant la preuve du contraire (n° 694) ». C'est aussi notre avis. En général la loi est peu favorable aux restitutions de fruits ; elle les abandonne volontiers au possesseur ; citons, à cet égard, les dispositions des articles 127, 138 (où, suivant en cela le sentiment de Pothier, le Code s'est refusé à consacrer la maxime *fructus augent hæreditatem*), 928, 962, 1682 et 2277 ; et ajoutons que cet abandon se justifie, dans notre espèce, par la bonne foi des parties (art. 549). Le décès de l'ascendant apprend à l'enfant doté qu'il n'a plus de droit ni au fonds (art. 843), ni aux fruits (art. 856) ; le vice de son titre lui est nécessairement connu (art. 550) ; il ne saurait donc conserver les fruits, à partir du décès. Mais, pour le copartageant, cet événement ne change pas sa situation ; il n'est plus donataire, cela est vrai ; il reste et peut se croire légitimement co-partageant, tant qu'on ne lui aura pas révélé les vices de l'apportionnement, et qu'on ne les lui aura pas « claire-ment et oculairement prouvés», comme le disait Bourdin, commentant l'article 94 de l'ordonnance de Villers-Cót-terets.

Nous avons vu que, jusqu'en 1846, la cour de Bordeaux jugeait que les actions, contre le partage entre-vifs, s'ou-vrent dès le contrat, et que la rescision le résout du vi-vant de l'ascendant *(supra* n° 94). Comme conséquence de ce système, elle décidait aussi que les fruits sont restitués à compter de l'acte (v. arrêt du 23 décembre 1845, J. des ar. t. 20, p. 621). Depuis, la cour ajourne les actions au décès (v. arrêt du 30 juillet 1849, t. 24, p. 418) ; nous ne croyons pas qu'elle se soit prononcée de nouveau sur la question des fruits.

127. — Les impenses sont les sommes, déboursées par le détenteur de la chose, pour la conservation, l'utilité ou l'agrément du fonds. D'où leur classification en *nécessai-res, utiles* et *voluptuaires.* Une maison menace ruine, le donataire la répare et conserve ainsi, ou tente de conser-

ver l'immeuble ; le montant de cette impense lui sera remboursé par la succession, quel qu'ait été d'ailleurs le résultat obtenu, et quelle que soit l'importance de la valeur conservée (art 862). — La maison a été agrandie ; la distribution intérieure a été modifiée, de façon à la rendre plus habitable ; ce sont là des dépenses utiles, puisqu'elles procureront à la succession un accroissement de valeur ; il est donc équitable d'en tenir compte (1). Toutefois la somme à laquelle le donataire aura droit ne sera jamais supérieure à la plus-value (art. 861) ; c'est-à-dire qu'elle pourra bien être inférieure à son déboursé. — Quant aux impenses purement voluptuaires, la loi n'autorise pas le donataire à les réclamer ; il n'a que le droit d'enlèvement, et encore tant que cela peut se faire *sine læsione prioris status rei.*

128. — En ce qui touche les dégradations et les détériorations, qui ont diminué la valeur de l'immeuble, le copartageant en est responsable, comme le simple donataire (art. 863).

129. — Rappelons, en terminant, que le copartageant avantagé peut conserver son lot, « en fournissant au demandeur le supplément de sa portion héréditaire, soit en numéraire, soit en nature » (art. 891, — v. *supra* n° 41).

130. — La question de savoir quel est le sort des avantages hors part, que contient la donation-partage, se pose, au cas de rescision pour lésion, et au cas d'annulation pour vice d'attribution ; afin d'éviter des répétitions, nous l'examinerons dans la section suivante, consacrée aux effets de l'annulation (v. n° 138 et suiv.).

_____

(1) La cour de Bordeaux a jugé, à ce propos, le 30 mai 1865 (J. des ar. t. 40, 1865, p. 233), que les copartageants peuvent retenir leurs lots, jusqu'au remboursement effectif des sommes à eux dues pour impenses et améliorations.

SECTION DEUXIÈME.

—

EFFETS DE L'ANNULATION POUR INÉGALITÉ

EN NATURE.

131. — Comme la rescision pour lésion, l'annulation
du partage, pour inégalité des lots en nature, place les
copartageants dans l'indivision. Les effets des deux actions se confondent sur ce point; mais voici en quoi ils
diffèrent:

132. — L'article 891, qui permet au copartageant avantagé et menacé de la rescision pour lésion, de maintenir
le lotissement, en fournissant un supplément au lésé, est
inapplicable à la nullité pour inégalité en nature. La
raison en est facile à saisir : aux termes des articles 826
et 832, l'héritier peut réclamer sa part, dans chaque nature des biens de l'hérédité ; c'est-à-dire qu'il a droit à
ces biens eux-mêmes, et qu'il ne saurait être éconduit et
satisfait avec des objets étrangers. Tout autre est le droit
de quotité du copartageant ; il ne porte que sur la valeur des biens ; or une valeur peut toujours faire fonc-
tion d'une autre, celui qui a été avantagé devait donc
avoir la faculté de compléter le lot du lésé, même à l'aide
d'un objet pris hors du partage (v. *supra* n° 41).

133. — Faut-il à cette première différence en joindre
une seconde ? Les aliénations, consenties par les enfants,
antérieurement au décès, sont-elles annulées avec le partage, ainsi qu'en matière de résolution ordinaire, ou sont-
elles maintenues, à l'instar de celles qui ont été faites par
les copartageants rescindés ? Et les meubles, sont-ils rapportables en nature, ou en moins prenant (v. *supra* n°s
122, 124, 125) ?

RESCISION — RÉDUCTION — ANNULATION.

La solution ressort de l'espèce elle-même : les meubles ont tous été donnés à l'un des copartageants et les autres n'ont eu que des immeubles ; ou encore, les lots n'ont pas été également pourvus de meubles et d'immeubles, alors que cette répartition pouvait commodément s'effectuer : comment réparer ces inégalités ? Par une nouvelle distribution de ces mêmes meubles et immeubles. Pour cela, et de toute nécessité, les attributaires doivent les rapporter, et, par suite, les aliénations sont résolues. Nous admettons cette doctrine, avec MM. Demolombe (n° 237) et Bonnet (n° 692), et avec les cours de Grenoble (arrêt du 10 août 1864, D. 64. 2. 294) et de Montpellier (arrêt du 10 janvier 1878, D. 80. 2. 35, rendu sur renvoi de la cour de cassation, du 22 août 1877, D. 77. 1. 481). « Cependant, pourrait-on objecter, cette décision est contraire à la théorie de M. Genty, sur les deux natures successives de notre contrat, théorie que nous suivons, comme M. Demolombe (*supra* n° 87) ; car, si ce contrat est annulé, ce n'est qu'en tant que partage et à compter du décès ; mais, pour la période qui s'est écoulée jusqu'à cette époque, il avait et il conserve l'efficacité d'une donation (v. n° 122). Pourquoi les aliénations, faites par un donataire régulièrement institué, seraient-elles annulées, au cas de vice d'attribution, alors qu'elles sont respectées, au cas de lésion ? » Ces considérations nous touchent peu : nous avons appliqué au partage rescindé, pour insuffisance dans la quotité d'un lot, les principes mitigés de la résolution des avancements d'hoirie (n° *eod*), parce qu'en cela nous étions d'accord avec les tempéraments que la loi tolère, dans l'exercice du droit du lésé (art. 891). Mais il ne s'agit plus ici d'une insuffisance de quotité ; et nous nous inclinons devant un droit, inexorable celui-là, le droit de l'enfant au patrimoine en nature. Remarquons, au surplus, que le vice d'attribution est, de tous ceux qui peuvent affecter le partage, le plus aisé à discerner, de sorte que les donataires, et les tiers avec lesquels ils

traitent, ne sauraient imputer qu'à eux-mêmes les risques auxquels ils se sont exposés.

M. Bonnet (n° 699) veut bien que les meubles soient
remis *in specie;* « le moyen, dit-il, de réparer autrement
cette cause de nullité ! » Mais il ne pense pas qu'il en
doive être ainsi pour les immeubles. Il applique donc la
règle des rapports aux immeubles, et celle de la résolution aux meubles : et la raison de cette distinction est que
« la règle, qui autorise le rapport des meubles en moins
prenant, n'a rien d'essentiel » ; tandis que celle, qu'il formule pour les immeubles, « touche aux bases mêmes de la
société — n° 692 — ». Cette théorie va manifestement à
l'encontre des textes : le droit de l'enfant, inscrit dans les
articles 826 et 832, n'est pas moins catégorique pour les
immeubles que pour les meubles ; et il s'oppose invin-
ciblement à l'admission des exceptions, créées par les
articles 859 et 860, uniquement d'ailleurs pour les rapports.

134. — Que décider pour les meubles et pour les immeubles, qui ont péri fortuitement depuis le contrat ?
Nous revenons aux principes des rapports, dès qu'ils ne
sont plus en contradiction avec nos actions *(supra* n°s 122,
133) : au cas de perte accidentelle, le donataire-copartageant, dont le titre est annulé pour vice d'attribution,
doit, comme le donataire soumis au rapport et comme le
donataire-copartageant, frappé par la rescision *(supra*
n°s 124, 125), la valeur des meubles, parce qu'ainsi le
prescrit l'article 868 ; et, par contre, il ne doit rien pour
les immeubles, parce qu'ainsi le dispose l'article 855.

135. — Les fruits sont-ils dus à dater du décès de l'as-
cendant-donateur, conformément à l'article 856, ou à
compter de la demande, suivant ce que nous avons décidé,
pour le partage rescindé *(supra* n° 126) ? Nous pensons,
avec MM. Demolombe (n° 240), Réquier (n° 206 *bis*) et
Bonnet (n° 693), et contrairement à l'opinion de M. Genty
(n° 54, p. 321), qu'il n'y a aucune différence, à ce point

de vue, entre la rescision pour lésion, et l'annulation,
pour vice d'attribution ; que, dans l'un et l'autre cas, les
copartageants ont d'abord possédé, jusqu'au décès, en
vertu d'un titre translatif de propriété, et que conséquemment les fruits leur appartiennent jusqu'alors ; qu'à dater
du décès s'élève la question de bonne ou de mauvaise foi :
si le copartageant avantagé a connu le vice du lotissement, dès le décès, il devra les fruits depuis cette époque.
Mais, et à défaut de preuve à cet égard, les copartageants
ne seront mutuellement réputés en état de mauvaise foi
qu'à partir de la demande judiciaire. Au fond, M. Genty
n'est pas d'un autre avis : « Il nous semble, dit-il (loc.
cit.), que les fruits sont dus à partir de l'ouverture même
de la succession, si déjà, à cette époque, les descendants,
qui jouissaient, avaient connaissance de la cause de nullité, et, dans le cas contraire, à partir de l'époque où ils
en auront connaissance ».

136. — Les impenses, améliorations et dégradations
sont calculées et comptées, comme dans l'hypothèse de
la rescision pour lésion (supra nos 127, 128).

137. — Voici une espèce, fréquente dans la pratique, et
qui donne lieu à quelques difficultés : le père de famille
a transmis ses biens à l'un de ses enfants, à la charge de
payer aux autres des sommes équivalentes à leurs parts.
— Le partage est annulé. — Si le paiement n'a pas été
fait, le contrat n'existant plus, la créance a disparu avec
lui, et il n'y a point à s'en préoccuper. Mais, nous supposons qu'elle a été payée, et que le créancier ne peut, ou
ne veut, la rembourser ; d'où la question : la somme doit-
elle, avant tout, être rapportée à la masse, avec les biens
provenant de l'ascendant ; ou celui qui l'a reçue en res-
tera-t-il simplement débiteur, vis-à-vis de celui qui l'a
payée ? Et participera-t-il néanmoins, dès-à-présent, à la
nouvelle distribution ?

M. Demolombe (no 236) estime qu'il serait inique de laisser l'enfant, qui a payé, exposé aux risques de l'insolva-

bilité de celui qui a reçu, et il veut que ce dernier rap-
porte à la masse en nature. A défaut de rapport, il autorise l'enfant, qui a payé, à prélever sur la masse une
portion égale de biens. Il se fonde sur l'article 830, et il
invoque un arrêt de Grenoble du 10 août 1864 (Dev. 64.
2. 294). Pas plus que l'éminent professeur nous ne voudrions d'un donataire, qui resterait nanti du profit que
lui a procuré un acte annulé, et qui cependant prendrait
sa part d'une nouvelle répartition ; mais, pour éviter ce
résultat, est-ce le rapport à la masse qu'il convient d'exiger ? Non ; car, à une demande ainsi présentée, l'enfant,
loti en créance, répondrait victorieusement que, pour
rapporter à la masse, il faut avoir reçu de l'ascendant
quelque parcelle de son patrimoine. Vainement M. Demolombe prétend-il que les enfants créanciers « ont reçu les
sommes de leur père, par l'intermédiaire de leur frère » ;
ce n'est pas *de ære paterno*, que celui-ci a payé, mais *de suo* ;
par suite, la solution de la difficulté n'est pas dans un
rapport à faire. L'action de celui qui a payé est, suivant
nous, une action ordinaire en répétition de l'indû. En
effet, lorsque le partage s'évanouit, *quisque revocat ad pris-
tinum statum* ; l'annulation crée, pour cela et virtuellement, un nouveau contrat, réglé par la loi : d'un côté,
l'attributaire des biens doit les remettre à la masse héréditaire ; de l'autre, le bénéficiaire de la créance doit restituer la somme, non à la masse, à laquelle elle n'a jamais appartenu, mais au copartageant qui la lui a versée
(1). L'obligation du donataire des biens avait pour cause
l'attribution, à son profit, de la part du donataire de la
créance dans ces mêmes biens ; or cette cause n'existe
plus, puisque l'attribution est annulée ; partant, la som-

---

(1) On voudra bien remarquer que cette théorie ne contredit point ce
que nous avons avancé, supra n° 68, pour l'hypothèse, où l'existence du
contrat, crée une fiction, qui tombe ici avec lui.

me est restituable, par application des articles 1376 et
suivants. Et remarquons qu'au moment de la reconstitu-
tion de la masse les obligations du ci-devant créancier et
celles de son ancien débiteur sont corrélatives : de même
que l'un doit les biens, l'autre doit la somme ; si le détenteur de la somme ne la restitue pas, le détenteur des
biens ne les rapportera pas. Et il restera en possession,
tant que son cocontractant s'y maintiendra, puisqu'il est
de principe que, dans les contrats synallagmatiques, et
pour un tel cas, le droit de rétention est sous-entendu
(1184). Comme on le voit, ce système échappe aux dangers de l'insolvabilité du créancier. Ajoutons qu'en faisant bénéficier la succession de la restitution de la somme
M. Demolombe nous conduit à une flagrante iniquité :
cette somme, qui n'a jamais appartenu au père de famille, figurerait cependant dans la masse, sur laquelle
s'établirait le calcul de la quotité de chaque héritier ;
celui qui l'aurait versée contribuerait, à l'aide de son
bien propre, à l'accroissement de cette masse commune,
et à l'augmentation de la part de ses cointéressés !

Quant aux intérêts de la somme à restituer, ils ne cou-
rent qu'à dater de la demande (art. 1378).

138. — L'annulation ou la rescision du partage entraîne-t-elle aussi celle des libéralités faites par l'ascendant,
dans le même acte, en dehors du partage ? Pour nous,
la solution de cette question est exclusivement dans la
constatation de l'intention du disposant : quelle que
soit la forme qu'il ait donnée à ces libéralités, qu'elles
portent sur une quotité, ou sur un objet déterminé, il
importe peu ; c'est sa volonté qu'il faut rechercher (1).
Mais cette volonté n'apparaît pas toujours clairement ;
rarement le père de famille prévoit la destruction de son
partage et fait connaître, pour ce cas, le sort que devront

_____

(1) En ce sens Laurent, t. XV, n° 30.

EFFETS DES ACTIONS.

avoir ses dons particuliers, insérés dans l'acte. Alors s'ouvre le champ des conjectures ; voyons quelles sont celles
qui devront être accueillies, et, pour cela, distinguons les
diverses espèces qui peuvent se présenter.

139. — I. Le bénéficiaire est un étranger :

L'ascendant, distribuant son bien, a saisi cette occasion
pour témoigner son affection à l'étranger, et pour le gratifier ; c'est là, en principe, et sauf examen des circonstances de la cause, un acte hors du partage et qui lui
survit. La cour de Rouen a donc eu tort, dans son arrêt
du 9 mai 1855 (Dev. 55. 1. 785, en note),de poser en thèse
que cette disposition est incompatible avec la résolution
du partage, en se fondant sur ce que « le don se lie inti-
mement ici au partage et qu'il serait aussi contraire aux
règles du droit qu'à celles de l'équité de le maintenir ».
Ni le droit ni l'équité ne s'opposent au maintien de la
libéralité, faite à l'étranger, dans les limites du disponible, si tel est le vouloir constant de l'ascendant.

140. — II. Le bénéficiaire est l'un des enfants copartageants. La libéralité peut-être faite de deux façons :

— L'acte contient seulement le don de la différence en
valeur qui existe, soit entre l'apportionnement de l'un et
les apportionnements des autres, soit entre les apportionnements des uns et des autres sans distinction. Comme M.
Demolombe, auquel nous empruntons l'énoncé de cette
espèce (n° 242), nous pensons que le don, « étant une des
clauses constitutives du partage, doit en suivre le sort » ;
et cela qu'il soit, ou non, fait par préciput, parce qu'ainsi
placé, il n'est toujours qu'un des éléments intrinsèques
de la répartition, à laquelle il est indissoublement lié ;
et que la forme révèle nettement les désirs du donateur, à
cet égard. « Considérant, a dit très exactement la cour de
Caen (1), en ce qui touche la disposition du testament du

_____

(1) Arrêt du 17 décembre 1858, cité par M. Demolombe.

RESCISION — RÉDUCTION — ANNULATION.

8 novembre 1847, par laquelle la dame Jéhanne donne, par préciput et hors part, aux dames Savary et Lebrun, la différence qui pourrait exister entre la valeur des deux lots par elle faits, que cette disposition n'a été faite que pour assurer l'exécution du partage, qui avait été opéré par la testatrice, et dans la supposition que sa volonté serait respectée ; que, du moment où les lots sont annulés, le legs de la différence doit être annulé, comme le partage, à l'exécution duquel il était subordonné ».

— L'acte de partage contient la donation d'un objet déterminé, outre la part de l'avantagé.

Nous pensons d'abord, avec M. Demolombe (n° 241), et contrairement à l'avis de M. Duranton (t. IX, n° 632), que le don est toujours préciputaire, en ce cas ; que cela soit, ou non, exprimé, cette stipulation résulte virtuellement de la constitution du don hors part. Mais, d'après le savant professeur, la libéralité, dans cette espèce, survivrait nécessairement au partage. Il n'en donne pas la raison, qu'il est facile toutefois de déduire, par *a contrario*, de sa solution dans l'espèce précédente : lorsque le don est d'une quotité dans le partage, il s'évanouit avec la répartition, puisqu'il en est partie intégrante ; lorsqu'il porte sur un objet déterminé, il se maintient, malgré la chute du partage, parce que la spécification l'a placé hors du lotissement. Cette détermination de l'objet ne nous semble pas tellement démonstrative de la volonté de l'ascendant qu'il faille négliger toute autre information. Lorsqu'il s'agit d'un donataire étranger, compris dans le contrat, M. Demolombe reconnaît « le pouvoir d'interprétation, qui appartient aux magistrats, dans la recherche de la véritable intention des parties » ; ce pouvoir nous l'affirmons de nouveau (v. *supra* n°s 138, 139) dans notre hypothèse ; et nous ajoutons que nous accueillerions volontiers la solidarité entre le don particulier et le partage, quand ils sont faits l'un et l'autre exclusivement au profit des enfants : l'ascendant ne les a-t-il pas

EFFETS DES ACTIONS.

réglés en vue d'une exécution commune? N'est-il pas pré-
sumable que, dans sa pensée, dans sa volonté, ses dispositions diverses sont connexes, et qu'elles forment un
tout' indivisible, un pacte de famille, valable ou nul de
toutes pièces ? De sorte que, conserver les unes, alors que
les autres n'existeraient plus, ce serait introduire arbitrairement une clause nouvelle dans le contrat,et se substituer à son auteur !

Ces raisons n'ont point touché la cour de Bordeaux, qui
décide que jamais l'annulation du partage n'entraîne celle
du préciput (v. son arrêt du 14 décembre 1869, t. 45, p.
105 et *infra* n° 228 et la note).

141. — Quelquefois l'ascendant, voulant contraindre
les copartageants à respecter son œuvre, dispose, dans le
contrat, qu'au cas de demande en annulation du partage,
à la requête de l'un des enfants, les autres conserveront
leurs lots, à titre préciputaire. « Une telle clause, quoique pénale, a toujours été reconnue valable parmi nous»,
écrivait Valin (sur l'art. 42 de la coutume de La Rochelle).
Ainsi pensaient Brodeau (sur Louet, lett. P, n° 24) et Guy-
Coquille (sur l'art. 17 du titre des successions de la coutume de Nivernais). En est-il de même, sous l'empire du
code (art. 900, 1130, 1226, 1227) ?

142. — Exposons, avant de la réfuter, la réponse des
auteurs à cette question :

Lorsque l'attaque est sans fondement, MM. Demolombe
(Don. et test. t. 6, n°ˢ 61, 62, 63 et t. 1, n° 278 et suiv.),
Réquier (n° 78, p. 106 et n° 106), Bonnet (n° 388) et
Laurent (t. XV, n°ˢ 127, 131), veulent que la pénalité soit
encourue ; il leur paraît équitable que le demandeur subisse le châtiment de sa témérité (1). Et, jusque là, l'accord est parfait entre les auteurs ; mais l'entente cesse,
lorsque l'attaque est fondée : entraîne-t-elle alors, et inva-

---

(1) V. en ce sens Merlin : Rép. v° Part. d'asc.

riablement, l'annulation de la pénalité ? M. Genty est
d'avis que toute cause de nullité pour le partage l'est
aussi pour la clause pénale (p. 179, 182) (1) ; MM. Demolombe, Réquier et Bonnet, distinguent entre les nullités
d'intérêt public, anéantissant la clause accessoirement au
partage, et les nullités d'intérêt privé, qui n'affecteraient
que le partage et laisseraient la clause survivre au lotissement (2). Nouvelle divergence entre les auteurs sur la
classification des conventions de partage, attentatoires à
l'intérêt public ? M. Bonnet (nos 393 et 394) déclare que
telles sont les conventions, qui lèsent la réserve de l'enfant et celle du copartageant ; — MM. Demolombe (t. 1,
nos 279 et 282, et t. 6, n° 63 et suiv.) et Réquier nos 106 et
78, p. 112) ne placent, dans cette catégorie, que l'atteinte
à la réserve de l'enfant. C'est l'opinion de la chambre
civile (v. 22 juillet 1874, D. 75. 1. 453) et de la chambre
des requêtes (v. 26 juin 1882, D. 83. 1. 70), et c'est la
doctrine qui s'induit de divers arrêts de la cour de Bordeaux (v. *infra* nos 222 à 225), et spécialement de celui du
4 mai 1880, qu'à maintenu la chambre des requêtes par
l'arrêt que nous venons de citer (J. des ar., t. 55, 1880,
p. 428).

143. — Cela dit, nous ne reconnaissons pas à l'ascendant le pouvoir d'imposer à ses donataires une convention, par laquelle ils engageraient et compromettraient

---

(1) Conformément à l'art. 1226 et à la maxime : quum principalis causa
non consistit, ne ea quidem quæ sequuntur locum habent (L. 129, § 1,
D., de reg. jur.).

(2) Voici la règle de M. Demolombe : « S'agit-il d'une cause de nullité
ou de rescision, qui concerne l'ordre public et l'intérêt général ? La
clause pénale sera nulle et les enfants pourront, sans l'encourir, faire
annuler le partage. Mais si, au contraire, la cause de nullité ou de rescision ne concerne que leur intérêt privé, la clause pénale sera valable et elle sera appliquée à ceux des enfants qui l'auraient fait annuler » (loc. cit.).

d'avance le droit d'égalité et la qualité héréditaire, dont ils ne seront investis qu'à son décès. La clause est affectée d'une nullité qui lui est propre ; c'est celle qui frappe les conventions sur droits successoraux non ouverts (art. 1130) (1). Sans doute la donation-partage elle-même est une exception à la prohibition de la loi ; mais nous avons déterminé les limites de cette anomalie (v. *supra* nos 18, 87, 97, 113) ; et nous avons établi que, quelque engagement qu'on veuille leur faire prendre entre eux, ou vis-à-vis de l'ascendant, les enfants n'aliènent jamais leur droit de contrôler le partage, au décès ; or la clause pénale est attentatoire à ce droit, puisqu'elle a pour but, si non de les en priver, du moins d'en détruire l'efficacité, en les punissant pour l'avoir exercé. Après le contrat, et tant que vit l'ascendant, l'enfant ne saurait renoncer à ses griefs contre les apportionnements ; nos auteurs en conviennent (*supra* n° 113) ; et ce qu'il ne peut faire seul, hors du partage, loin des regards de l'ascendant, il le ferait sous son influence immédiate et dans le partage ! Il se soumettrait à cette alternative, ou de subir un lotissement, qui sacrifie ses plus chers intérêts, ou de se contenter de sa réserve ! C'est impossible ; une telle clause est condamnée par la loi, non moins que par l'équité ; et le demandeur en nullité, ou en rescision, fut-il mal fondé dans sa plainte, n'encourt d'autre châtiment que celui qui frappe tout téméraire contestant : il payera les dépens.

144. — Est-ce à dire que l'ascendant soit dans l'impuissance d'infliger une peine à celui qui critique son œuvre ? Non ; il ne le peut par voie de convention ; mais il lui reste la forme testamentaire, avec le droit de punir l'enfant indocile, même sur les biens partagés, si l'annula-

---

(1) Cette nullité est, par suite, principale et non accessoire et dérivée, comme le veut M. Genty, par application de l'article 1227.

tion les ramène à l'indivision (1) et, en tous cas, sur les autres biens, si l'attaque échoue. Il le punira, s'il lui plaît, même pour une simple demande, qu'elle qu'en soit l'issue, sans que toutefois nous lui accordions ce pouvoir, lorsque le partage contient une atteinte à la réserve, ce droit primordial de l'enfant (2).

SECTION TROISIÈME.

—

EFFETS DE LA RÉDUCTION POUR ATTEINTE
A LA RÉSERVE.

145. — Le second cas, prévu par l'article 1079, est celui d'un avantage excessif ; conséquemment, et d'après nous du moins, il donne ouverture à l'action en réduction (*supra* n° 44) et à l'application des règles édictées au titre des donations et testaments (art. 920). Cela dit, rappelons succinctement les effets généraux de la réduction, pour ordre seulement, car l'examen d'un tel sujet excèderait les limites que nous avons dû nous imposer.

146. — Les meubles sont rapportés par l'avantagé, puisque c'est à titre d'héritier et de copropriétaire que le réservataire les réclame, et qu'en cette qualité il a le droit d'exiger sa part en nature (art. 826, 832).

147. — Les immeubles sont aussi rapportés, nets de toutes charges (art. 929). Toutefois ce rapport n'a pas lieu : — si le donataire a aliéné l'immeuble (art. 930) ; —

---

(1) Confer : Réquier, p. 367, 423 ; et supra n°ˢ 90, 91 (v. aux notes), 122.

(2) V. Demolombe, t. 6, n° 63 et suiv.; Réquier, n°ˢ 106 et 78, p. 112 ; supra n° 142, et infra, n° 225.

s'il se trouve, dans la succession de l'ascendant, d'autres biens de même nature (art. 924) ; — si l'immeuble, soumis à une réduction partielle, n'est pas commodément partageable, et si la quotité disponible excède la moitié de sa valeur (art. 866).

Le fonds aliéné n'est pas restituable, disons-nous ; cependant si le donataire d'abord, ou ses acquéreurs ensuite, ne voulaient ou ne pouvaient, soit fournir, soit parfaire la réserve, à l'aide de leurs biens personnels, comme l'action en réduction a les caractères d'une revendication et d'une pétition d'hérédité, et qu'elle s'exerce dès lors à l'encontre de tous détenteurs, les aliénations seraient résolues (art. 930).

148. — Il n'est rien dû, en ce qui touche le meuble et l'immeuble qui ont péri fortuitement (art. 922).

149. — Les fruits des choses, sujettes à réduction, sont dus dès l'ouverture de la succession, lorsque la demande est formée dans l'année, à dater de cette époque ; ils sont dus à compter de la demande, lorsqu'elle n'est intentée qu'après l'expiration de l'année (art. 928).

150. — Tels sont les effets de l'action en réduction. On sait que la plupart des auteurs (v. *supra* n° 45), tout en reconnaissant que la seconde espèce de l'article 1079 est un cas d'avantage excessif, pensent que la sanction est, non dans la réduction du lot avantagé, mais dans la rescision du partage entier ; nous avons fait ressortir, autre part, quelques-unes des anomalies de ce système *(supra* n°s 45 et 107) ; joignons-y celle-ci : MM. Bonnet (n° 705) et Bertauld (questions, t. II), partisans de la rescision, proclament qu'à l'inverse des effets que produit habituellement cette action, le réservataire aurait ici le droit de revendication contre les tiers acquéreurs *(supra* n° 125)!

151. — Les impenses, améliorations et dégradations sont calculées et comptées, comme au cas de rescision pour lésion, ou d'annulation pour vice d'attribution *(supra* n°s 127, 128, 136) (art. 922).

CHAPITRE SIXIÈME

—

RÉFORME LÉGISLATIVE

DU PARTAGE D'ASCENDANTS ENTRE-VIFS.

—

152. — Le législateur n'a point encore parlé (*supra* n° 57); la discussion est donc toujours ouverte sur la question de réforme : nous permettra-t-on de donner notre opinion, après avoir rappelé les précédents à cet égard ?

SOMMAIRE :

153. — Une réforme législative ! Il est des jurisconsultes que ce mot épouvante, qu'il scandalise même et qui le traiteraient volontiers de sacrilège ; pour eux la légis-

RÉFORME LÉGISLATIVE.

lation est l'arche trois fois sacrée ; aussi que de dé-
clamations à son sujet ! Montaigne la compare à un
bâtiment, dont on ne saurait ébranler une pièce, sans
compromettre tout l'édifice ; et il rappelle que le Sicilien
Charondas fit décréter, à Catane, qu'aucun citoyen ne
demanderait l'établissement d'une loi nouvelle, sans se
présenter devant l'assemblée, la corde au cou, *pour être
incontinent estranglé, si la nouvelleté n'estait approuvée d'un
chacun. Il y a grand doute,* poursuit-il, *s'il se peult trouver si
évident proufit au changement d'une loy receue, telle qu'elle soit,
qu'il y a de mal à la remuer* (Essais, liv. 1er, chap. 22).

Nous n'acceptons pas cette sorte de fétichisme, qui
porte certains auteurs, depuis Montaigne jusqu'à Troplong (1), à exagérer le respect de la législation. Certes
notre code est un admirable monument de sagesse ; mais,
comme tout ce qui sort de la main ou de l'intelligence de
l'homme, il contient des imperfections, et surtout il présente des dissonnances avec les progrès accomplis, depuis
sa promulgation (2). Au surplus, chaque jour nous assis-
tons à des remaniements dans les législations criminelle
et commerciale, pour ne citer que celles-là : le législateur
y suit attentivement nos vœux et s'empresse de les satisfaire ; pourquoi s'abstient-il sur les questions qui touchent à l'état des personnes et à leurs intérêts civils ? De
toutes parts on le presse de donner une solution à celles
que soulèvent les partages d'ascendants (*supra* n° 57) ;
tous veulent clore ces graves débats, et M. Réquier, qui

---

(1) Dans la préface de son commentaire de la vente, M. Troplong
déclare que le code civil a atteint la perfection philosophique... ! —
V. aussi le langage tenu par M. Marcel Barthe, à l'Assemblée nationale, le 23 juin 1871 (infra n° 157).

(2) Le droit et la morale sont, suivant Bentham, deux cercles con-
centriques, dont l'un, moins étendu, est contenu dans l'autre ; si, comme
nous le croyons, la conception du droit est perfectible, il faudrait donc
admettre qu'il en est de même de celle de la morale.

sollicite des changements, et M. Dubernet de Boscq, qui
n'en veut pas, mais qui exige une explication. Pourquoi
donc ce silence sur la proposition de MM. Mortimer-
Ternaux, Lucien Brun et Baragnon (*supra* n° *eod.*)? Elle ne
répondait peut-être pas au sentiment général ; mais elle
posait les difficultés de la matière ; il fallait résoudre au
moins celles qui pouvaient l'être, sur lesquelles l'accord
était unanime, et suivre l'exemple que nous donnent
l'Italie, l'Allemagne et la Hollande (*supra* n°ˢ 48, 73, *in
fine*, 83). Gardons-nous des innovations précipitées ; n'i-
mitons pas la Convention nationale qui, prise du louable
désir de rétablir la *sainte égalité* entre les enfants, char-
geait son Comité, le 5 mars 1793, de lui soumettre, dans
les trois jours (!), un rapport sur les partages de successions, et qui était obéie !! Conformons-nous au conseil de
Montesquieu : ne changeons rien *sans raison suffisante*
(Esprit des Lois, liv. XXIX, chap. 16), et apportons-y
« tant de solennité et de précaution que le peuple en con-
clue naturellement que les lois sont bien respectables, puisqu'il faut tant de formalités pour les abroger (Lettres
persanes, let. 79). Mais, lorsque, comme ici, le mal est
constant, que le laconisme de nos textes crée des mésin-
telligences et des procès sans nombre, au sein des familles, que le remède a été longuement étudié, se taire, ne
serait-ce pas un déni de justice !

154. — Quatre projets de loi ont été proposés ; nous les
relaterons dans leur ordre de date (1).

Le premier est celui de M. Réquier, qui l'avait indiqué

---

(1) Nous ne parlerons ni du projet Maurat-Balange de 1841, ni de
celui de 1867 sur les ventes judiciaires d'immeubles, les partages et la
purge des hypothèques, (qui ne touchent qu'indirectement à nos partages), ni de celui que présente M. Dubernet de Boscq, dans son projet
de code rural, lequel ne tend qu'à une explication de nos textes, explication inutile, puisqu'elle ne fait que consacrer la jurisprudence (supra
n° 57).

RÉFORME LÉGISLATIVE.

dans ses observations sur la jurisprudence, publiées en 1866 (Rev. prat. t. 22, p. 253),et qui l'a formulé, dans son Traité, édité en 1868 (p. 461 et suiv.) ; le voici, en ce qui touche le partage par donation :

« 1075. Les père et mère et autres ascendants pourront faire, entre leurs enfants et descendants, la distribution et le partage de leurs biens, sans être tenus de se conformer aux articles 826 et 832.

« Ces partages pourront être faits par actes entre-vifs... avec les formalités, conditions et règles prescrites pour les donations entre-vifs.

« Les partages, faits par actes entre-vifs, ne pourront avoir pour objet que les biens présents.

« 1078. La rescision du partage, fait par l'ascendant, peut être prononcée, lorsqu'il contient une lésion de plus du quart, au préjudice de l'un des copartagés.

« Pour juger s'il y a eu lésion, dans le partage fait par acte entre-vifs, on estime les biens suivant leur valeur à l'époque de l'acte.

« Le défendeur à la demande en rescision peut en arrêter le cours et empêcher un nouveau partage, en usant de la faculté accordée par l'article 891.

« Lorsque la nullité ou la rescision du partage, fait par acte entre-vifs, aura été prononcée, les enfants ou descendants, qui viendront au nouveau partage, feront le rapport des biens qui leur avaient été attribués par l'ascendant, suivant les règles prescrites par les articles 853 et suivants.

« 1079. S'il résulte du partage, et des dispositions faites par préciput, que l'un des copartagés aurait un avantage plus grand que la loi ne le permet, celui-ci ou ceux des autres copartagés, qui n'ont pas reçu leur réserve entière, pourront demander la réduction, à leur profit, du lot attribué au préciputaire.

« Le défendeur peut arrêter le cours de l'action, en offrant d'abandonner aux demandeurs, soit en nature, soit en numéraire, ce qui excède la quotité disponible, jusqu'à concurrence de ce qui leur manque, pour compléter leur part dans la réserve.

« 1080... L'action n'est plus recevable après l'expiration de deux années, à compter du décès de l'ascendant, qui a fait le partage ».

Ainsi donc : — Faculté pour l'ascendant de répartir les diverses natures de biens, à son gré ; — Estimation, pour le calcul de la lésion, d'après la valeur lors du contrat ; — Réduction du lot, qui dépasse le disponible, avec faculté pour l'attributaire de faire des offres satisfactoires ; — Fixation de la prescription à deux ans, à dater du décès, pour toutes les actions auxquelles le partage peut donner lieu ; tels sont les points essentiels de ce projet.

Si l'on doit conserver le partage entre-vifs, l'estimation des biens, au jour du contrat, pour le calcul de la lésion, — la faculté, accordée au détenteur de l'apportionnement réductible, de faire des offres, notamment en numéraire, — et la limite de deux ans assignée à la prescription, du moins pour ce qui est de la rescision, seraient d'heureuses innovations. Mais que d'anomalies dans le surplus du projet ? La réduction, pour les valeurs comprises dans la donation-partage, se prescrirait par deux années, à compter du décès, et les libéralités, faites aux enfants ou à des étrangers par d'autres actes, resteraient soumises à la règle générale : la réduction, pour ce qui les concerne, se prescrirait par trente années ; il y aurait deux disponibles et deux prescriptions ! Quant au pouvoir de l'ascendant de disposer souverainement de chaque nature de biens, il serait vexatoire (v. *infra* n° 158).

155. — M. Barafort, alors président de chambre à la cour de Lyon, et depuis conseiller à la cour de cassation, a publié, vers 1867, une brochure, sous ce titre : *Des Partages d'ascendants et des modifications à introduire dans la Loi sur cette matière ;* « son ambition, dit-il (p. 169 de la 2e édition), était de suggérer quelques idées, ou tout au moins

quelques inspirations aux membres de la Commission supérieure de l'Enquête agricole » (1). Voici les textes qu'il
propose :

« 1075. Les père et mère et autres ascendants pourront
faire, entre leurs enfants et descendants, la distribution et
le partage de leurs biens, sans être assujettis aux règles
des articles 826 et 832.

« 1076. Ces partages pourront être faits par actes entre
vifs, avec les formalités, conditions et règles prescrites
pour les donations entre-vifs. Les partages, faits par actes
entre-vifs, ne pourront avoir pour objet que les biens présents.

« 1077. Les biens, compris dans un partage d'ascendants entre-vifs, sortiront d'une manière absolue et définitive du patrimoine du donateur. Si l'ascendant, à son
décès, laisse des biens qui n'auraient pas été compris
dans le partage, ces biens seront partagés conformément
à la loi.

« 1078. Le partage, fait par l'ascendant, pourra être
attaqué pour cause de lésion de plus du quart. Il pourra
l'être aussi, dans le cas où il résulterait du partage, et des
dispositions faites par préciput, que l'un des copartageants aurait un avantage plus grand que la loi ne le
permet.

« Dans les deux cas, le délai de la prescription des actions en rescision, ou en réduction, est fixé à deux ans,
qui courront, pour les actes entre-vifs, du jour de la
donation-partage, et, pour les partages testamentaires, de
la date seulement du décès de l'ascendant. La prescription ne sera suspendue, ni en faveur des femmes ma-
riées, même sous le régime dotal, ni en faveur des ab-
sents, des mineurs ou des interdits.

« 1079. L'enfant qui, pour une des causes exprimées en

_____

(1) Cet ouvrage a été réédité en 1870.

l'article précédent, attaquera le partage, fait par l'ascendant, devra faire l'avance des frais de l'estimation ; et il les supportera, en définitive, ainsi que les dépens de la contestation, si la réclamation n'est pas fondée.

« Le défendeur à la demande en rescision ou en réduction pourra en arrêter le cours, et empêcher un nouveau partage, en offrant et fournissant au demandeur le supplément de sa portion héréditaire, soit en numéraire, soit en nature ».

En résumé, M. Barafort propose : De considérer le partage d'ascendants comme une succession partielle, dès à présent ouverte et répartie ; — De conférer à l'ascendant un pouvoir absolu, pour la distribution de chaque nature de biens ; — D'appliquer la réduction au cas d'atteinte à la réserve ; — D'autoriser l'avantagé à compléter le lot du lésé, même dans cette hypothèse ; — De fixer la prescription à deux ans, à dater du contrat, même vis-à-vis de la femme mariée sous le régime dotal, du mineur et de l'interdit. M. Barafort ouvre donc la succession d'un vivant ! Il crée donc une réserve, calculée exclusivement sur les biens partagés ! Il supprime donc les prérogatives justement accordées aux incapables ! Que de nouveautés inacceptables !

156. — La Commission supérieure de l'Enquête agricole de 1866 a formulé des vœux, que nous avons exposés au cours de ce travail, et que nous devons rappeler ici :

D'abord, en ce qui touche les partages de succession, elle (1) rédige ainsi l'article 832 : « Dans la formation et la composition des lots, on doit éviter de morceler les héritages et de diviser les exploitations. Chaque lot peut être composé exclusivement, ou en quantités différentes, de meubles ou d'immeubles, de droits ou de créances de mêmes nature et valeur. ». Puis, la Commission décide

(1) Séance du 4 mars 1869 ; rapporteur M. Josseau.

que la modification, qu'elle introduit dans la répartition de la succession, doit aussi régir les partages d'ascendants *(supra* n° 56).

En ce qui concerne l'époque de l'estimation, la Commission veut que (1) : « dans les contestations relatives aux partages d'ascendants, pour cause de lésion, ou d'atteinte à la réserve, dans le cas prévu par le dernier paragraphe de l'article 1079 du code, il y ait lieu d'estimer les biens, d'après leur valeur à l'époque de la donation entre-vifs, contenant partage » *(supra* n° 80).

Enfin, quant à la durée de la prescription, la Commission propose de la fixer à deux ans *(supra* n° 80).

Comme on le voit, ce projet est analogue à celui de M. Réquier, sur lequel nous nous sommes expliqué.

157. — MM. Mortimer-Ternaux, Lucien Brun et Baragnon présentèrent à l'Assemblée nationale, dans sa séance du 17 mai 1871, une proposition de loi, à peu près semblable aux précédentes ; et dont voici l'exposé des motifs :

« *Modification à apporter à l'article 832 du code civil.* — Les plaintes les plus vives s'élèvent, depuis longtemps, contre le morcellement de la propriété rurale. C'est à l'application exagérée du principe, posé par l'article 832, que l'on doit, en grande partie, ce résultat. D'un autre côté, la richesse mobilière s'est considérablement accrue, depuis trente ans ; elle entre pour une part considérable dans beaucoup de successions.

« Comment faire aujourd'hui des lots égaux et de même nature, lorsqu'un fonds de commerce, des parts dans des entreprises industrielles, ou telle autre valeur mobilière indivisible, doivent être nécessairement abandonnées en totalité à l'un des copartageants, si l'on veut ne pas voir péricliter ce fonds de commerce ou ces entreprises industrielles ?

---

(1) Rapporteur M. Migneret.

PROJETS DE LOIS.

« Il en est de même de certaines exploitations agricoles, fondées sur un système régulier d'assolement, ou qui demandent, pour être améliorées, des travaux d'ensemble qui ne peuvent être entrepris, et menés à bonne fin, que si un même propriétaire est appelé à en recueillir les fruits.

« D'après la loi actuelle et la jurisprudence, le délai, accordé à tout héritier pour se plaindre d'une lésion de plus du quart, ou d'un lotissement, accordant à l'un des cohéritiers un avantage plus grand que celui que la loi permet, est de trente ans, s'il s'agit d'une disposition testamentaire, et, de dix ans, s'il s'agit d'une donation entre-vifs.

« Tous les jurisconsultes sont d'accord, pour reconnaître que ces délais sont beaucoup trop longs et qu'il en résulte, pour les propriétés immobilières, une incertitude, qui nuit singulièrement aux améliorations, que l'on pourrait entreprendre.

« D'après la jurisprudence, les biens, dont on demande le partage à nouveau, doivent être estimés, non d'après leur valeur, au moment du partage fait par le père de famille, mais d'après leur valeur, au moment du décès. Souvent un intervalle de quinze à vingt ans sépare ces deux époques. Pendant ce temps, que de changements ont pu être apportés à la propriété par une foule d'événements imprévus ; que de germes de contestations renferment ces partages anticipés, qui cependant, dans les familles industrielles ou agricoles, doivent être favorisés, autant que possible ! Combien peu est encouragé à tenter des améliorations importantes un cultivateur, qui sait d'avance que ces améliorations tourneront contre lui, et qu'il sera obligé de rapporter, dans la masse des biens, laissés par le père de famille, le champ qu'il a fécondé de ses sueurs (1) ! »

---

(1) V. Journal officiel du 1er juin 1871. Annexe 240, p. 1191.

RÉFORME LÉGISLATIVE.

La commission d'initiative parlementaire, devant laquelle cette proposition fut renvoyée, conclut à sa prise
en considération et elle chargea M. Baragnon, l'un de ses
membres, de déposer un rapport en ce sens, ce qu'il fit, à
la séance du 16 juin 1871 (1). La discussion de ces conclusions donna lieu à un débat des plus animés. Elles furent
vivement attaquées par M. Barthe qui, dans la faculté
qu'on voulait conférer à l'ascendant, de donner tous ses
immeubles à l'un de ses enfants, voyait un moyen détourné de rétablir l'ancien droit d'aînesse. C'était, suivant lui, déroger aux institutions sorties de la révolu-
tion de 1789, et proclamées par la constitution de septembre 1791 ; spécialement c'était faire échec à l'égalité des
enfants devant la loi, et devant l'affection de leur
père. Au reste M. Barthe ajouta qu'on voulait à tort
proscrire le morcellement qui est, dit-il, la source de ren-
dements plus considérables. M. Baragnon protesta que la
proposition n'avait point pour but de créer des *aînés* et
des *cadets*, et que, si elle était adoptée, « elle ne condam-
nerait personne à entrer dans les ordres, ou à vivre dans
le célibat », quelle aurait le résultat bienfaisant de conserver des exploitations rurales fécondes, là où l'application rigoureuse d'un article du code civil portait la ruine
par le fractionnement. Un autre orateur, M. Bethmont,
émit l'avis qu'à la suite des enquêtes agricoles et com-
merciales, qui s'étaient prononcées dans le sens de la proposition, on ne pouvait se refuser à en faire l'objet d'une
étude attentive. La prise en considération fut votée (2).
La procédure législative suivit son cours : une commission fut nommée dans les bureaux, pour rédiger le projet

---

(1) V. ce document inséré au Journal officiel du 29 juin 1871. Annexe
330, p. 1648.

(2) Séance du 23 juin 1871. V. le Journal officiel du lendemain, p. 154
et suiv.

PROJETS DE LOIS.

de loi ; elle manifesta sa parfaite communauté d'idée avec les auteurs de la proposition, en désignant en qualité de rapporteur M. de Ventavon, qui avait opiné pour la modification des articles 832 et 1079.

A partir de ce moment, nous écrit M. le sénateur Baragnon, à la bienveillance duquel nous devons ces renseignements, le silence et l'oubli se sont faits sur la réforme demandée ; on a craint sans doute qu'un nouveau débat ne fut l'occasion d'un pugilat politique. Faut-il le regretter ? La loi, qui serait sortie du sein d'une assemblée, surexcitée par la lutte des partis, n'eut-elle point porté l'èmpreinte d'une origine si tourmentée ? Les auteurs de la proposition l'ont pensé eux-mêmes ; mais pourquoi ne l'ont-ils pas renouvelée depuis ? Quoi qu'il en soit, (et que MM. Mortimer-Ternaux, Brun et Baragnon aient, ou non, songé à la résurrection du droit d'aînesse (1)), nous pensons que, si l'on veut conserver le partage d'ascendants entre-vifs, mieux vaut s'en tenir à la loi, et à la jurisprudence, telles qu'elles sont : le père a le droit d'attribuer sa propriété industrielle ou agricole en entier à l'un de ses enfants, si le partage est impossible, ou s'il devait entraîner une dépréciation (art 827, 832). Les intérêts des enfants, comme ceux de la société, ne sont-ils pas ainsi sauvegardés ? Ils perdraient à la division d'un héritage, dont les démembrements n'offriraient qu'un élément de bien-être ou de prospérité insuffisant ; il ne sera donc pas divisé. Il le sera, au contraire, si le lotissement est plus avantageux. Que veut-on de plus ? N'y a-t-il pas là des inquiétudes et un désir d'inno-

---

(1) En 1823, le gouvernement de Charles X tenta de le rétablir, par un projet de loi, présenté à la Chambre des Pairs : le peuple en salua le rejet par une illumination générale. (V. le discours prononcé par M. l'avocat général Coirard, à l'audience de rentrée de la cour de Montpellier, le 2 novembre 1880, et supra n° 74, à la note in fine).

ver que rien ne justifie ? Ce pouvoir d'attribution, que l'on veut conférer à l'ascendant, il le possède aussi large qu'on peut le souhaiter, quand on ne va pas jusqu'à sacrifier, en vue d'un seul, le droit héréditaire des autres enfants.

En vérité, là ne serait point l'innovation à réaliser, elle serait plutôt dans l'époque du calcul de la lésion et dans la durée de l'action, calcul qu'il conviendrait de reporter à la date du contrat, durée qu'il serait utile de restreindre à deux ans, à l'instar de la vente, comme le demandaient aussi, et au surplus, MM. Mortimer-Ternaux, Brun et Baragnon, avec l'Enquête agricole, et avec MM. Réquier et Barafort. Pourquoi n'a-t-on pas modifié nos textes en ce sens ? Aucune critique ne s'est élevée sur ces deux chefs de la proposition Mortimer-Ternaux ; M. Barthe n'y a pas fait allusion, entraîné qu'il était par sa thèse politique ; et M. Baragnon n'a pas relevé l'accord qu'impliquait, à cet égard, le silence de son contradicteur, et enfin la commission nommée n'a pas eu la pensée de soumettre à l'assemblée une modification, si manifestement acceptée d'avance... tant les querelles de parti troublent les meilleurs esprits et nuisent au progrès en toutes choses ?

158. — *Exposé des motifs d'un projet de loi sur l'abolition du partage d'ascendants entre-vifs.* — Nous proposons de supprimer le partage d'ascendants par acte entre-vifs, le seul que nous ayons examiné, le seul conséquemment sur lequel nous puissions conclure à une réforme, déduite de cette étude.

Si l'on considère de bonne foi ce partage, tel que l'ont fait le Code et le commentaire de la Jurisprudence, on remarquera que cette institution, loin d'avoir atteint son but, a conduit aux plus déplorables résultats (1). Les au-

_____

(1) V. l'avant-propos.

teurs de nos lois civiles ont supprimé l'ancienne *démission de biens*, d'origine nationale *(supra* n° 77), mais dont la révocabilité avait causé tant de maux *(supra* n° 90), et, animés des plus louables sentiments, ils lui ont substitué le partage d'ascendants entre-vifs, qui leur a paru le dernier mot d'une législation prévoyante et paternelle (1). Or qu'est-il advenu de ces espérances ? La donation-partage, inattaquable, il est vrai, pendant la vie de l'ascendant, est mise en question, aussitôt son décès. Pour être définitive, il faudrait que la répartition fut conforme aux droits que les enfants acquièrent, à cet instant ; pour être maintenue, il faudrait que l'ascendant eut clairement vu, dès le contrat, c'est-à-dire dix, quinze, vingt ans peut-être avant sa mort : quel serait alors le nombre de ses héritiers, quelle serait leur qualité, quelles transformations subiraient ses biens, quelle valeur ils auraient ; toutes notions purement divinatoires et qui cependant, si elles n'ont pas été exactement prévues, entraîneront la destruction de son œuvre !

Nous le demandons, un contrat, affecté d'une telle précarité, qui, si une de ces conditions manque, est nul, est-il une sauvegarde pour la paix et pour le bonheur des familles ? N'est-il pas, au contraire, et pour leur sécurité, un péril plus grand que l'ancienne démission ? Après la révocation de sa démission, l'ascendant pouvait du moins prendre des dispositions nouvelles, en vue de sa succession ; avec la donation-partage, s'il doit craindre l'annulation du contrat, il n'en est pas certain. En tout cas, elle ne sera pas prononcée de son vivant ; il lui est donc difficile de se prémunir contre cette éventualité. L'expérience de cette institution, — dont les Romains n'ont pas voulu *(supra* n° 2), — est faite. Il faut la modi-

---

(1) V. l'Exposé des motifs du Projet de loi des donations et des testaments : Locré, t. 11, p. 414 et suiv., et M. Réquier, p. 51, n° 27 bis.

fier ou l'abolir ; nous préférons cette dernière solution.

Que produirait la donation-partage, assimilée à un partage de succession ouvrant les actions, dès le contrat, comme le conseille M. Barafort ? Une insupportable antinomie, puisque ce serait proclamer que l'enfant a droit à l'égalité héréditaire, avant que l'hérédité n'existe ; ce serait, de plus, permettre d'outrager le père de famille, dont les libéralités et les intentions seraient discutées en sa présence.

Que produirait une restriction de la durée de la prescription à deux ans, à dater du décès, comme le veulent MM. Réquier, Barafort, Mortimer-Ternaux, Brun et Baragnon ? Un adoucissement sans doute aux inquiétudes des copartagés ; mais, puisqu'on cherche à donner plus de sécurité aux contractants, en abrégeant le temps de la prescription, il faudrait donc étendre le bénéfice de cette abréviation à l'action en réduction (1) ; et alors nous aurions deux réserves, deux actions en réduction, deux prescriptions : une première réserve, calculée sur les biens compris dans le contrat, donnant lieu à une action prescrite exceptionnellement deux ans après le décès ; — une seconde réserve, calculée sur les autres biens donnés ou laissés par l'ascendant, assortie d'une action prescrite, suivant la règle générale, trente ans après le décès ! N'insistons pas.

La faculté, qu'on voudrait encore conférer au père, de distribuer ses différentes natures de biens, ainsi qu'il l'entendrait, serait une extension du pouvoir de disposer ; et cette aggravation de la situation de l'enfant, qui perdrait la certitude d'avoir sa part dans le patrimoine serait, pour lui, la plus cruelle de toutes les déceptions. Nous savons qu'il est une Ecole, à

---

(1) Comme le proposent d'ailleurs MM. Réquier et Barafort.

laquelle sourit cet accroissement de disponible ; il en est même, qui désireraient qu'on saisit l'occasion de la réforme de nos partages, pour octroyer à l'ascendant un pouvoir de contrainte plus étendu, à l'encontre des enfants (1). Ceux qui préconisent ces nouveautés sont ces esprits chagrins, qui nous raméneraient volontiers à la loi des XII Tables, sous le prétexte de fortifier la famille. Ils invoquent l'exemple de la loi successorale des Anglais et de la liberté testamentaire des Américains ; ils citent Portalis, qui proposait, en 1803, de porter le disponible tout au moins à la moitié de la succession. C'était la règle poursuivent-ils, en pays de droit écrit et dans quelques coutumes, et c'est une nécessité qui s'impose, dans l'état de désorganisation sociale où nous sommes..... Si, ajoutent-ils, en paraphrasant une pensée de M. de Bonald, si l'État tolère plus longtemps la destruction de la famille, en laissant le chef désarmé, la famille se vengera, en ruinant l'État..... Ils se répandent en sinistres prophéties ; et ils fulminent l'anathème contre la société moderne (2) ; *armons le père !* Voilà leur devise et leur cri de salut.

Pas de violences, dirons-nous ; lorsqu'un droit, tel que l'égalité héréditaire, est consacré par un long usage, qu'il est passé dans la vie d'un peuple (3), qu'il répond à

---

(1) M. Combes, de l'Institut, l'un des plus modérés assurément, voudrait que les copartagés ne puissent attaquer la répartition, pour lésion en quotité, qu'au cas où cette lésion serait d'au moins un huitième de la réserve (v. son rapport sur l'Enquête agricole de 1866, dans l'Ardèche). La rescision pour lésion de plus du quart disparaîtrait ; le contrat aurait ainsi un caractère exclusivement dispositif.

(2) V. les écrits de M. Le Play passim, et spécialement l'Organisation de la famille.

(3) La loi du partage égal, dit M. L. de Lavergne, est la chair et le sang de la France ; et il constate que, dans l'Enquête agricole, l'augmentation de la quotité disponible a rencontré peu de partisans (Revue des Deux-Mondes : 15 nov. 1868).

RÉFORME LÉGISLATIVE.

l'une des aspirations les plus chères au cœur de l'homme, le détruire serait téméraire et odieux : un législateur prudent doit réglementer nos libertés ; il ne doit pas les détruire (1). Au reste, nous envions peu les mœurs des Anglo-Saxons et des Américains, qu'il est de mode de louer à tout propos : chez eux, le père de famille est respecté et même redouté, à raison de la souveraineté dont il est investi, qui lui permet de fermer la maison paternelle à neuf enfants sur dix ! En France, l'ascendant est muni d'une autorité sagement modérée, qui ne contraint point l'enfant, même le moins aimé, au cosmopolitisme ou à l'exil. Conservons-la, mais en lui retirant le partage entre-vifs, qui la compromet. Repoussons les mesures tyranniques, qui ruineraient les principes essentiels de notre législation, et les demi-mesures, qui laisseraient subsister le mal.

Nous prévoyons les objections qu'on nous fera, surtout au nom de l'agriculture et de cette classe si nombreuse de cultivateurs qui possèdent, en France, les deux tiers du sol et qui, lorsque l'âge les condamne au repos, distribuent le patrimoine entre leurs enfants et assurent leur propre subsistance, à l'aide de la donation-partage et d'une pension. Hé bien ! C'est en leur nom que nous demandons l'abolition de cet acte, qu'on présente comme le gage de la tranquillité de leurs vieux jours. Combien en est-il de ces vieillards, qui ont réparti leur domaine entre leurs enfants et qui, depuis cette abdication, déchus et délaissés, vivent tristement au foyer domestique, où ils occupent la dernière place ; sans autorité désormais,

_____

(1) V. en ce sens : les discours des ducs de Broglie et Pasquier, sur le projet de rétablissement du droit d'aînesse, présenté aux chambres sous la Restauration ; M. Rossi à son cours au Collège de France; Benjamin Constant ; Sismondi (Principes d'économie politique). En sens contraire : M. de Bonald (la Famille agricole et la famille industrielle), et les travaux de MM. Rubichon, Monnier et Le Play (la Réforme sociale).

PROJETS DE LOIS.

amoindris jusque dans leur capacité, parce qu'ils sont
devenus insolvables, frappés, pour ainsi dire, de mort civile (1), et attendant une fin ardemment souhaitée autour
d'eux, et quelquefois hélas ! précipitée par le manque
d'égards et de soins ! Voilà l'œuvre de la donation-partage. En vain les optimistes le nient; elle est, pour le cultivateur, une source d'afflictions (2), auxquelles il s'expose
le plus souvent sachant bien ce qui l'attend, mais acceptant d'avance son malheur, comme s'il ne pouvait s'y
dérober, tant l'usage est aveugle et invétéré. Est-ce donc
un mal nécessaire et fatal ? Non : le cultivateur, affaibli
par l'âge, pourrait se contenter de diviser l'administration
entre ses enfants, et conserver pour lui la propriété, avec
laquelle il conserverait aussi les attributs et le prestige
du chef de la famille. Pour éviter des différends après
sa mort, veut-il faire un partage ? Le testament lui offre
une voie plus sûre que la donation. Tient-il à se dessaisir ? Il lui reste l'avancement d'hoirie, qu'il fera sous forme
de répartition, s'il lui plaît, et qu'après son décès les donataires maintiendront entre eux, si cela leur convient,
à titre de partage de succession.

---

(1) L'ancienne démission de biens (supra nᵒˢ 77, 90) passait, en Bretagne, pour une sorte d'interdiction. C'est pour cela, écrivait Hévin (25ᵉ
et 27ᵉ consult.), que les derniers réformateurs ont placé la démission
sous le titre des mineurs et autres, auxquels on donne un administrateur, tandisque d'Argentré la plaçait sous le titre des appropriances ou
des manières d'acquérir.

(2) Loysel le pensait ainsi ; il dit, dans ses Institutes coutumières
(nᵒ 668) :
> Qui le sien donne avant mourir
> Bientôt s'apprête à moult souffrir.

Montaigne conseillait cependant la démission au « père attéré d'années » ; « il est assez en état. dit-il, s'il est sage, pour avoir désir de se
despouiller, à fin de se coucher, non pas jusques à la chemise, mais
jusques à une robbe de nuict bien chaulde ». (Essais, liv. II, chap.
VIII).

RÉFORME LÉGISLATIVE.

« Mais, avec ces procédés, répondra-t-on, il n'est pas
d'amélioration possible dans la culture. L'administrateur,
le futur légataire, le donataire ne s'attacheront pas à une
propriété dont la volonté du père, ou les hasards d'un
tirage au sort peuvent les déposséder ». La situation du
copartagé par acte entre-vifs, répliquerons-nous, est-elle
plus favorable ; est-il plus assuré de l'avenir, menacé
qu'il est d'annulation, de rescision, de réduction ; est-il
moins en défiance contre les exigences futures de ses
codonataires, et n'est-il pas d'expérience constante que,
jusqu'au décès de l'ascendant, — ce n'est pas assez dire,
car la réduction est encore suspendue sur son lotissement
pendant trente ans, — n'est-il pas d'expérience que le
copartagé s'abstient de planter et de bâtir sur le fonds,
qui lui est dévolu ? En quoi certes il agit prudemment.

PROJET DE LOI. — *Article unique.* — « Les dispositions de
l'article 1076 sont modifiées, en ce sens qu'à l'avenir les
ascendants ne pourront faire par actes entre-vifs le partage de leurs biens, entre leurs enfants et descendants »
(1).

---

(1) M. Laurent incline vers une mesure plus radicale : « ... Les ascendants, dit-il, ne font pas toujours les partages avec l'esprit d'équité
que le législateur leur suppose ; ils abusent de la faculté, que le Code
leur donne, pour avantager indirectement un enfant chéri, aux dépens
de ses frères et sœurs ; de sorte que des actes, destinés à maintenir
la concorde entre les enfants deviennent une source de discordes et
de haines. Autant valait, nous semble-t-il, maintenir l'ordre régulier
des choses... Là où les frères et sœurs s'aiment, le partage d'ascendants
est inutile ; là où, au lieu de l'amour fraternel, règnent la jalousie,
l'envie, l'égoïsme, le père aura beau partager les biens, il n'établira pas
la concorde, quand la discorde est dans les âmes (Princ. de droit civil,
2e édit. t. XV, nos 1, 2). Le même auteur déclare, autre part (no 112),
qu'il y a conflit entre le sens moral, et le droit, en ce qui touche les
partages d'ascendants. — V. aussi (supra no 47, 2e note) l'opinion de
M. Genty, et (avant-propos, notes) celle de M. le professeur Baudry-
Lacantinerie.

CHAPITRE SEPTIÈME

—

—

159. — La cour de Bordeaux occupe un rang élevé dans l'estime des jurisconsultes ; ses arrêts sont fréquemment cités en toute matière ; ils le sont surtout, lorsqu'il s'agit de partages d'ascendants ; parce que, ces contrats étant très-usités dans son ressort, elle s'est souvent prononcée sur les difficultés auxquelles ils donnent lieu. Nous avons fait connaître son opinion sur les questions examinées au cours de cette étude ; mais nous ne pouvions mentionner que les décisions de principes ; il nous fallait négliger les espèces particulières : nous allons présenter le tableau complet des arrêts de la cour, sur l'ensemble des partages d'ascendants par actes entre-vifs. De cette façon, nous mettrons mieux en lumière l'importance de ses solutions et le rôle, qu'elle a joué dans l'œuvre de la jurisprudence générale.

Nous suivrons l'ordre que nous avons précédemment adopté (v. l'avant-propos), et nous analyserons, dans des sections distinctes, les arrêts concernant : — 1º la rescision pour lésion de plus du quart ; — 2º la réduction pour atteinte à la réserve de l'enfant ; — 3º l'annulation pour inégalité des lots en nature ; — 4º l'ouverture et la durée des actions en rescision, en réduction, et en annulation, l'époque de l'estimation et les fins de non-recevoir ; — 5º les effets des actions.

SECTION PREMIÈRE.

RESCISION DU PARTAGE D'ASCENDANTS POUR LÉSION DE PLUS DU QUART.

160. — *Cession par l'un des copartageants à son copartageant.* — De ce que le copartageant qui, pour s'exonérer des charges du partage, a cédé aux autres sa part des biens abandonnés, n'a, par suite, reçu aucune portion de ces biens, il n'en résulte pas qu'il ait été lésé, à moins que sa part dans les charges ne soit pas l'équivalent de celle qui lui revenait dans les biens abandonnés :

14 décembre 1869, 2e ch. (t. 45, 1870, p. 105).

161. — *Egalité* (promesse d'); *Faculté de partager.* — Le père de famille, qui a fait une promesse d'égalité à l'un de ses enfants, conserve le droit d'opérer entre eux le partage de ses biens, à la charge de maintenir l'égalité, qu'il a promise :

18 juin 1849, 1re ch. (t. 24, 1849, p. 488).

162. — *Eléments de calcul ; Valeurs de succession.* — La lésion ne peut être appréciée que d'après les biens compris dans la donation, sans qu'on puisse y réunir ceux qui ont été recueillis depuis, dans la succession même de l'ascendant donateur :

18 novembre 1873, 2e ch. (t. 49, 1874, p. 35).

163. — *Partage cumulatif ; Calcul.* — Pour obtenir la rescision, il ne suffirait pas que le copartageant prouvât que la lésion existe dans l'un des deux partages ; il faudrait qu'il établit qu'elle existe, dans les valeurs totales que les deux partages lui attribuent :

25 janvier 1840, (t. 15, 1840, p. 64) ;

6 février 1878, (t. 53, 1878, p. 204) ;

8 mai 1878, (t. 53, 1878, p. 131).

164. — *Préciput ; Calcul en ce cas.* — L'enfant donataire par préciput, *(puta* d'après son contrat de mariage), à qui l'ascendant donateur a attribué, dans un partage anticipé postérieur, un lot unique, tant pour son préciput que pour sa réserve, est fondé à demander la rescision de ce partage, pour lésion, si son lot, déduction faite du préciput, à lui acquis, est inférieur aux trois quarts de sa réserve. Peu importe qu'il ne soit pas lésé de plus d'un quart sur l'ensemble des biens, dont il a été loti :

27 décembre 1869, 1er ch. (t. 45, 1870, p. 18).

165. — *Supplément de part.* — Le défendeur à la demande en rescision, pour cause de lésion, peut en arrêter le cours, en offrant au demandeur le supplément de sa portion héréditaire, conformément à l'article 891 :

27 août 1862, 2e ch. (t. 37, 1862, p. 547).

SECTION DEUXIÈME.

—

ACTION POUR ATTEINTE A LA RÉSERVE
DE L'ENFANT.

166. — *Action en réduction.* — En cas de partage fait par l'ascendant, sans aucun avantage préciputaire, le copartageant, qui croit avoir à se plaindre d'avantages, résultant de la composition des lots, mais qui n'est point lésé de plus du quart de sa part dans les biens partagés, ne peut exercer contre cet acte, pris isolément, l'action en réduction, pour atteinte à sa réserve, et suppléer ainsi à l'action en rescision, qui lui fait défaut :

30 juin 1864, 2e ch. (t. 39, 1864, p. 369) ;

COUR DE BORDEAUX.

1er mai 1867, 2e ch. (t. 42, 1867, p. 276) ;

17 décembre, 1875, 2e ch. (t. 50, 1875, p. 369).

167. — *Calcul de la réduction ; Rapport des biens partagés par l'ascendant.* — Jugé que les biens partagés par l'ascendant, de son vivant, sont irrévocablement retranchés de la succession du donateur ; que le rapport fictif n'en peut donc être demandé, pour le calcul de la quotité disponible, après le décès de l'ascendant. Cette quotité se calcule exclusivement sur les biens qu'il possédait à son décès :

12 avril 1851, 2e ch. (t. 26, 1851, p. 207) ;

23 décembre 1852, 2e ch. (t. 27, 1852, p. 514).

168. — Jugé, au contraire, que les biens, compris dans un partage d'ascendants, sont soumis au rapport fictif, à l'effet de calculer, lors du partage de la succession, le montant de la quotité disponible :

6 avril 1854, 1re ch. (t. 29, 1854, p. 186) ;

1er mars 1858, 1re ch. (t. 33, 1858, p. 86) ;

9 juin 1863, 2e ch. (t. 38, 1863, p. 369).

169. — .... Et peu importerait que le donateur ou le testateur eut manifesté une volonté contraire, parce que, s'il peut restreindre son disponible, il n'a point le même pouvoir sur la réserve :

9 juin 1863, 2e ch. (t. 38, 1863, p. 369).

170. — .... Toutefois lorsque immédiatement après un partage anticipé, comprenant tous les biens présents de l'ascendant, qui se réserve seulement de disposer par préciput de ses biens à venir, cet ascendant donne, par préciput, à l'un des copartageants, les biens qu'il laissera à son décès, en ce cas, si le partage vient à être annulé, la quotité disponible ne se calculera point sur les biens, que l'annulation du partage a fait rentrer dans le patrimoine commun :

30 mai 1865, 2e ch. (t. 40, 1865, p. 233).

171. — *Demande nouvelle ; Atteinte à la réserve.* — La demande en rescision d'un partage d'ascendants, pour cause de lésion de plus du quart, ne peut, en cours d'instance,

être transformée en une demande en rescision pour lésion simple, inférieure au quart, fondée sur ce que la
réserve serait entamée par la composition des lots :

29 juin 1870, 2ᵉ ch. (t. 46, 1871, p. 29) ;

2 février 1880, 4ᵉ ch. (t. 55, 1880, p. 419) (1).

172. — *Dispense de rapport des biens partagés ; ses effets.* —
De ce que les biens, compris au partage, ont été donnés
avec dispense de rapport, il n'en résulte pas qu'ils doivent être imputés sur la quotité disponible :

12 avril 1851, 2ᵉ ch. (t. 26, 1851, p. 207) ;

23 décembre 1852, 2ᵉ ch. (t. 27, 1852, p. 514).

SECTION TROISIÈME.

—

ANNULATION POUR INÉGALITÉ
DANS LA RÉPARTITION DES DIVERSES NATURES
DE BIENS.

173. — *Abandon indivis par l'ascendant ; Partage, Licita-*
tion ou Vente entre les enfants. — Y a-t-il, en ce cas, partage
d'ascendant et, par suite, lieu d'appliquer les règles de
ce partage ?

Deux hypothèses :

174. — I. L'ascendant est resté étranger au second acte. —
S'il n'est pas établi que l'ascendant l'ait imposé, comme
condition de sa donation, c'est là un partage ordinaire,
qui échappe aux règles des partages d'ascendants, notamment en ce qui touche l'obligation de répartir également
les diverses natures de biens :

8 mars 1870, 2ᵉ ch. (t. 45, 1870, p. 97) (2).

---

(1) Le pourvoi, formé contre cet arrêt, a été rejeté par la cour de cassation, le 17 janvier 1881.

(2) Maintenu, sur le pourvoi, par arrêt de rejet de la chambre des requêtes, du 24 juin 1872 (D. 72. 1. 472).

20

COUR DE BORDEAUX.

175. — .... Alors même que, par l'effet-de ventes, convenues avant le partage, un copartageant serait réduit à un lotissement en argent, le partage n'en est pas moins valable, s'il n'est pas établi que le père ait pris part à ces conventions, ou qu'il les ait imposées à ses enfants, comme condition de sa libéralité :

30 juillet 1849, 1re ch. (t. 24, 1849, p. 418).

176. — II. L'ascendant a pris part au second acte. — La donation faite par le père à ses enfants, et le partage immédiatement opéré entre ceux-ci ne sont, en réalité, qu'un seul et même acte, auquel sont applicables les règles, qui régissent le partage d'ascendants, notamment en ce qui concerne la répartition des diverses natures de biens :

14 juillet 1858, 1re ch. (t. 33, 1858, p. 314);
29 avril 1861, 1re ch. (t. 36, 1861, p. 173);
26 novembre 1867, 2e ch. (t. 42, 1867, p. 431).

177. — .... Il en est ainsi, lorsque le demandeur en annulation a, dans l'acte même de donation, cédé à forfait aux autres copartageants tous ses droits, dans les biens à partager :

14 décembre 1869, 2e ch. (t. 45, 1870, p. 105).

178. — .... Il en est ainsi encore, lorsque l'ascendant a fait l'abandon indivis de ses biens, sous la condition expresse qu'ils seraient confondus en une seule masse, avec les biens d'autres successions antérieurement ouvertes, et que la licitation de tous ces biens est immédiatement faite entre les enfants, et qu'enfin l'ascendant a concouru à cette dernière opération, qu'elle a été accomplie sous son influence, et qu'il y a même fait diverses stipulations :

18 novembre 1873, 2e ch. (t. 49, 1874, p. 35).

179. — *Cession.* — Lorsqu'un copartageant, pour s'exonérer des charges, qui lui sont imposées, cède aux autres sa part des biens abandonnés, et n'en reçoit, par suite, aucune portion, il ne s'ensuit point qu'il ait été lésé, à

JURISPRUDENCE SUR LES DONATIONS-PARTAGES.

moins que sa part dans les charges ne soit pas l'équivalent de celle qui lui revenait dans les biens abandonnés :

14 décembre 1869, 2ᵉ ch. (t. 45, 1870, p. 105).

180. — *Inégalité dans la nature des biens composant les lots.*
— Est valable le partage contenant une répartition inégale en nature, apportionnant, par exemple, l'un des enfants en argent et les autres en corps héréditaires; conséquemment l'article 826 est ici sans application :

25 janvier 1840, 2ᵉ ch. (t. 15, 1840, p. 64).

181. — .... Il en est ainsi même au cas de promesse d'égalité par contrat de mariage :

(Même arrêt).

182. — Jugé, au contraire, que les partages d'ascendants sont soumis à la règle de l'article 826, et dès lors
sont nuls, s'ils la violent :

10 novembre 1852, 1ʳᵉ ch. (t. 27, 1852, p. 465) ;
7 janvier 1853, 4ᵉ ch. (t. 28, 1853, p. 5) ;
3 février 1858, 2ᵉ ch. (t. 33, 1858, p. 53) ;
14 avril 1858, 2ᵉ ch. (t. 33, 1858. p. 169) ;
13 juin 1860, 2ᵉ ch. (t. 35, 1860, p. 248) ;
16 août 1865, 2ᵉ ch. (t. 40, 1865, p. 417) ;
15 mars 1869, ch. réun. (t. 44, 1869, p. 142).

183. — .... En ce sens, jugé que l'ascendant doit
répartir ses immeubles, lors même que cette opération
présenterait quelques inconvénients, à raison, par exemple, de l'insuffisance des passages et des aireaux, qu'on
serait contraint de laisser en commun :

3 février 1858, 2ᵉ ch. (t. 33, 1858, p. 53).

184. — Toutefois, est valable l'attribution par l'ascendant de tous ses immeubles à l'un de ses enfants, ou la
licitation, faite par les enfants entre eux, et au résultat
de laquelle tous les biens ont passé aux mains de l'un
d'eux, si d'ailleurs le partage en nature était impossible, ou s'il eut causé une dépréciation considérable :

15 février 1842, 4ᵉ ch. (t. 17, 1842, p. 107);

COUR DE BORDEAUX.

18 juillet 1853, 1re ch. (t. 28, 1853, p. 330) ;
14 juillet 1858, 1re ch. (t. 33, 1858, p. 315) ;
21 juin 1859, 1re ch. (t. 34, 1859, p. 309) ;
31 août 1859, 1re ch. (t. 34, 1859, p. 403) ;
1er mars 1864, 2e ch. (t. 39, 1864, p. 218) ;
15 février 1865, 1re ch. (t. 40, 1865, p. 102) ;
31 décembre 1867, 1re ch. (t. 42, 1867, p. 463) ;
14 décembre 1869, 2e ch. (t. 45, 1870, p. 105) ;
28 avril 1875, ch. réun. (t. 50, 1875, p. 173) ;
3 mai 1876, 2e ch. (t. 51, 1876, p. 160) ;
23 juin 1880, 2e ch. (t. 56, 1881, p. 108).

185. — .... Est encore valable l'attribution de tous les immeubles à l'un des enfants, lorsqu'elle a été faite avec leur consentement, et conformément à leurs convenances personnelles :

1er mai 1855, 2e ch. (t. 30, 1855, p. 236) ;
3 juillet 1855, 2e ch. (t. 30, 1855, p. 334) (1) ;
18 mai 1870, ch. réun. (t. 45, 1870, p. 240).

186. — *Morcellement.* — Peut être déclaré nul le partage d'ascendants, qui contient des morcellements nuisibles à l'un des enfants, et auxquels il est impossible de remédier. En ce cas, lorsque le juge a constaté que le partage, en nature, est impossible, il y a lieu d'ordonner la vente par licitation :

3 février 1847, (t. 22, 1847, p. 71) ;
6 février 1878, (t. 53, 1878, p. 203).

187. — *Nature du contrat, contenant attribution de tous les immeubles à l'un des enfants.* — L'acte, qui attribue tous les immeubles à l'un des enfants, ne peut être regardé comme une vente ; c'est un partage :

5 juin 1861, 2e ch. (t. 36, 1861, p. 305).

---

(1) Arrêt infirmant un jugement du tribunal d'Angoulême du 28 juin 1854. Sur le pourvoi, cet arrêt a été maintenu par la chambre civile, le 9 juin 1857 (D. 57, 1. 294).

JURISPRUDENCE SUR LES DONATIONS-PARTAGES.

.... Il ne peut être considéré non plus comme une aliénation de droits successifs ; l'article 889 lui est donc inapplicable ; et, par suite, il est soumis à l'action en rescision pour lésion de plus du quart :

8 février 1881, 2ᵉ ch. (t. 56, 1881, p. 71).

188. — .... L'article 918 lui est de même inapplicable :

21 juillet 1863, 2ᵉ ch. (t. 38, 1863, p. 419).

189. — *Partages cumulatifs.* — Bien que, dans le même acte, soient réunies et la donation-partage, faite par le père de famille sur ses biens propres, et la cession à l'un des enfants par tous les autres de leurs droits, dans la succession indivise de leur mère prédécédée, en l'absence de toute clause ou stipulation commune, ainsi que de toute pression du père, on doit voir là, non un partage cumulatif, fait par lui, mais bien deux actes distincts, régis par des principes différents. Par suite, la cession ne peut être attaquée, comme constituant un partage d'ascendant, entaché d'une composition illégale de lots :

11 juillet 1866, 2ᵉ ch. (t. 41, 1866, p. 392).

190. — Est nul, au contraire, le partage anticipé, fait par l'un des deux époux vivants, et dans lequel le donateur a compris des biens de la communauté d'acquêts, encore subsistante entre lui et son conjoint :

26 février 1863, 2ᵉ ch. (t. 38, 1863, p. 94).

191. — *Succession future* (stipulation sur). — Le partage anticipé, fait par un père entre ses trois enfants, ne saurait, en se combinant avec les ventes de leurs parts, consenties ultérieurement par deux des enfants au troisième, dégénérer en pure stipulation sur succession future :

30 juillet 1849, 1ʳᵉ ch. (t. 24, 1849, p. 418) (1).

---

(1) Maintenu, sur le pourvoi, par arrêt de la chambre des requêtes, du 18 février 1851 (D. 51. 1. 294).

COUR DE BORDEAUX.

SECTION QUATRIÈME.

ÉPOQUE DE L'ESTIMATION DES BIENS,
DE L'OUVERTURE DES ACTIONS ET DE LA PRESCRIPTION.
DURÉE DE LA PRESCRIPTION. - FINS DE NON-RECEVOIR.

§ 1er. — ESTIMATION.

192. — *Généralités.* — En matière de partage d'ascendants par acte entre-vifs, les biens, dont le rapport est ordonné, dans le cas de l'action en rescision pour lésion, ou de l'action en réduction, doivent être estimés d'après leur valeur, au moment du décès de l'ascendant, et leur état à l'époque de la donation :

9 juin 1863, 2e ch. (t. 38, 1863, p. 369) (1);
15 juillet 1863, 2e ch. (t. 38, 1863, p. 460);
21 juillet 1863, 2e ch. (t. 38, 1863, p. 419);
3 mai 1865, ch. réun. (t. 40, 1865, p. 230);
15 mars 1869, ch. réun. (t. 44, 1869, p. 142);

193. — *Partages conjonctifs.* — Au cas où les père et mère ont fait conjointement le partage de leurs biens, confondus en une seule masse, si la rescision pour lésion est demandée, les biens doivent être estimés, non pas *in globo*, et suivant leur valeur à l'époque du décès du survivant des donateurs, mais distinctement, savoir : ceux du mari, d'après leur valeur lors de son décès, et ceux de la femme, d'après leur valeur au décès de cette dernière :

19 août 1869, 2e ch. (t. 45, 1870, p. 153);
25 juin 1873, 2e ch. (t. 48, 1873, p. 307).

194. — . . . . Il en est de même, au cas d'atteinte à la réserve :

25 juin 1873, 2e ch. (t. 48, 1873, p. 307).

---

(1) Le pourvoi a été rejeté par la chambre civile, le 14 mars 1866 (D. 66. 1. 173).

195. — *Partages cumulatifs.* — L'ascendant survivant a fait à ses enfants l'abandon de ses biens, sous la condition expresse de les confondre en une seule masse avec les biens dépendant d'autres successions déjà ouvertes ; les enfants ont ensuite licité entre eux tous ces biens confondus. En ce cas, et quoi qu'il n'y ait qu'un acte, cependant, pour le calcul de la lésion, ces biens doivent être estimés, savoir : ceux qui ont été donnés par l'ascendant, qui a concouru au partage, d'après leur valeur au jour de son décès, et ceux qui proviennent des successions, échues au moment de la licitation, d'après leur valeur à la date de cet acte, et non d'après leur valeur au jour du décès de l'ascendant ; sans que, pour opérer autrement, on puisse exciper d'une prétendue impossibilité, résultant des droits de l'ascendant dans les biens des successions antérieurement échues :

18 novembre 1873, 2ᵉ ch. (t. 49, 1874, p. 35) ;
28 avril 1875, ch. réun. (t. 50, 1875, p. 173) (1).

§ 2ᵉ. — OUVERTURE DES ACTIONS
ET DE LA PRESCRIPTION.

196. — *Généralités.* — Jugé qu'en matière de partages entre-vifs, les actions s'ouvrent dès le contrat et que, par suite, la prescription commence à courir à cette époque. Chaque part-prenant a un droit actuel et immédiat, tel que celui qui résulterait d'un partage entre cohéritiers, après décès de l'auteur commun. Chacun a donc, dès le contrat, le droit d'exercer toutes les actions, qui en dérivent, comme il devient passible, dès le même moment, de toutes les prescriptions auxquelles ces actions sont soumises. On ne saurait prétendre que, le partage étant fait par acte entre-vifs, il faut procéder par voie de réduction,

---

(1) Arrêt cassé par la Chambre civile, le 26 décembre 1876 (D. 77, 1. 171).

comme pour les donations, et que conséquemment la
prescription de l'action demeure suspendue, jusqu'au
décès de l'ascendant :

26 janvier 1841, 1re ch. (t. 16, 1841, p. 63);

23 décembre 1845, 1re ch. (t. 20, 1845, p. 621);

23 mai 1846, (t. 21, 1846, p. 343).

197. — .... Il en est ainsi, alors surtout que l'ascendant a donné tous ses biens indivisément à ses enfants, qu'ils ont fait immédiatement le partage, mais par
acte séparé, auquel l'ascendant est resté étranger, et alors
qu'il n'est point établi qu'il l'ait imposé, comme condition
de sa donation :

8 mars 1870, 2e ch. (t. 45, 1870, p. 97) (1).

198. — .... Il importerait peu que le partage con-
tint un don par préciput, en faveur de l'un des enfants,
lorsque ce préciput et la part des biens attribués à titre
de partage, sont tellement confondus qu'ils ne forment
qu'une seule disposition, qu'un seul lot, et qu'il est impossible de distinguer le préciput de la portion virile,
c'est-à-dire ce qui doit être attaqué par réduction, à compter seulement du jour du décès, de ce qui est susceptible
de rescision, du jour du contrat :

23 décembre 1845, 1re ch. (t. 20, 1845, p. 621).

199. — .... L'action et la prescription ne sont point
suspendues, jusqu'au décès, même au cas où l'ascendant
s'est réservé l'usufruit de certains biens, compris dans
l'un des lots, et où il a établi, à son profit, le droit de reprendre les biens qui le composent, si l'attributaire n'exé-
cutait pas ses obligations vis-à-vis de lui, et où enfin le
copartageant avantagé a été chargé de payer aux autres
une somme exigible, seulement au décès de l'ascendant :

(Même arrêt).

---

(1) Maintenu, sur le pourvoi, par l'arrêt de rejet de la chambre des requêtes, du 24 juin 1872 (D. 72. 1. 472).

JURISPRUDENCE SUR LES DONATIONS-PARTAGES.

200. — .... Jugé cependant que, lorsque l'ascendant s'est réservé l'usufruit des biens partagés, l'action en rescision, pour lésion, ne peut être exercée qu'après le décès :

26 juillet 1838, 2ᵉ ch. (t. 13, 1838, p. 442).

201. — Jugé, contrairement aux décisions ci-dessus rapportées, et en thèse générale, que l'action en rescision, pour lésion de plus du quart, de même que l'action en réduction, pour atteinte à la réserve, n'est ouverte et ne commence conséquemment à se prescrire qu'à compter du décès des ascendants donateurs :

4 janvier 1827, 1ʳᵉ ch. (t. 2, 1827, p. 10) ;
30 juillet 1849, 1ʳᵉ ch. (t. 24, 1849, p. 418) (1) ;
23 décembre 1851, 2ᵉ ch. (t. 26, 1851, p. 536).

202. — *Partages conjonctifs.* — Au cas de partage conjoint par les père et mère, si la répartition est faite sans distinction d'origine, les actions ne sont ouvertes qu'après le dernier décès :

23 décembre 1851, 2ᵉ ch. (t. 26, 1851, p. 536).

203. — .... Il en est ainsi, y eut-il société universelle entre les deux époux, si l'on ne peut attaquer le partage de l'un, sans mettre celui de l'autre en question :

22 février 1858, 1ʳᵉ ch. (t. 33, 1858, p. 71).

204. — .... Il en est ainsi, au même cas, et alors surtout que les deux partages sont combinés en vue d'une indivisibilité entre eux :

24 janvier 1861, 2ᵉ ch. (t. 36, 1861, p. 56).

205. — .... Il en est de même particulièrement en ce qui touche l'action en réduction :

20 février 1862, 4ᵉ ch. (t. 37, 1862, p. 85).

206. — Jugé cependant que si, en règle générale, les

_____

(1) Maintenu, sur le pourvoi, par l'arrêt de rejet de la chambre des requêtes, du 18 février 1851 (D. 51. 1. 294).

actions en nullité ou en rescision des partages entre-vifs, faits conjointement par les père et mère, ne sont ouvertes qu'après le décès des deux ascendants, il en est autrement, lorsqu'il existait entre eux une société générale de tous biens, de sorte que la distinction des biens paternels et maternels soit facile à faire, dans chaque part. En ce cas, en effet, la prescription, pour ce qui concerne le prémourant, commence à courir du jour de son décès :

1er mai 1855, 2e ch. (t. 30, 1855, p. 235).

207. — *Partages cumulatifs*. — L'acte, contenant à la fois donation-partage des biens de la mère survivante et partage des biens du père prédécédé, alors que tous ces biens, sans distinction de provenance, sont confondus en une masse unique, pour être soumis à une seule opération de lotissement, forme un tout indivisible qui ne peut être attaqué qu'au décès de la mère ; par suite l'action en rescision ne peut, du vivant de la mère, ni se prescrire, ni être couverte par une confirmation expresse ou tacite :

28 avril 1875, ch. réun. (t. 50, 1875, p. 172).

208. — Ainsi, au cas d'abandon de ses biens par l'ascendant, sous condition expresse de leur réunion en une seule masse avec ceux d'autres successions antérieurement ouvertes, et de licitation immédiate entre les enfants, comme il n'y a là qu'un seul acte constitutif, en son entier, d'un véritable partage d'ascendant, alors surtout que l'ascendant donateur a concouru à toutes les opérations du partage, accompli sous son influence et qu'il y a même fait diverses stipulations, la prescription ne commence à courir qu'à son décès, pour la rescision et pour la nullité :

18 novembre 1873, 2e ch. (t. 49, 1874, p. 35).

§ 3°. — DURÉE DE LA PRESCRIPTION.

209. — Les actions s'ouvrent à dater du contrat ; — la durée de l'action en rescision pour lésion, n'étant l'objet

— 315 —

JURISPRUDENCE SUR LES DONATIONS-PARTAGES.

d'aucune détermination spéciale, est de dix ans du jour
du contrat :

25 janvier 1841, 1re ch. (t. 16, 1841, p. 63) ;
23 décembre 1845, 1re ch. (t. 20, 1845, p. 621) ;
23 mai 1846, 2e ch. (t. 21, 1846, p. 343).

§ 4°. — FINS DE NON-RECEVOIR.

210. — *Généralités.* — Jugé, d'une manière générale et
en principe, que les actes de ratification, antérieurs au
décès de l'ascendant donateur, sont sans valeur :

13 juin 1860, 2e ch. (t. 35, 1860, p. 248) ;
30 juin 1864, 2e ch. (t, 39, 1864, p. 369) ;
8 juin 1870, (D. 73, 1, p. 196) (1).

211. — .:...... Aussi l'aliénation par l'un des descendants de tout ou partie de son lot, du vivant de l'ascendant donateur, ne le rend pas non-recevable à attaquer le
partage, — surtout quand, d'après les circonstances, on
ne saurait en induire une renonciation tacite à l'exercice
de l'action en rescision. Au surplus, l'article 892, qui dispose que le cohéritier, qui a aliéné son lot, en tout ou en
partie, n'est plus recevable à intenter l'action en rescision, ne s'applique qu'à l'action en nullité pour dol et
violence, et non à l'action en rescision pour lésion :

30 juillet 1849, 1re ch. (t. 24, 1849, p. 418) (2).

212. — Mais, par contre, les actes de ratification, postérieurs au décès, constituent des fins de non-recevoir, à
l'égard de toutes les actions :

23 mars 1853, 1re ch. (t. 28, 1853, p. 161).

213. — .... Toutefois, lorsque la ratification est

---

(1) Maintenu, sur le pourvoi, par l'arrêt de rejet de la chambre civile,
du 8 avril 1873 (D. 73. 1. 196).

(2) Sur le pourvoi, cet arrêt a été maintenu par la chambre des requêtes, le 18 février 1851 (D. 51. 1. 294).

tirée de l'exécution du contrat, il faut qu'il soit démontré que cette exécution a eu lieu en connaissance de cause ; et qu'elle se soit manifestée, par exemple, par quittances, traites, ou même par un simple testament :

(Même arrêt).

214. — .... Spécialement, pour repousser l'action en rescision pour lésion, à raison d'une prétendue confirmation tacite, intervenue depuis le décès de l'ascendant, il faut que les actes d'exécution, dont on excipe, prouvent clairement que le demandeur en rescision avait connaissance du vice de lésion, à l'époque où il les a accomplis. Les actes d'exécution, suffisants pour couvrir l'action en nullité, pour inégale répartition en nature, peuvent ne pas suffire pour couvrir l'action en rescision pour lésion, et celle en réduction ; il faut prouver que le prétendu renonçant a eu connaissance des valeurs héréditaires, et de l'atteinte que le partage porte à sa réserve :

23 mars 1853, 1re ch. (t. 28, 1853, p. 161) ;

9 juin 1863, 2e ch. (t. 38, 1863, p. 369) ;

16 août 1865, 2e ch. (t. 40, 1865, p. 417).

215. — .... Ainsi une quittance, donnée après le décès, couvre l'action en nullité, lorsqu'elle est donnée à valoir sur l'apportionnement ; mais un tel acte d'exécution ne suffit pas pour couvrir le vice de la lésion. (Dans l'espèce, il y avait eu par actes séparés : donation d'abord, puis partage) :

21 novembre 1855, 2e ch. (t. 30, 1855, p. 448).

216. — .... Mais si, après avoir intenté l'action en rescision pour lésion, le plaignant aliène partie de son lot et reçoit la soulte, stipulée dans le partage, son action devient irrecevable :

19 juin 1862, 2e ch. (t. 37, 1862, p. 315).

217. — .... De même l'action en nullité, pour contravention à la règle sur la formation des lots, n'est plus recevable, lorsque, après le décès de l'ascendant, il y a eu ratification de cet acte par le demandeur en nullité,

qui a déclaré renoncer à jamais rien réclamer au sujet de la succession :

22 janvier 1853, 2e ch. (t. 28, 1853, p. 87) ;

9 juin 1863, 2e ch. (t. 38, 1863, p. 369) ;

16 août 1865, 2e ch. (t. 40, 1865, p. 417).

218. — *Partages conjonctifs.* — Jugé qu'au cas de partage, fait conjointement par les père et mère, les actions n'étant ouvertes qu'après le décès des deux ascendants, les actes de ratification, antérieurs au décès du survivant, sont sans efficacité; et qu'on ne peut opposer, comme ratification, des actes émanant des tiers, avec lesquels les copartageants ont traité, du vivant du donateur :

6 mars 1855, 2e ch. (t. 30, 1855, p. 132).

219. — *Partages cumulatifs.* — Jugé qu'au cas où l'époux survivant a partagé entre ses enfants ses biens propres, cumulativement avec ceux de son conjoint prédécédé, les actes d'exécution antérieurs au décès du survivant, ne peuvent être opposés à l'action en nullité du partage, comme constituant une ratification :

15 février 1865, 1re ch. (t. 40, 1865, p. 102).

220. — .... Cependant, et bien que, dans le même acte, se trouvent réunies et la donation-partage, par laquelle le père de famille attribue à l'un de ses enfants tous ses biens propres, confondus avec ceux de sa femme prédécédée, et la cession à cet enfant par tous les autres de leurs droits dans la succession maternelle, il peut y avoir là, suivant les circonstances, deux opérations distinctes, qui doivent être séparées, eu égard, par exemple, aux actes de ratification, intervenus avant le décès du père. Ces actes, en ce cas, et dès avant le décès du père, rendent désormais non-recevables toutes actions en rescision de la cession des droits maternels. — Ils sont, au contraire, inopposables à l'action en nullité ou en rescision du partage des biens du père survivant :

21 juillet 1863, 2e ch. (t. 38, 1863, p. 419).

221. — *Usufruit.* — Le partage d'ascendants, fait sous

COUR DE BORDEAUX.

la réserve d'un usufruit, ou d'une rente viagère, à servir par l'un des enfants, ne peut être protégé par l'article 918 contre les actions en rescision, ou en réduction des autres copartageants, qui ont consenti au partage :

6 mars 1855, 2ᵉ ch. (t. 30, 1855, p. 132).

SECTION CINQUIÈME.

—

EFFETS DE LA RESCISION,
DE L'ANNULATION ET DE LA RÉDUCTION
DU PARTAGE.

222. — *Clause pénale.* — L'insertion, dans un partage d'ascendants, d'une clause pénale, attribuant le tiers, par exemple, par préciput à l'un des enfants, pour le cas où l'autre contesterait, laisse à celui-ci le droit de contester le partage et d'en provoquer un nouveau, en demeurant soumis, en ce cas, à la clause :

23 mars 1847, 1ʳᵉ ch. (t. 22, 1847, p. 169).

223. — La clause d'un partage d'ascendants, qui prive de toute part, dans la quotité disponible, l'enfant qui attaquera le partage et donne cette quotité aux autres enfants, doit recevoir son exécution, malgré la nullité du partage pour contravention aux articles 826 et 832. Il doit même, dès à présent, être tenu compte de ses effets, dans la mission, donnée aux experts, de vérifier si les immeubles sont divisibles, en telle ou telle fraction :

22 février 1858, 1ʳᵉ ch. (t. 33, 1858, p. 71) (1).

224. — Mais jugé que la clause pénale, qui prive de toute part dans la quotité disponible l'enfant, qui atta-

---

(1) Ainsi jugé également, en matière de partage par testament, arrêt du 22 mai 1844, 2ᵉ ch. (t. 19, 1844, p. 318).

quera le partage, ne peut être encourue par celui-ci, avant que l'expertise n'ait fait apparaître que sa réserve n'a subi aucune atteinte :

9 juin 1863, 2ᵉ ch. (t. 38, 1863, p. 369).

225. — .... Et de même que le réservataire n'encourt pas les effets de la clause pénale, insérée dans le partage, pour en assurer l'exécution, s'il justifie que ce partage entame sa réserve. Par suite est nulle, comme contraire à la loi, la clause qui impose à des enfants l'obligation de payer à leur frère certaines sommes, s'ils critiquaient ce partage, alors qu'il est établi que leur réserve serait par là même atteinte :

13 février 1867, 1ʳᵉ ch. (t. 42, 1867, p. 69);

8 février 1876, 2ᵉ ch. (t. 51, 1876, p. 256);

4 mai 1880, 2ᵉ ch. (t. 55, 1880, p. 428).

226. — *Partages conjonctifs.* — En cas de partage conjonctif par les père et mère, sans distinction de ce qui est personnel à chacun, et de stipulation au profit des donateurs, d'une rente réversible, pour la plus forte part, au survivant, ce dernier, faute par l'un des enfants d'acquitter exactement les arrérages, à sa charge, peut demander contre lui la révocation, pour le tout, de la disposition faite à son profit :

5 juin 1850, 2ᵉ ch. (t. 25, 1850, p. 292).

227. — *Partages cumulatifs.* — En cas de partage cumulatif des biens paternels et maternels, fait par le parent survivant, sous la condition d'une rente à son profit, avec réserve expresse de reprendre le lot de celui des enfants qui serait en retard de payer sa part de la rente, celui-ci n'est pas fondé, le cas échéant, à prétendre que la reprise ne doit porter que sur les biens du survivant :

16 mai 1870, 1ʳᵉ ch. (t. 46, 1871, p. 20).

228. — *Préciput.* — La nullité du partage, pour composition illégale de lots, n'entraîne pas celle des libéralités préciputaires, qu'il peut renfermer au profit de l'un des copartageants :

COUR DE BORDEAUX.

14 décembre 1869, 2e ch. (t. 45, 1870, p. 105) (1).

229. — *Rapport ; Rétention.* — Après annulation du partage anticipé, les copartageants peuvent retenir les biens, dont ils sont nantis, jusqu'au remboursement effectif des sommes à eux dues, pour plus-value résultant de leurs impenses et améliorations. Hors de là ce droit ne saurait exister pour d'autres remboursements de sommes, susceptibles de rapport en moins prenant, telles que celles payées pour dettes de l'ascendant, ou pour soultes aux autres copartageants :

30 mai 1865, 2e ch. (t. 40, 1865, p. 233).

230. — *Révocation.* — Après révocation d'un partage d'ascendants, à l'égard de l'un des copartageants, pour cause d'inexécution des conditions, advenant le décès de l'ascendant, le partage doit être déclaré nul pour le tout, sur la demande en partage de succession, formée par le copartageant évincé, ou par ses ayants-cause. Peu importe que la donation et le partage aient été faits par des actes distincts et successifs. Les autres copartageants ne sont pas fondés, en pareil cas, à opposer l'exception de garantie à l'action dirigée contre eux :

4 décembre 1871, 1re ch. (t. 46, 1871, p. 371).

---

(1) La cour de Bordeaux a jugé de même :

Que la nullité du partage, pour omission ou pour survenance d'enfant, conformément à l'article 1078, n'entraîne pas celle de la donation préciputaire, faite à l'un des descendants, par l'acte même qui renferme le partage : 20 août 1853, 2e ch. (t. 28, 1853, p. 465) ;

Qu'il en est ainsi, au cas de nullité du partage, pour défaut d'acceptation de la part de l'un des enfants : 14 mars 1832, 1re ch. (t. 7, 1832, p. 222) ;

Qu'il en est encore ainsi, au cas de partage testamentaire et de caducité du partage à raison du prédécès de l'un des enfants : 2 mars 1832, 2e ch. (t. 7, 1832, p. 147).

FIN.